Éditions Druide
1435, rue Saint-Alexandre, bureau 1040
Montréal (Québec) H3A 2G4

www.editionsdruide.com

RELIEFS

Collection dirigée par
Anne-Marie Villeneuve

VRAI OU FAUX

Catalogage avant publication de Bibliothèque et Archives nationales du Québec et Bibliothèque et Archives Canada

Brouillet, Chrystine
Vrai ou faux : une enquête de Maud Graham
(Reliefs)

ISBN 978-2-89711-256-1
I. Titre. II. Collection : Reliefs.
PS8553.R684V72 2016   C843'.54   C2016-940763-2
PS9553.R684V72 2016

Direction littéraire : Anne-Marie Villeneuve
Édition : Luc Roberge et Anne-Marie Villeneuve
Révision linguistique : Lise Duquette et Isabelle Chartrand-Delorme
Assistance à la révision linguistique : Antidote 9
Maquette intérieure : Anne Tremblay
Mise en pages et versions numériques : Studio C1C4
Conception graphique de la couverture : Anne Tremblay
Photo en couverture : iStock © duncan1890
Photographie de l'auteure : Maxyme G. Delisle
Diffusion : Druide informatique
Relations de presse : RuGicomm

Les Éditions Druide remercient le Conseil des arts du Canada
et la SODEC de leur soutien.

Gouvernement du Québec — Programme de crédit d'impôt
pour l'édition de livres — Gestion SODEC.

Ce projet a été rendu possible en partie grâce au gouvernement du Canada.

Canadä

ISBN PAPIER : 978-2-89711-256-1
ISBN EPUB : 978-2-89711-257-8
ISBN PDF : 978-2-89711-258-5

Éditions Druide inc.
1435, rue Saint-Alexandre, bureau 1040
Montréal (Québec) H3A 2G4
Téléphone : 514-484-4998

Dépôt légal : 2ᵉ trimestre 2016
Bibliothèque nationale du Québec
Bibliothèque nationale du Canada

Imprimé au Canada

Chrystine Brouillet

VRAI OU FAUX

Une enquête de Maud Graham

Druide

À la mémoire de mes parents

1

États-Unis, septembre 1946

Si Karl Spencer n'avait pas fait un cauchemar qui l'avait tiré de son lit le cœur battant et le front moite, peut-être qu'il ne se serait pas réveillé quand la voiture de M. Simpson s'arrêta devant la maison dans un crissement de pneus. Il perçut simultanément le grincement de la porte d'entrée, puis la voix de son père, celle de M. Dean et le rire de Ken Simpson, rauque, entrecoupé de quintes de toux. De la fenêtre entrouverte de sa chambre, il sentait la fumée de sa cigarette.

— C'est pour demain, dit Stephen Dean. Tout le monde devrait être là.

— On ne sera pas dérangés, la ferme est isolée, dit Simpson.

— Le feu se verra de loin, fit Walt Spencer.

— Mais on a le chef des pompiers avec nous, rappela Simpson en éclatant de rire. Personne ne nous embêtera.

— Et le shérif?

— Il sait très bien quand c'est le temps de se mêler de ses affaires, affirma Dean. Penses-tu qu'il va se déranger pour des nègres? S'il veut être réélu l'an prochain…

— Il fait mieux de comprendre qu'on ne veut pas de nègres, de chinetoques, de juifs ni de communistes dans notre région, déclara Spencer. Ce n'est pas une petite loi qui va nous empêcher de faire notre boulot pour garder notre pays propre. La vermine doit rester à sa place. Hitler avait raison.

— Je ne peux pas croire que les Allemands ont perdu la guerre, regretta Dean.

— Ils vont se reprendre un jour, promit Spencer. Ils ont eu des problèmes pendant la guerre de 14-18. Ça ne les a pas empêchés de revenir en force vingt ans plus tard. Maudits Alliés qui ont tout gâché. C'est impensable que des gars d'ici soient allés là-bas se battre contre eux. Ils n'ont rien compris ? Ils veulent que leurs enfants se marient avec des dégénérés ? Si c'était la volonté de Dieu, ce serait écrit dans la Bible.

— En tout cas, je vous jure que ça va flamber. Crosby nous a fabriqué une vraie belle croix. On va bien la voir dans la nuit.

— Ils vont apprendre à respecter leurs maîtres, dit Simpson. Le Klan n'est pas mort. Ce n'est pas une maudite loi qui peut l'abolir !

— Vive le Klan ! clama Dean. Vive le Klan !

— Moins fort ! Tu vas réveiller mon garçon.

— J'emmène le mien demain, reprit Simpson. À quinze ans, il peut être des nôtres.

— Il n'ira pas tout raconter à ta femme ? s'inquiéta Dean.

— Ma femme s'occupe de nos filles, je m'occupe de mon gars.

— Karl est encore trop jeune, déplora Spencer. Si mon aîné ne s'était pas noyé avec sa mère, il aurait été fier de défendre nos valeurs. Daniel connaissait le nom de toutes les grandes batailles. Karl est comme ma femme, trop mou, mais je vais en faire un homme, sûr et certain. Maintenant que Guylaine n'est plus là pour le couver, ça se passe autrement.

— Tout le monde y sera demain, c'est sûr ? s'enquit Simpson. Kurt Van Dam aussi ?

— Oui, c'est un honneur, assura Spencer. Penses-tu que c'est vrai qu'il a rencontré Goering ?

— S'il faisait partie de la Gestapo, tout est possible, reprit Simpson. Mais il n'a jamais rien confirmé.

— Parce qu'il ne le peut pas ! rétorqua Dean. Il pourrait être arrêté ! En tout cas, quand il s'est baigné dans la rivière, Stan a vu un tatouage sous son aisselle. C'est toi qui nous as dit qu'on tatouait les nazis afin de pouvoir les transfuser facilement, s'ils étaient blessés au combat. On inscrivait leur groupe sanguin, c'est ça ?

— C'est ce que j'ai lu. Van Dam finira bien par nous accorder sa confiance et nous en dire plus. L'important, c'est qu'il constate qu'on croit en la suprématie de la race comme lui. Le pouvoir blanc. La lutte contre les parasites.

Karl s'était éloigné de la fenêtre, comme si son père avait pu deviner qu'il les écoutait. Il ne voulait surtout pas en apprendre davantage. Les secrets de Walter Spencer ne pouvaient être que dangereux. Et les parasites étaient en péril. Son père les tuerait, les écraserait, comme il l'avait fait avec son chat parce qu'il n'attrapait pas les rats. Karl avait tenté de protester, dit qu'il avait à peine sept mois, que les rongeurs étaient aussi gros que lui, mais Walt Spencer avait fracassé la tête de Pumpkin contre le mur de pierre, en disant qu'il n'avait jamais nourri de parasites et qu'il ne commencerait pas ce jour-là. Karl savait que le chat était sûrement mort sur le coup, mais il en rêvait toutes les nuits. Il entendait les miaulements quand son père l'avait saisi par la patte arrière droite, ses hurlements de rage et de désespoir alors qu'il tentait d'échapper à son emprise, puis le bruit mat de son crâne contre la pierre. Il revoyait le sang. Celui de Pumpkin et celui de Ranger, leur vieux chien que son père avait abattu l'été dernier. C'était la semaine où sa mère et son frère s'étaient noyés. Depuis, il semblait à Karl qu'il ne faisait plus jamais soleil. Le jour se levait, certes, mais sa lumière était sale, voilée, distraite, comme si éclairer la ferme des Spencer était une corvée. Karl aurait dû mourir avec sa mère et son frère. Si son père ne l'avait pas puni en l'enfermant dans le caveau à fruits, il serait lui aussi monté sur ce bateau, avec les Bale et les Nicholson, et il aurait coulé à pic avec ces familles. Mais par la faute de son père, il était toujours là. Il le regrettait chaque jour. Et son père aussi. Les coups de ceinture administrés pour un oui ou pour un non lui rappelaient régulièrement qu'il aurait dû se noyer à la place de son aîné. Son père lui répétait qu'il n'était qu'une bouche inutile à nourrir, que ce n'était pas en perdant du temps avec ses gribouillages qu'il deviendrait un homme. Il avait déchiré le portrait de Guylaine Lemay en disant que la dessiner ne la ferait pas revenir. Qu'elle n'aurait d'ailleurs jamais dû quitter le Canada. Qu'ils n'auraient jamais dû se rencontrer. Il ne lui aurait pas fait un flanc mou comme lui, un peureux juste bon à barbouiller des feuilles. Maintenant, le visage de sa mère lui échappait. Et peut-être ne s'en souviendrait-il plus jamais ? Si seulement Walter Spencer n'avait pas mis l'album de photos sous clé.

Quelle ferme évoquaient les amis de son père ? Il y avait plusieurs familles noires dans la région ; il ne pouvait toutes les prévenir de la menace qui pesait sur elles. C'était impossible. Et puis, lui ouvrirait-on s'il frappait à l'une de ces maisons ? Est-ce qu'on le croirait ? De toute façon, comment aurait-il pu se rendre à des milles de chez lui sans que son père s'en aperçoive ? Il pouvait toujours partir avec sa canne à pêche et prétendre qu'il allait à la rivière, mais il croiserait sûrement quelqu'un en chemin vers les fermes, quelqu'un qui en parlerait à son père. Et il serait battu pour avoir menti. Ou pour une autre raison. Ou sans raison. Peut-être qu'il devait se rendre jusqu'aux fermes, s'arrêter à la première, rapporter ce qu'il avait entendu et supposer que les personnes alertées préviendraient leurs voisins ? Mais si elles allaient raconter au shérif qu'un gamin affirmait qu'on voulait incendier leurs bâtiments, le shérif voudrait savoir qui était ce garçon. Karl ignorait comment le shérif s'y prendrait pour remonter jusqu'à lui, mais il y parviendrait et son père l'enfermerait de nouveau dans le caveau. La dernière fois, il l'avait menacé de le laisser moisir là durant une semaine. « Tu t'occuperas des rats », avait-il dit.

Il ne devait pourtant pas y avoir de rats dans ce caveau où on mettait les patates et les oignons, sinon la vermine dévorerait tout. Mais les grains étaient entreposés ailleurs. Peut-être que les rats n'aimaient pas les pommes de terre et pénétraient la nuit dans le caveau. Ils lui mangeraient les orteils, le bout du nez, les oreilles, les lèvres, puis les insectes s'introduiraient dans ses plaies et il pourrirait.

De toute manière, personne ne le croirait.

Peut-être qu'il avait rêvé cette conversation. Peut-être qu'il pensait s'être levé après avoir fait un cauchemar, mais que les voix qu'il avait entendues faisaient partie de ce cauchemar. Son père n'était-il pas toujours présent dans ses horribles rêves ?

::

Newport, 1984

Karl Lemay s'était juré de ne jamais retourner aux États-Unis, et pourtant il s'y trouvait maintenant. Il avait cédé à Marc Chevalier, son agent, et l'avait suivi pour son vernissage à Boston, avait réussi à vaincre sa timidité pour discuter avec tous ces gens — tant de gens — qui s'étaient présentés à la galerie. Les commentaires flatteurs l'étonnaient toujours, qu'ils proviennent des spécialistes ou des amateurs, comme cette femme en robe indigo, Marion Klein, qui lui avait dit que l'azur de ses toiles lui permettait de mieux respirer. « Il n'y a jamais autant d'air à New York, où je vis. Quand je regarde votre tableau, j'ai l'impression d'embrasser le ciel. » Elle avait pris l'avion pour venir au vernissage, avait acheté une nouvelle toile, répété à Marc qu'il fallait absolument exposer le travail de Karl dans Chelsea. Elle le présenterait à tous ses amis. Karl lui avait souri en se concentrant davantage sur la forme de ses oreilles, étrangement triangulaires, que sur ses propos. Il comparait ces oreilles aux voiles des bateaux qui s'éloignaient de la baie de Newport. Du haut de la promenade qui ceinturait le quartier des *Mansion*, ces demeures d'un autre siècle et d'un luxe inouï qu'affectionnaient les touristes, il s'était souvent arrêté pour s'imprégner de la couleur de l'océan, un bleu intense saupoudré d'éclats métalliques. Les manoirs aux planchers de marbre, aux murs imprimés de feuilles d'or, aux lustres en cristal semblaient avoir déversé leur richesse dans l'Atlantique afin que les vagues de saphir et d'argent s'accordent à leur image. Même les nuages avaient l'aspect laiteux des opales et le soleil était d'or. Comment croire que c'était ce soleil-là, à deux ou trois milles de marche, qui éclairait les quartiers miséreux où il s'était promené en atteignant Newport? Il avait garé sa voiture en arrivant. Il devait arpenter une ville pour la comprendre, pour saisir ses volumes et ses angles. Il s'étonnait toujours de vouloir capter l'esprit d'une cité alors qu'il peignait tout autre chose. Mais la lumière l'attirait. Il aimait les tableaux d'Edward Hopper pour ses éclairages artificiels sur ses personnages campés devant une station-service ou attablés dans un café sous les néons. Il aimait tout autant Fantin-Latour, les flammes des chandelles qui enveloppaient ses modèles de mystère. Il se rappelait son premier séjour à Paris; combien de fois était-il allé au Louvre pour examiner la brillance du costume du *Gilles* de Watteau? Il inspira lentement, épousant l'immensité infinie, y trouvant une certaine paix, même s'il avait hâte de rentrer à Québec. Sachant qu'il aurait envie d'en repartir quand il y serait. Arriverait-il à être heureux quelque part?

::

Orsainville, mai 2000

Il n'allait pas rester là. On l'enverrait au loin, dans un pénitencier fédéral. C'était ce qu'avait dit l'avocat. Sa mère avait promis de venir le voir chaque mois, mais Léonard Cardinale n'était pas certain qu'elle tiendrait ses promesses. Son père l'empêcherait de partir de Québec pour visiter ce fils qui ne leur avait apporté que de la honte. Il hochait la tête tandis que sa mère lui répétait ses serments. Il faisait semblant d'y croire, mais il se demandait où il serait incarcéré pour les prochaines années. Et s'il quittait la province pour se retrouver en Ontario? Sa mère ne pourrait plus le visiter qu'une ou deux fois par année. Était-ce mieux, était-ce pire? Elle l'exaspérait plus que jamais.

Mais il avait vraiment besoin d'elle.

::

Québec, juin 2006

Karl Lemay regardait son chat juché sur le comptoir de la cuisine. Le félin avait levé la tête pour juger de l'humeur de son maître, puis étonné mais rassuré, il avait continué à grignoter la poitrine de poulet qu'il avait extirpée du chaudron où elle avait passé la nuit. Il avait fui la cuisine après avoir fait tomber le couvercle du chaudron, apeuré par tout ce tintamarre, mais le calme était revenu et il avait eu le temps de saisir entre ses crocs la pièce de poulet moelleux avant d'entendre les pas de Karl dans le couloir. Il avait hésité à fuir, s'était ravisé, il pourrait toujours le faire si son maître s'emportait contre lui. Mais c'est qu'il avait faim! Il était allé trois fois dans la chambre pour le réveiller sans succès. Et ce poulet n'était pas là pour rien!

— Turner! Oh non!

C'est tout ce qu'avait dit Karl. Il n'avait même pas élevé la voix. Il s'était approché après un court moment, avait saisi la casserole et avait tout jeté dans l'évier en secouant la tête. Il avait oublié de ranger la casserole au réfrigérateur. Tout était bon pour la poubelle, désormais. Les bactéries avaient eu la nuit entière pour proliférer dans la chair.

— J'espère que les matous sont plus résistants que les humains, confia-t-il à Turner. Sinon, on devra retourner chez le vétérinaire.

Karl fixa les os, les morceaux de poulet en soupirant : comment avait-il pu laisser la casserole traîner sur la cuisinière ? Il avait voulu que le contenu refroidisse avant de tout ranger au frais. Il se rappelait qu'il avait goûté un bout d'aile alors que le bouillon fumait encore. Il avait remis le couvercle pour éviter que son chat soit tenté de se servir. Mais, ne voyant plus le poulet, il n'y avait plus pensé. Comme si le couvercle était magique et escamotait la chair parfumée au thym. Comme s'il n'y avait plus qu'une casserole vide.

Il n'y aurait pas de soupe poulet et nouilles, aujourd'hui. Ludger et lui se contenteraient de sandwichs. De toute manière, il faisait déjà chaud ; était-ce une journée pour manger de la soupe ? L'important était d'avoir de la bière glacée, la Moosehead qu'aimait Ludger. Il serait là à 17 h comme tous les mercredis. Quand donc avait-il décidé de venir le voir le mercredi ? Après l'incendie ?

Non, après qu'ils s'étaient revus sur le traversier. Oui. C'est ça. C'était incroyable qu'ils aient habité à quelques rues l'un de l'autre sans jamais se parler, sans même se croiser au supermarché ou à la pharmacie. De cela, Karl en était certain, il se serait souvenu du tatouage sur l'avant-bras de Ludger. Celui d'un chien. Il s'était concentré sur ce chien, au moment de l'incendie. La troisième maison après le carrefour. Les nouveaux, qui venaient juste de s'installer. De la fenêtre de la cuisine, il avait pu voir les flammes s'élever à une hauteur impressionnante, comme si le ciel voulait les épouser. Les couleurs variaient constamment, du jaune poussin au jaune d'œuf, en passant par l'écarlate et l'or, et ce ton indien unique qu'on obtenait en peinture avec l'urine orangée des vaches qui mangeaient des mangues. Comment avait-il pu penser à cette technique farfelue, alors qu'il se tenait à quelques mètres du brasier ? Les couleurs l'avaient aimanté, hypnotisé. Il n'était pas à sa place. Il ne fallait pas gêner le travail des pompiers. Et il avait peur du feu. Il avait toujours eu peur du feu. Mais il avait vu ses voisins sortir de chez eux, certains se dirigeaient en pyjama vers l'incendie. Il avait noté leurs ombres sur les trottoirs éclairés par la lune, du noir sur l'argent. Un noir doux, presque timide. Il avait constaté que les lampadaires étaient éteints. Tout le quartier était plongé dans l'obscurité. Il avait enfilé un pantalon et, après avoir vérifié que les ronds de la cuisinière n'étaient pas allumés et que la porte arrière était verrouillée, il s'était avancé vers le tumulte en se répétant qu'il ne resterait qu'un court instant, le temps de voir s'il pouvait aider. Aider qui? Il ne savait pas trop. Mais si tout le monde se dirigeait vers le brasier, il se sentait obligé d'y aller aussi. Par solidarité. Il aimait sa rue, son quartier et presque tous ses voisins. Il avait choisi cette rue pour ses arbres majestueux et n'avait jamais regretté d'avoir acheté la maison, même si celle-ci était quelconque. Elle jouissait d'une bonne fenestration au deuxième étage où il avait installé son atelier. C'était tout ce qui comptait. La lumière. Un petit terrain qui ne demandait pas trop d'entretien, un arrêt de bus à proximité, des commerces où il pouvait se rendre à pied. Il n'avait pas de voiture, n'avait pas touché à un volant depuis qu'il avait quitté la ferme familiale, quelques semaines après avoir tué son père. Il avait cru que le shérif le soupçonnerait, mais il ne l'avait interrogé qu'une seule fois. Peut-être était-il soulagé que Spencer ait disparu? Des décennies plus tard, Karl s'étonnait encore de s'être rebellé contre Walter Spencer, de lui avoir rendu les coups, alors que son père s'en était pris à lui quotidiennement durant des années sans qu'il réagisse. Ce soir-là, Walter, ivre, l'avait frappé à la tête. Karl avait couru dans la cour pour lui échapper, mais quand son père l'avait rattrapé par le bras, il s'était retourné et lui avait fait face pour la première fois de sa vie. Il avait levé un poing. Walter avait éclaté de rire avant de se ruer sur son fils qui avait esquivé l'attaque et les suivantes. Walter avait hurlé qu'il regretterait d'être encore vivant quand il mettrait la main sur lui. Il regretterait de ne pas avoir péri avec sa mère et son frère. Mais quand Walter avait saisi Karl par les cheveux, celui-ci l'avait mordu et avait réussi à le faire basculer dans le puits. Malgré l'alcool qui troublait le regard de son père, Karl avait bien vu qu'il comprenait qu'il allait mourir. Son cri avait résonné dans le puits désaffecté. Et dans la mémoire de Karl pour toujours. Il détestait ce cri même s'il avait signé sa libération. Il détestait Walter d'avoir fait de lui un meurtrier. Il détestait entendre encore son rire tandis qu'il évoquait un lynchage réussi. Les cris des voisins grillés vifs.

Il avait eu l'impression de les entendre, lors de l'incendie chez les Grenier. C'était impossible, mais il lui semblait avoir perçu des cris montant du brasier, avoir vu des âmes s'envoler. Il avait voulu s'avancer, mais ses jambes refusaient de lui obéir. Il s'était mis à fixer le bras de Ludger, son tatouage, les oreilles du chien, plus rondes que celles de son vieux Ranger. Il n'aurait jamais pu imaginer, à l'époque, que Ludger deviendrait son meilleur ami. Si tard dans leur vie ! Peut-être que tout aurait été différent s'ils s'étaient rencontrés un an plus tôt, quand l'épouse de Ludger vivait toujours. Peut-être que c'était la solitude d'un nouveau veuf qui avait permis cette amitié. Karl, habitué depuis longtemps à vivre seul, s'était étonné de se réjouir autant de retrouver Ludger pour boire un café, une bière, le regarder fabriquer ses mouches pour la pêche ou l'entendre raconter ses incroyables enquêtes. Après ce qu'il avait subi à la ferme, Karl avait cru que les histoires de violence le rebuteraient éternellement, mais il écoutait pourtant les récits de Ludger comme s'il suivait un feuilleton à la télé. Que tout se passe au Québec d'où venait sa mère y était peut-être pour quelque chose. C'était d'ailleurs Ludger qui avait réussi à découvrir où était née précisément Guylaine Lemay, où elle avait vécu avant de partir pour les États. Et ils avaient vu tous les deux un signe favorable à leur amitié en apprenant qu'elle avait vécu à Saint-Ludger, au bord de la frontière, avant de quitter la Beauce pour s'installer à Québec, en plein cœur de la ville.

Probablement orpheline, car Ludger avait vainement cherché des membres de sa famille, elle avait finalement traversé la frontière. Elle avait accepté de vivre aux États-Unis avec son nouveau mari.

Combien de temps Guylaine avait-elle mis à comprendre qu'elle avait épousé un monstre?

Est-ce qu'elle aussi avait rêvé de tuer Walter?

:::

Québec, décembre 2006

Serge Larocque gardait les poings serrés dans les poches de son anorak tandis que son frère lui reprochait d'avoir causé l'accident de voiture. S'il n'avait pas accéléré sur le boulevard Duplessis, au lieu de ralentir comme il aurait dû le faire, rien de tout ceci ne serait arrivé.

— As-tu un petit pois dans la tête? Tu ne réfléchis à rien! C'était évident qu'il y aurait de la glace noire.

— Tu l'as dit, c'est de la glace noire. Et la glace noire, on ne la voit pas, justement! Ce n'est pas de ma faute.

— Ce n'est jamais de ta faute. Je suppose que tu vas essayer de le faire croire à papa? Tu peux être certain que je vais lui donner ma version des faits. Maintenant, il ne nous reste plus qu'à attendre la dépanneuse. Encore heureux que tu n'aies blessé personne. Tu conduis comme un fou. Te prends-tu pour un coureur automobile? C'est une autre de tes vocations contrariées?

— Tais-toi!

— C'était l'auto de maman.

— Justement, elle n'était pas neuve.

— Tu ne respectes rien.

— Puis toi, arrête de jouer les pères moralisateurs.

— Il faut bien que quelqu'un le fasse puisque le nôtre te passe tout... Quand est-ce que tu vas grandir un peu?

Malgré le froid, Serge sortit de la voiture pour attendre la dépanneuse, sinon il se serait jeté sur Antoine pour lui faire ravaler ses paroles. Il avait tellement envie d'écraser sa petite face de M. Parfait! Toujours à tout savoir mieux que lui! À le rabaisser! Il n'avait jamais haï quelqu'un autant que son aîné. Il sentit ses ongles pincer la paume de ses mains, se dit qu'un jour Antoine le supplierait de lui pardonner de s'être moqué de lui. À genoux.

::

Québec, octobre 2009

Quel était le nom de cette satanée plante? Il le savait, pourtant! Il l'avait souvent dessinée. Il y en avait tellement au Mexique. Des grappes contre le mur de la maison. Il savait le nom de cette plante. C'était agaçant. Il fallait qu'il retrouve ce nom, sinon il y penserait toute la journée. Il y en avait des roses, des mauves, des blanc écru. Elle poussait en plein soleil. Partout. Dans les bidonvilles. Ses pétales ressemblaient à du papier. Du papier de soie. Comme les cerises de terre. Les physalis. Il se rappelait le nom des physalis. Mais ces fleurs de soie… Des bougainvillées! Il savait qu'il le savait! C'était seulement de la distraction. Comme Ludger au restaurant la semaine précédente qui avait appelé la serveuse Kathy alors qu'elle se nommait Nancy. Cela arrivait à tout le monde.

Il caressa du bout des doigts les poils de martre de son pinceau, puis les trempa légèrement dans la pâte d'un bleu très doux qu'il avait obtenue en broyant finement une turquoise dans du blanc de céruse et de l'huile de lin. Il appliqua la couleur tout en haut de la toile, recula de quelques pas, sourit. Le bleu était aussi lumineux qu'il l'espérait. Il rendrait ces ineffables ciels d'hiver qui se miraient timidement sur les Plaines d'Abraham enneigées.

::

Québec, août 2010

C'est la bière, se dit Karl Lemay en ajoutant une touche d'huile vermillon à la couleur de base plus claire dont il devrait enduire les toiles achetées la veille. C'était la bière, il n'aurait jamais dû boire une autre bière après le départ de Ludger. Mais il faisait tellement chaud, hier! Et toute la nuit. Il détestait la chaleur. Il avait toujours haï la chaleur. Il tenait ça de sa mère. La chaleur lui ramollissait le cerveau. Il dormait mal. C'était pour cette raison qu'il avait oublié d'éteindre le fer à repasser. Pas parce qu'on perdait la tête dans la famille de son père. Pas parce qu'il ressemblait à sa tante Alice. Ça arrivait à tout le monde. Et il ne rajeunissait pas. C'était normal à son âge d'oublier de petites choses.

Il s'approcha d'une toile vierge, étala l'imprimature avec satisfaction : il avait obtenu la nuance qu'il désirait, avait ajouté juste assez de rouge pour avoir le fond adéquat pour le portrait qu'il réaliserait lorsque les trois couches de peinture auraient séché.

::

Québec, septembre 2011

Serge Larocque exultait : il avait réussi à atteindre l'orignal en plein front. Il avait vu la sombre masse s'effondrer sur l'épais tapis de feuilles mortes, avait eu peur que son panache se brise sur le tas de roches, mais non, il était intact. Combien mesurait-il ? De près, il paraissait encore plus grand. Il entendit les cris de Jodoin et de Brunet qui seraient sûrement jaloux de son exploit, mais qui le féliciteraient tout de même, qui l'aideraient à ouvrir la bête, à débiter les quartiers, à manipuler le panache avec précaution. Il tira le couteau de chasse qu'il portait à sa ceinture. Il avait hâte de le plonger dans le cœur de l'orignal. Il regrettait presque de ne pas aimer sa viande. Mais, au fond, quelle importance ? Il savait à qui la vendre ou la donner. Et ce ne serait certainement pas à Antoine qui adorait cette chair si particulière. Il n'avait qu'à chasser ! Mais jamais son frère n'arriverait à viser juste. Et jamais il ne connaîtrait ce sentiment de puissance absolue qui le trans-figurait lorsqu'il enfonçait sa lame dans les flancs encore chauds du vaincu.

::

Québec, mars 2012

Le soleil qui éclairait l'atelier de Karl Lemay accentuait la teinte dorée du visage de Loraine Cardinale, et le peintre qui n'avait pas revu ce portrait depuis des années ressentit une vive nostalgie en se rappelant ces heures où sa voisine avait posé pour lui. Il se remémo-rait sa robe verte aux boutons de nacre, la difficulté qu'il avait eue à mêler la bonne dose de malachite à l'huile pour obtenir le Véronèse qui serait de la couleur exacte de ce vêtement qui n'avait pas été choisi négligemment. Loraine Cardinale savait très certainement que ce vert énigmatique mettait ses yeux en valeur. Et sa peau. Et sa chevelure sombre. Elle savait que la solitude pesait à Karl Lemay. Et Karl Lemay devinait que Loraine se sentait seule aussi. Il n'aurait jamais osé lui demander de poser pour lui, mais n'avait pas hésité plus d'une minute lorsqu'elle le lui avait proposé. Même s'il savait ce qui arriverait. Même si elle était mariée. Même s'il savait qu'il se sentirait coupable lorsqu'il croiserait Tonio Cardinale à la quin-caillerie ou à son garage où il continuerait à faire changer les pneus de sa voiture, comme si rien ne s'était passé entre Loraine et lui cet hiver-là. Il ne se rappelait pas si l'hiver avait été froid, il se souvenait seulement qu'ils avaient cessé de se voir quand la neige avait fondu devant leurs maisons.

C'était l'année suivante qu'il avait fait le portrait du fils de Loraine, alors qu'elle lui manquait terriblement et qu'il espérait qu'elle change d'idée au sujet de leur relation. Il accueillait Léonard en souhaitant qu'il lui parle de sa mère, en racontant le quotidien à la maison, et s'étonnait qu'il ressemble si peu à ses parents : il n'avait ni la beauté de sa mère, ni la virilité de son père. Quand il avait achevé le portrait de Léonard, rien n'avait changé. Il aimait encore Loraine, elle l'aimait aussi, mais voulait sauver son mariage, sa famille. Elle pensait à son fils. Des années plus tard, Karl était allé à l'enterrement de Tonio et il s'était mis à rêver que Loraine lui revenait. Elle s'était cependant remariée avec Denis Laberge. Il avait dû s'habituer à voir cet homme entrer et sortir de la maison, lui adresser un signe de la main quand il sortait les poubelles ou quand il récupérait son journal, le matin. Il avait dû lui sourire durant vingt ans.

Karl Lemay effleura du bout des doigts les lèvres qu'il avait peintes avec tant d'application, qu'il avait voulu rendre aussi soyeuses que leur premier baiser. Il regarda encore un moment ce portrait de son amour, puis le saisit subitement pour le ranger dans un garde-robe. À quoi bon ressasser les souvenirs ?

Mesurer tout ce temps qui avait passé, qui ne reviendrait jamais, qui avait fait de Loraine et lui des vieillards ?

::

Québec, mai 2014

Ludger Sirois surveillait le va-et-vient des déménageurs, le soin qu'ils devaient mettre à décharger les boîtes avant de les apporter dans son nouvel appartement. Sans sa maudite jambe, il aurait lui aussi transporté des caisses au quatrième étage. Il détestait ces situations qui lui rappelaient son handicap. Il aurait voulu l'oublier. Tout en chérissant pourtant cette blessure. Il avait pris une balle dans la jambe lors d'une opération policière. Il avait sauvé l'otage sans avoir besoin d'abattre l'homme qui détenait son ex-conjointe prisonnière et qui menaçait de tuer leurs enfants. Aujourd'hui encore, il était surpris que les choses aient tourné à son avantage. Un journaliste avait écrit qu'il était un négociateur hors pair par sa présence immédiatement rassurante. Ludger Sirois était conscient que son physique quelconque était un atout dans son métier. Monsieur et madame Tout-le-Monde pouvaient s'identifier à lui. Ni gros, ni maigre, ni très grand, ni petit, ni beau, ni laid : les gens ne se sentaient pas jugés quand ils se retrouvaient en face de lui. Il aurait pu être leur voisin, le propriétaire du dépanneur du coin de la rue. Jamais il n'élevait la voix. Il se mouvait lentement, évitant les gestes brusques qui auraient affolé ces hommes en crise qu'il devait convaincre de se rendre, de déposer leur arme, de ne pas sauter du haut du pont.

— Eh ! Attention ! dit-il à l'adresse d'un déménageur. C'est fragile.

— Tout va comme vous voulez ? s'enquit Serge Larocque, le directeur de la résidence qui se faisait un devoir d'être sur place lorsqu'un nouveau locataire emménageait. Votre fille n'est pas avec vous ?

— Mon petit-fils Félix est malade. Elle a dû rester à Montréal. Mais ils viendront me voir la semaine prochaine. C'est aussi bien comme ça, je serai mieux installé.

— Vous verrez, vous vous plairez ici.

— C'est ce que ma fille m'a dit.

Le ton de Ludger Sirois était empreint d'une ironie qui ne put échapper à Serge Larocque. Il faillit répéter que la résidence des Cèdres le charmerait, mais il économisa sa salive : l'ancien enquêteur de la SQ était de ces hommes qui se forgent eux-mêmes leur opinion. Il verrait rapidement que l'établissement était un lieu de vie agréable, que sa fille avait eu raison de l'inciter à s'y installer. Larocque se demandait combien de locataires auraient choisi de vivre à la résidence sans l'insistance de leurs enfants. Très peu de gens décidaient de quitter leur maison spontanément. Il fallait un accident déstabilisant qui les apeure assez pour qu'ils prennent conscience de leur fragilité. Ou des enfants très persuasifs. Un médecin convaincant. Il nota que Sirois gardait sa main gauche dans la poche de son pantalon. Il avait devant lui un homme orgueilleux, qui n'aimait pas qu'on voie le tremblement qui affectait sa main. Dès son premier repas pris dans la salle à manger, il saurait qu'il n'était pas le seul à être victime de la maladie de Parkinson. Cela l'aiderait sûrement à accepter son sort. Il devinait aussi un homme d'action : s'il participait aux activités proposées, il constaterait que la résidence offrait beaucoup de distractions à qui montrait un peu de bonne volonté.

— J'ai peut-être un ami qui va venir me rejoindre, dit Sirois sans quitter des yeux les déménageurs qui se dirigeaient vers l'ascenseur.

— Un ami ?

— Un de mes voisins. Enfin, ancien voisin… Un vieux garçon. Et comme moi, il ne rajeunit pas. Je pense que ce serait mieux pour lui s'il habitait ici.

— Nous serons heureux de l'accueillir, répondit Larocque.

Il se demanda si Ludger Sirois souhaitait que son ami emménage à la résidence des Cèdres par altruisme ou parce qu'il craignait la solitude. Selon ce qu'avait dit sa fille Claudine, il était veuf depuis plusieurs années, donc habitué à vivre seul.

— Vous vous connaissez depuis longtemps ?

— Oui, des années. C'est un peintre. Il a fait le portrait de mon frère. C'est mieux qu'une photo ! Il dessine aussi des paysages, des gens, des animaux. On parle de lui dans des revues spécialisées en art.

— Il pourrait peut-être donner des cours de dessin ici ? Certains de nos résidents aimeraient sûrement ce genre d'activité. On a des clubs de lecture, de tricot, des sorties en ville, toutes sortes de…

Ludger Sirois secoua la tête : son ami était du genre réservé.

— On avisera en temps et lieu, dit Serge Larocque. N'hésitez pas à me prévenir s'il souhaite visiter notre résidence. *Votre* résidence, maintenant. Mais vous-même, vous avez travaillé longtemps pour la Sûreté du Québec, cela pourrait intéresser nos résidents de vous entendre parler de vos enquêtes.

— Mes enquêtes ?

— Un genre de conférence, comme celles que nous avons chaque premier lundi du mois. On a reçu des médecins, des comédiens, pourquoi pas vous ? Les enquêtes criminelles passionnent les gens ! Voyez le succès des séries télé…

— On verra. Mon travail n'était pas aussi *glamour*. Les scènes de crime où j'ai travaillé ne ressemblaient pas à ce qu'on filme à Hollywood.

— Pensez-y tout de même.

Tandis que les déménageurs montaient les dernières boîtes, Ludger Sirois souriait encore en imaginant Karl enseigner le dessin à des mémés. Il était si timide, si discret. Le soir de l'incendie chez les Grenier, tandis que Ludger offrait aux sinistrés de leur faire du café, il avait vu l'effroi s'emparer de Karl alors qu'il regardait les flammes dévorer la maison. Il l'avait vu se dandiner sur place comme s'il cherchait à se bercer, puis sa manière de fixer son avant-bras lorsqu'il l'avait interpellé. Hanté, voilà le mot qui aurait pu décrire Karl Lemay. Les yeux fous. Ludger avait lu cette panique bien des fois au cours de sa carrière : il se rappelait cet adolescent de quinze ans figé devant le corps de sa sœur noyée dans la piscine familiale, cette vieille femme victime d'une agression chez elle, cette caissière à la banque qui avait quitté son travail après le *hold-up*, ce touriste qui ne savait plus dans quel pays il était, cet homme piégé dans sa voiture emboutie par un chauffard à l'aube de son trentième anniversaire. La panique à l'état pur. Tout en se demandant pourquoi Karl s'était approché des flammes qui l'épouvantaient manifestement, Ludger avait tapoté son avant-bras de son index.

— C'est mon chien Rex, je me suis fait tatouer son portrait.

— Rex?

— Oui. Un vrai bon chien. On va à la pêche ensemble.

— À la pêche?

— Oui, mais pas à la chasse.

Quelques semaines plus tard, ils s'étaient revus par hasard à Lévis, attendant tous deux le départ du traversier vers Québec. Ludger Sirois était allé rendre visite à son frère Marcel qui avait toujours habité de l'autre côté du fleuve, tandis que Karl était monté à bord pour prendre des photos de Québec du pont du bateau. Il lui avait confié sa fascination pour le Cap Diamant. Il aimait la couleur de la roche, sa texture à la fois âpre et scintillante.

— Québec est vraiment une belle ville, avait-il dit sans savoir que Ludger éprouvait pour sa ville natale un réel attachement.

Avant d'être blessé, Sirois avait marché sa ville de long en large, connaissait ses ruelles autant que les chats de gouttière qu'il croisait lors de ses longues promenades. Et il aimait aussi le port, le quartier Petit Champlain qu'il avait vu changer au cours des deux dernières décennies.

— Ce n'était pas comme ça, avant. Avec des boutiques chic et des restos. Le boulevard Champlain n'était pas aménagé.

— Je sais. Je me suis installé ici en 1995. Ma mère était Québécoise.

— Cela m'explique pourquoi vous parlez aussi bien français. Vous venez d'où?

— Je suis Américain.

Quand le bateau avait accosté, Ludger avait demandé à Karl s'il avait laissé sa voiture au port. Sinon il pouvait le raccompagner chez lui puisqu'ils étaient voisins. Karl avait accepté. Ils avaient bu un café au port avant de repartir et ils avaient échangé leurs numéros de téléphone. Ludger l'avait appelé la semaine suivante pour lui dire qu'il retournait voir son frère. Ils pouvaient refaire la traversée ensemble, si Karl devait prendre d'autres photos. Karl l'avait par la suite invité à boire une bière chez lui et Ludger avait été fasciné par ce qu'il avait vu sur les murs. Il y avait des toiles représentant toutes les bêtes de la création, des plus petites aux plus grosses, des oiseaux, des insectes et de fabuleux poissons! Alors qu'il admirait une truite dont les écailles luisaient comme si elle venait tout juste de sortir de l'eau, en disant à Karl qu'il en avait pêché une semblable l'été précédent, celui-ci avait décroché le tableau et le lui avait offert. Karl lui avait confié qu'ils ne se seraient jamais revus s'il lui avait dit qu'il aimait la chasse. Mais la pêche, c'était différent. Ludger avait évoqué son passe-temps: il fabriquait des leurres, des mouches, et il pouvait passer des heures à agencer les plumes pour les rendre irrésistibles. Il avait offert à Karl de l'emmener à la pêche et celui-ci avait immédiatement accepté. C'est ainsi qu'il lui avait sauvé la vie. L'été 2012. Le canot avait chaviré et Ludger aurait coulé à pic si Karl ne l'avait pas traîné jusqu'au rivage. Comment avait-il pu ne pas attacher correctement son gilet de sauvetage? Parce qu'il était distrait par les nuages de nymphes à peine écloses qui flottaient à la surface du lac, qui poussaient les poissons à bondir hors de l'eau pour les gober. Ludger rêvait à une pêche miraculeuse et n'avait pas pris la peine de boucler les sangles de sa veste. Dans l'enthousiasme, il avait fait un faux mouvement, n'avait pu redresser le canot.

Depuis, il n'était pas retourné à la pêche, mais il possédait maintenant trois toiles de Karl. Deux représentant des poissons et un portrait de son frère Jacques, que Karl avait rencontré avant qu'une rupture d'anévrisme l'emporte. Au moment de cette mort subite, Karl avait dit à Ludger qu'il avait lui aussi perdu brutalement un frère qui avait péri, encore adolescent, dans un naufrage. Karl qu'il connaissait depuis des années lui révélait tout à coup ce drame! Combien d'autres choses ignorait-il de son ami si discret? Pour quelle raison était-il si réservé sur son passé? Le saurait-il un jour?

Le nouvel appartement à la résidence était bien plus petit que sa maison, mais Ludger accrocherait les tableaux à des places de choix.

Karl sourirait quand il les verrait. De ce sourire qui l'intriguait. C'était un sourire un peu triste, comme si Karl n'arrivait jamais à se laisser aller, à rire franchement. Comme s'il avait peur… De quoi? De qui? Il l'avait interrogé sur sa vie à l'extérieur du Québec, mais Karl avait détourné les questions et Ludger n'avait pas insisté, se disant qu'il en apprendrait plus au fil du temps. Il avait pensé demander à un ancien collègue de faire une recherche sur son voisin, mais il avait abandonné cette idée : il aurait eu le sentiment de trahir Karl. Il ne voulait pas perdre cette étonnante amitié : jamais il ne se serait imaginé avoir du plaisir avec un homme si différent de lui. Et si secret. Il avait toujours détesté les secrets et voilà qu'il respectait l'intimité et les silences de Karl. Parce qu'il aimait le regarder dessiner pendant qu'il lui racontait les enquêtes qu'il avait menées. Karl avait un intérêt réel pour les victimes : à chaque récit, il tenait à savoir ce qu'elles étaient devenues. Si les criminels avaient été condamnés et à quelle peine. Il s'indignait avec lui de certains jugements : comment la justice pouvait-elle être aussi laxiste envers tous ces maris violents?

Ludger avait l'impression que Karl lisait parfois dans ses pensées, devinait toutes les frustrations qu'il avait dû digérer pour pouvoir continuer à faire son travail. Il ne savait pas d'où venait exactement son ami américain, mais il savait l'essentiel : il était bon. Et de plus en plus fragile. Il en avait la confirmation chaque fois qu'ils se voyaient pour leur promenade rituelle dans le Vieux-Québec. Karl était plus lent, manquait d'appétit au petit restaurant où ils avaient pris des habitudes, mettait parfois du temps à répondre à ses questions. Il était plus rêveur, trop peut-être. Et plus mélancolique. Ludger n'aimait pas le savoir seul chez lui. Il fallait que son ami le rejoigne à la résidence.

De son propre aveu, Karl n'occupait plus que sa chambre et son atelier dans la maison, se contentait de céréales, de boîtes de conserve pour ses repas. Depuis le décès accidentel de son agent, il avait délaissé peu à peu la peinture à l'huile et se contentait

dorénavant des crayons et des bâtons de pastel. La dernière fois
que Ludger était allé chez lui, Karl lui avait montré une aquarelle
d'un cardinal en parlant d'un rouge-gorge. Quand il l'avait repris,
Karl avait protesté, certain d'avoir mentionné un cardinal ; il savait
parfaitement que le rouge-gorge est beaucoup moins coloré que
le cardinal, que le rouge-gorge est plus gros, qu'il a un profil différent. Il en avait dessiné des dizaines de fois. Ludger avait haussé
les épaules, il devait s'être trompé. Mais en rentrant chez lui, il
était sûr de l'erreur de Karl. D'un autre côté, son ami avait une
mémoire fantastique : quand ils avaient découvert qu'ils étaient au
même moment en Floride, vingt ans auparavant, Karl avait évoqué les Everglades avec une précision qui avait épaté Ludger. Il se
rappelait le trajet qu'il avait emprunté pour se rendre là-bas, les
animaux qu'il avait photographiés, les restos où il s'était arrêté
sur l'autoroute, la tempête à laquelle il avait échappé. Ludger se
souvenait aussi de la végétation luxuriante des Everglades et des
poissons qui grouillaient dans ces eaux dormantes avec les croco-
diles. Et de la tornade, bien évidemment, qui l'avait forcé à écourter
son séjour, mais il n'aurait jamais pu fournir autant de détails que
Karl. Pas après tout ce temps. La mémoire demeurait un mystère
pour Ludger : des scènes de crime horribles s'étaient effacées de son
esprit, mais il revoyait encore le petit soulier vert qu'il avait découvert près d'un lac où une gamine s'était noyée. Il ne se souvenait
pas du visage de la fillette, mais son soulier était imprimé à jamais
dans son esprit. Ce soulier qu'elle avait perdu en courant vers le
lac pour attraper une grenouille. Il avait pensé à sa propre fille. Il
pensait toujours à Claudine lorsque des enfants étaient en danger. Il devait se retenir pour ne pas téléphoner chez lui, s'assurer
qu'elle allait bien. Combien de fois s'était-il dit qu'il n'était pas taillé
pour ce métier ? Il n'avait pourtant jamais songé à démissionner, et
quand il racontait ses enquêtes à Karl, il éprouvait du plaisir à les
revivre. À lui rapporter le moindre détail. Car c'étaient les détails
qui comptaient. Comme dans un tableau, avait approuvé Karl.

Il repensa au sentiment de malaise éprouvé plus tôt chez Karl. Ce n'était pas qu'il se soit trompé de mot qui l'inquiétait le plus, mais le fait d'avoir trouvé des tubes de peinture séchés dans la cuisine. Karl avait toujours été très soigneux avec son matériel. Que faisaient là ces tubes? Sans leur bouchon? Et cette vaisselle dans l'évier? La femme de ménage venait chaque semaine, mais, dans l'intervalle, Karl se débrouillait pour réchauffer des soupes, se préparer un sandwich. Et garder la cuisine à peu près propre. Là…

Il devait le convaincre de s'installer à la résidence des Cèdres. Ils seraient tous les deux en sécurité. Et ce serait préférable qu'il le rejoigne maintenant, alors qu'il était plutôt en forme et qu'il s'exprimait facilement. Il avait peut-être confondu rouge-gorge et cardinal, mais il ne cherchait pas ses mots. Personne n'irait imaginer qu'il avait des troubles cognitifs. Il emménagerait dans la même aile que lui à la résidence des Cèdres.

::

Québec, septembre 2014

Se calmer. Se calmer. Se calmer. Il connaissait cette personne puisqu'elle le connaissait. Elle lui souriait. Faire défiler mentalement l'alphabet, trouver par quelle lettre commence son nom. A, B, C. Non. D, E, F, non. Ça ne fonctionnait pas. Elle continuait à lui sourire, un sourire à peine esquissé, semblable à celui de Berthe Morisot au balcon de l'avenue de l'Opéra. Les gens font la queue pour voir celui de la Joconde, mais Karl Lemay préférait celui qui flottait sur les lèvres de cette femme. Il aimait tant ce tableau de Manet. G, H, I?… Est-ce que l'inconnue s'apercevait qu'il cherchait à se rappeler son nom? Il sentait des pulsations à ses tempes, son cœur battait plus vite. Il fallait qu'il se calme sinon il ne devinerait jamais son nom. J, K. Non, K, c'était lui.

Karl. Est-ce qu'on pouvait oublier son propre nom? L. M. N. Non. La femme posait sa main sur son poignet.

— Au revoir, monsieur Lemay. J'espère que vous passerez une bonne fin de semaine. Nous, on va fermer le chalet. Les enfants se sont baignés une dernière fois, mais là, c'est bien fini.

Qui connaissait-il qui avait des enfants et un chalet? Était-ce quelqu'un qu'il avait vu au musée? Au restaurant?

Était-ce une ancienne élève? Ou…

::

Québec, octobre 2014

Serge Larocque aimait vraiment le corps de Lydia, sa lourde poitrine sur laquelle il appuyait sa tête après l'amour. Son ex-femme avait de trop petits seins. Il le déplorait même s'il affirmait le contraire, allant jusqu'à prédire qu'elle aurait l'air jeune plus longtemps, car ses seins ne s'affaisseraient pas comme ceux de ses amies. Elle lui souriait, reconnaissante, ignorant qu'il fantasmait sur la généreuse poitrine de sa secrétaire. Oui, il aimait vraiment baiser avec Lydia Francœur, il aimait qu'elle le prenne dans sa bouche, ce que son ex-femme lui refusait. Il aimait qu'elle ait toujours envie de lui, qu'elle soit toujours prête à faire l'amour. Il l'avait appelée une heure plus tôt, en revenant du terrain de golf, et elle avait immédiatement répondu qu'elle l'attendait. Elle avait préparé un pichet de son cocktail préféré et avait enfilé cette robe décolletée qu'il trouvait si sexy. Elle se rhabillait maintenant et, alors qu'il admirait ses courbes, elle gâchait tout subitement en lui demandant pourquoi il ne passait pas la nuit avec elle.

— J'aime mieux me réveiller chez moi où j'ai toutes mes affaires.

— Tu pourrais laisser une chemise ici et…

— Puis un complet, une cravate, des souliers, tu sais que je dois être impeccable en tant que directeur. C'est moins compliqué si je rentre à mon appartement.

Lydia avait failli insister, s'était retenue et l'avait tout autant agacé avec sa question suivante.

— Es-tu toujours d'accord pour les vacances?

— Les vacances?

— Tu as dit qu'on partirait ensemble.

Avait-il vraiment dit cela? Dans un moment d'égarement? Ce n'était pas une bonne idée.

— Il y a aussi le congrès à Boston en juillet.

— À Boston? Je ne me souviens pas de…

— Les compagnies pharmaceutiques. Je ne suis jamais allée à Boston. Toi?

— Une fois, il y a longtemps.

— Il paraît que c'est une jolie ville. Il fera peut-être un peu chaud en juillet, mais il y a l'air climatisé partout aux États-Unis. On ne logera sûrement pas dans un hôtel *cheap*.

Et voilà qu'elle s'exprimait au futur! Qu'elle semblait réellement croire qu'ils partiraient ensemble pour marcher sur les traces de Paul Revere! Main dans la main pendant quatre ou cinq jours. Quand il avait enfin retrouvé sa liberté après un divorce interminable. Plus jamais il ne vivrait avec une femme, fût-elle une déesse.

Il avait peut-être eu tort de coucher avec sa secrétaire. Pourtant, il avait été clair lorsqu'il avait soupé avec elle une première fois en février: il sortait d'une longue relation, avait besoin de calme, de paix. Il devait avoir la tête libre pour se concentrer sur les travaux de modernisation qui permettraient à la résidence de se positionner parmi les meilleures de la province; il pourrait alors envisager de s'associer au groupe de Michael Todd.

— Si on ne va pas à Boston, reprit Lydia, on pourrait louer un chalet dans les Adirondacks. Peut-être qu'une semaine en pleine nature te détendrait plus qu'un congrès où tu parleras de boulot.

D'un autre côté, je suppose que tu veux mieux connaître Michael Todd, te faire mousser auprès de lui.

La sensualité de Lydia lui faisait parfois oublier qu'elle était aussi intelligente. Il connaissait les compétences de sa secrétaire et son habileté à comprendre n'importe quelle situation. Il n'aurait pas dû être surpris qu'elle évoque Michael Todd, même s'il n'était venu qu'une seule fois à la résidence. Elle avait fait des recherches sur lui, savait ce qu'il représentait pour la résidence des Cèdres : un partenaire majeur qu'il fallait séduire à tout prix.

— Je devine qu'il te faudra des capitaux pour qu'il se décide à admettre la résidence au sein de son luxueux complexe.

Serge se demanda ce que signifiait cette pointe d'ironie dans le ton de Lydia. Il la fixa un moment avant qu'elle détourne le regard. Se moquait-elle de lui ? Il n'appréciait pas beaucoup ce genre d'impertinence.

2

Québec, le 10 janvier 2015

Comment avait-il pu oublier son rendez-vous chez le dentiste? Il y avait pourtant pensé en se levant. Il savait qu'il avait rendez-vous à 15 h. Il était trop concentré sur la couleur du fleuve. Il n'arrivait pas à rendre le gris bleu plus lumineux ni la brume du matin aussi poétique qu'il le souhaitait. Les yeux de sa mère étaient de cette couleur empreinte de douceur. Et ceux de Loraine. Il n'avait jamais su s'il était tombé amoureux de Loraine à cause de son regard qui lui rappelait celui de sa mère. Mais il s'en souvenait parfaitement. Alors qu'il avait oublié bêtement son rendez-vous. Ça devait arriver à d'autres peintres ou à des écrivains d'oublier le temps, d'oublier un rendez-vous lorsqu'ils étaient trop pris par leur sujet. Toutes leurs pensées étaient tournées vers ce sujet, ils en étaient obsédés, oubliaient tout le reste. Et le temps. Entre midi et 15 h, le temps s'était évanoui dans le fleuve, dans l'impossible couleur du Saint-Laurent. Il n'arrivait pas à se concentrer, à faire abstraction du va-et-vient dans le corridor. Ludger lui avait promis qu'il s'habituerait à l'animation de la résidence, mais, dans l'immédiat, il n'en était pas persuadé. Il n'était pas certain d'avoir pris la bonne décision en cédant aux arguments de Ludger. Il n'aimait pas trop vivre en groupe. D'un autre côté, il n'avait à s'occuper de rien. Et pouvait prendre ses repas dans son studio. Personne ne l'obligeait à se joindre aux autres résidents. Ludger le lui proposait chaque soir, mais n'insistait pas s'il refusait. Il le respectait. Il devait avoir raison, il s'accoutumerait à sa nouvelle vie. Dormirait mieux. De bonnes nuits. Voilà le remède. C'est normal d'être distrait quand on manque de sommeil. Cela devait aussi arriver à Ludger.

::

Sainte-Anne-des-Plaines, le 20 février 2015

Léonard Cardinale écoutait l'écho des claquements de porte derrière lui sans quitter des yeux le col de l'uniforme du gardien qui le raccompagnait dans son aile. Il devait se concentrer sur ce col pour ne pas laisser l'émotion le submerger. Il ne savait pas quelle sorte d'émotion il pouvait ressentir, mais il devait la brider jusqu'au souper, rester dans sa cellule, calmer les battements de son cœur. Il ferait des redressements assis. Au souper, il dirait qu'il était vraiment content d'avoir eu sa libération conditionnelle, quand on lui poserait la question. Puis il se tairait. Parce que c'était dans sa nature. Et parce qu'il ne voulait surtout pas susciter l'envie à quelques semaines de sa sortie. Il ferait profil bas jusqu'à la fin. Jusqu'à la dernière seconde de sa peine.

::

Québec, le 27 février 2015

Karl Lemay fixait la clôture en fer forgé qui longeait les plaines d'Abraham: il avait toujours aimé le contraste du métal peint en noir sur la neige. À une certaine heure du jour, les ombres dessinaient des arabesques sur l'infinie blancheur et, à la fin du jour, lorsque le soleil se couchait, les plaines étaient teintées de ce rose nacré qu'il avait découvert à Florence, le rose d'un marbre précieux. Il tourna la tête vers le musée et ferma les yeux, ébloui par des reflets trop vifs dans les grandes vitres du restaurant. Il resta sans bouger durant quelques minutes, comme s'il hésitait entre bifurquer vers la côte Gilmour ou pénétrer dans le musée. Il sentit l'angoisse qui montait en lui comme un raz-de-marée, les pulsations à ses tempes, un goût amer dans sa bouche.

Qu'est-ce qu'il faisait là ? Quel était ce vieux bâtiment aux pierres magnifiques. Il avait déjà vu ces pierres. Il fallait qu'il s'en souvienne. Il avait toujours aimé ces portes vitrées. Depuis quand ? Il devait avancer, lire ce qui était écrit même s'il avait soudainement mal au cœur.

Il marcha vers les portes principales et demeura immobile à côté de la sculpture en fronçant les sourcils. *Musée national des beaux-arts du Québec.*

Qu'est-ce qu'il faisait au musée ? L'affiche annonçait l'exposition prochaine d'un peintre néerlandais. Il le connaissait de nom, mais il était sûr de ne l'avoir jamais rencontré.

Karl Lemay s'appuya contre le socle de la sculpture, cherchant un réconfort dans l'observation de l'œuvre. Il sentit les battements de son cœur s'accélérer alors qu'il tentait désespérément de se rappeler pourquoi il se tenait devant ces portes de verre. Il devait bien y avoir une raison ! Il fit descendre la fermeture éclair de son manteau, il avait l'impression d'étouffer malgré le froid. Il était toujours appuyé contre la sculpture lorsqu'une femme sortit du musée et s'approcha de lui.

— Monsieur ? Vous allez bien ?

— Je… oui, c'est juste que…

L'employée du musée l'interrompit en le reconnaissant.

— Monsieur Lemay ? Vous avez rendez-vous avec Mme Morin ?

— Mme Morin ?

La jeune femme lui sourit tout en s'étonnant de lire un certain désarroi chez le célèbre peintre. Elle nota le visage congestionné, les mains tremblantes, lui redemanda s'il se sentait bien, puis se permit de le prendre par le bras en l'accompagnant vers l'entrée. À travers l'épaisseur du manteau, elle perçut la raideur des membres et ralentit aussitôt le pas. Elle avait vu Karl Lemay six mois plus tôt, lors d'une conférence au musée et il ne lui avait semblé ni vieux ni fragile. Avait-il été malade durant l'hiver ? Ou était-ce le décès subit de Marc Chevalier qui l'avait atteint ? Elle passa devant lui pour ouvrir la porte, puis l'emmena jusqu'au vestiaire où elle le débarrassa de son manteau, tout en téléphonant à France Morin pour la prévenir de l'arrivée de l'artiste.

— Mme Morin sera ici dans un instant.

Karl Lemay hocha la tête avant de la remercier. Il paraissait remis de son malaise, mais elle lui offrit d'aller chercher un verre d'eau. Il lui adressa un sourire de remerciement. Il n'avait besoin de rien. Les battements de son cœur étaient de nouveau réguliers, il respirait mieux. Que s'était-il passé ? Pendant un moment, il avait eu la sensation qu'il n'était nulle part, que tout lui était inconnu. Est-ce qu'il avait eu une légère attaque ? Est-ce qu'une attaque pouvait obscurcir son esprit ? Il devait revoir son médecin. Peut-être que ce passage à vide était dû à son nouveau médicament. Oui, probablement. C'était sûrement cela. Il balaya l'effroi qui l'avait tétanisé plus tôt et se réjouit de revoir France Morin qu'il avait toujours appréciée. Elle avait été l'une des premières personnes qu'il avait rencontrées lors de son arrivée à Québec. Elle étudiait alors à l'Université Laval, terminait son doctorat en histoire de l'art. Il avait été surpris qu'elle connaisse si bien son travail, même si sa thèse portait sur les peintres américains de l'après-guerre. Il venait tout juste de s'installer dans la capitale, après avoir vécu dans les White Mountains, puis à Toronto. Il n'avait pas aimé cette ville, sans avoir rien à lui reprocher en particulier. Il n'était tout simplement pas fait pour une existence à l'ombre des grands édifices. Il avait besoin de voir le ciel. D'entendre le vent, la neige crisser sous ses pas, le cri des corneilles. Les corneilles… Comme il s'était appliqué à traduire le noir brillant de leurs plumes. Y était-il parvenu ? Il l'ignorait. Il était mauvais juge de ses œuvres. Les articles dans les journaux, à chacune de ses expositions, parlaient de lui comme d'un artiste, mais il se voyait plutôt comme un artisan. Une sorte d'ébéniste qui polissait lentement une matière pour en faire sortir l'essence, le grain, la lumière.

— Karl, entendit-il derrière lui. Que je suis contente de vous voir !

— Vous avez toujours vos beaux cheveux d'or, dit-il à la femme qui s'approchait de lui pour l'embrasser.

— Il y a de plus en plus de gris qui s'y mêle.

— De l'argent, pas du gris. Comme le pelage des isatis lorsqu'ils sont bébés.

— Je me rappelle une de vos scènes d'hiver où il y avait un de ces renards tapi sous un arbuste.

— Un if. J'ai toujours aimé ces petites boules rouges. Mais mon ami Ludger m'a appris qu'elles sont toxiques.

— *Crépuscule*, 1982. Mon père m'avait emmenée à Toronto. C'était la première fois que j'entrais dans une galerie d'art. C'est votre tableau que j'ai préféré. À cause du renard. Il semblait tellement vivant, prêt à bondir hors de la toile. Voulez-vous me suivre dans mon bureau afin que je vous montre les premières épreuves du livre ? Je crois que vous serez content. On fera un beau lancement en septembre.

— Vous savez que…

— Vous ne serez pas obligé de prendre la parole, le rassura tout de suite France Morin, ne vous inquiétez pas pour ça.

— Vous me connaissez bien, dit-il en notant qu'elle portait une bague sertie d'une grosse émeraude.

— Vous n'avez pas besoin de mots, Karl, tout est dans votre œuvre.

— Je m'étonne encore que les gens aiment mes mises en scène. Nous sommes en… en… Je veux dire que…

France Morin attendit un moment que le vieux peintre s'explique, mais son regard subitement inquiet et la façon dont il triturait son chandail depuis son arrivée la poussa à intervenir.

— Les gens aiment votre œuvre parce qu'ils croient justement à vos histoires, à ces hommes et ces femmes qui les traversent, qui leur ressemblent. Ils ont envie de flatter vos chiens, d'apprivoiser vos chats. Vos paysages nous donnent envie de nous promener en forêt, de longer les rivières, d'observer le vol du héron ou des outardes. Et vos scènes du quotidien nous touchent par leur vérité.

Tout en parlant, elle regardait Karl Lemay qui semblait fixer un point derrière elle. Elle se demandait ce qu'il voyait quand il reprit la parole.

— Je voulais dire que je suis surpris qu'aujourd'hui on achète encore mes toiles.

— Vous dites cela depuis qu'on se connaît. Vous devriez pourtant être habitué au succès. Votre exposition au Japon, l'an dernier, a été un vrai couronnement.

— C'est la neige qui leur a plu. Ils ont de la neige au Japon, ils l'ont reconnue dans mes tableaux. Si je n'étais pas si vieux, je retournerais l'observer à Iqaluit.

— Vous n'êtes pas si vieux…

— Hélas, oui.

Karl Lemay sentait encore les griffes de l'angoisse qui avaient broyé son cœur, plus tôt, quand il avait eu cet épisode d'amnésie. Passage à blanc. Blanc, toutes les couleurs. Des étoiles avaient éclaté dans ses yeux, l'avaient aveuglé quand le sang pulsait frénétiquement à ses tempes. Il fallait qu'il en parle à Ludger.

Mais pas tout de suite. Cela ne lui arrivait pas si souvent. Et, à son âge, c'était naturel d'avoir des petits moments d'égarement. Ludger avait bien perdu ses lunettes. Il avait payé six cents dollars pour une nouvelle paire et avait ensuite retrouvé ses vieilles lunettes dans la poche du coupe-vent qu'il avait apporté à la pêche. Il n'allait pas gâcher le café du matin en évoquant ses problèmes. De toute manière, cela ne changerait rien.

Le mieux, c'était de ne rien dire. Et de faire attention pour que l'infirmière, Mme Tanguay ou les préposés ne s'aperçoivent pas de ses oublis. Leur répéter que tout allait très bien pour lui à la résidence.

::

Mars

Avait-il vraiment marché jusqu'aux immondes silos qui défiguraient le port de Québec? Karl Lemay regardait les énormes sphères blanches de l'anse au Foulon avec stupéfaction. Il les avait déjà vues en compagnie de Ludger, mais ces monstres de quarante-cinq mètres de hauteur lui paraissaient encore irréels. Il avait toujours cette même impression qu'un dinosaure avait pondu ces deux gigantesques œufs sur le boulevard Champlain, qu'ils écloraient, que des créatures hallucinantes en sortiraient pour plonger dans le Saint-Laurent et que, par miracle, toute trace de l'existence de ces boules démesurées disparaîtrait. Mais elles étaient toujours là, ces boules qui semblaient narguer les passants qui déambulaient sur la terrasse Dufferin pour contempler le fleuve et Karl Lemay tenta de se consoler de leur existence en se disant qu'il avait heureusement peint le fleuve des dizaines de fois, qu'il avait de belles photographies prises du traversier du Cap Diamant et de ses environs intacts. Il s'assit sur un banc, se tourna vers la droite afin de ne plus voir ces espèces de verrues et sortit un calepin de la poche de son Kanuk, l'ouvrit, le feuilleta sans que les dessins qu'il y voyait trouvent un écho dans son esprit. C'était pourtant lui qui avait fait ces croquis. Il perçut les battements de son cœur qui s'affolait, les veines qui palpitaient à ses tempes et il se concentra immédiatement sur les plaques de glace qui mouchetaient le fleuve. Il les fixa avec tant d'intensité qu'il sentit ses yeux brûler, des larmes couler sur ses joues. Il continua à regarder les îlots de neige flottants jusqu'à ce qu'il retrouve son calme. Et subitement, il se souvint : c'était justement ces glaces qui dérivaient sur le Saint-Laurent qu'il voulait dessiner. Il les compara au dos des baleines qu'il avait vues avec Ludger lorsqu'ils étaient allés à Tadoussac. Elles étaient d'un gris clair qui s'accordait au mois de mars, à la fois hivernal et lumineux. Mais auparavant, il terminerait la nature morte commencée en février. Il sourit en songeant qu'il peignait depuis plus de cinquante ans et qu'il n'admettait toujours pas qu'on accole l'adjectif « morte » à la nature. C'était tout le contraire ! Les poires qu'il avait peintes étaient gorgées de jus, de goût, de vie. Ce n'était pas ça, la mort.

Il resta sur le banc à dessiner les glaces jusqu'à ce que ses vieux doigts soient gelés. En se retournant, il revit les damnés silos, décida néanmoins de marcher jusqu'à la rue Sous-le-Fort. De là, il emprunterait le funiculaire, irait prendre un taxi en face de la rue du Trésor. Il se souvenait parfaitement qu'il y avait toujours des taxis à la place d'Armes.

Il marcha le long du boulevard Champlain, gagna la rue Sous-le-Fort, s'attarda à la Place Royale avant d'admirer le trompe-l'œil qui retraçait l'histoire de Québec. Les artistes avaient vraiment fait un travail remarquable, soigné les moindres détails. Il gravit ensuite les escaliers qui menaient à la côte d'Abraham, fit une pause en face du Vendôme, reprit son ascension et bifurqua sur la rue des Remparts. Il s'appuya sur un des canons qui pointaient leur gueule noire vers le bassin Louise et il se demanda ce qu'il faisait là. Il eut envie de pleurer.

::

Le 7 mai

Il avait fouillé dans tous les tiroirs de la commode et de la table de chevet. Son calepin n'était nulle part. Il le rangeait pourtant toujours dans le premier tiroir du meuble. Ou il le laissait sur la table de chevet. Il ne pouvait pas être ailleurs! Il détestait chercher un objet, il avait l'impression qu'il se moquait de lui. Maudit calepin!

Karl avait aussi regardé derrière la table de chevet et le lit; le calepin n'avait pas glissé contre le mur. Karl ferma les yeux, tentant de se rappeler quand il l'avait utilisé, ce qu'il avait dessiné, mais les seules images qui lui venaient à l'esprit étaient des paysages de neige. Les neiges de son enfance qui drapaient la ferme d'un linceul, l'emprisonnaient dans le silence. Il secoua la tête pour chasser ces souvenirs oppressants: même s'il se rendait chaque jour à l'école du village, l'hiver à la ferme accentuait le sentiment d'isolement qu'il éprouvait depuis la mort de sa mère et de son frère. Il se sentait plus que jamais abandonné de tous. Livré à Walter Spencer. Il n'avait aucun doute sur la cruauté de son père, mais la mort de la famille Marcus, brûlée dans l'incendie de sa ferme, avait révélé toute sa puissance: si lui et ses amis avaient pu impunément tuer les Marcus sans qu'aucun policier vienne à la maison pour poser des questions, tout pouvait lui arriver. Son père ne devait jamais apprendre qu'il l'avait entendu parler de la grande croix et de l'incendie, sinon il le ferait disparaître aussi. Il devait garder le silence et il s'y appliquait, même si Walter lui reprochait sa face de carême, son laconisme. Mais, même sans la terreur que son père lui inspirait, de quoi auraient-ils bien pu parler aux repas? Il ne se souvenait d'aucune discussion avec lui avant les décès familiaux. Walter s'adressait toujours à son frère. C'est à peine s'il le regardait. Karl pensait qu'il ne l'aimait pas, car il ressemblait à sa mère que Walter méprisait, à qui il reprochait de ne pas lui donner d'autres garçons. Deux filles mort-nées. Puis plus rien. Karl songeait que ces fantômes avaient eu de la chance de retourner dans les limbes. À l'école, on décrivait ce lieu entre le ciel et l'enfer comme un néant absolu. Il aurait bien voulu vivre dans ce néant, n'être rien, flotter dans cette zone indéfinie. Il s'approcha de la fenêtre, nota le changement de lumière. Moins franche, moins dure qu'en hiver. Pourquoi pensait-il à l'hiver maintenant ?

Il se laissa tomber sur le bout de son lit, sentit quelque chose de dur sous sa cuisse, souleva la couverture, découvrit son calepin. D'abord soulagé de le retrouver, il le regarda ensuite avec inquiétude : que faisait-il là ? Il ne se souvenait pas de s'être couché avec son calepin. Mais c'était possible, après tout : ce devait être le repas de la veille trop riche qui l'avait plongé dans une sorte de torpeur. Oui, c'était sûrement cela, tout le monde sait qu'on dort mal si on mange trop le soir. Il n'aurait pas dû manger de la glace au chocolat. Mais la glace au chocolat lui rappelait cet après-midi avec sa mère, alors qu'elle avait désobéi à Walter et s'était arrêtée chez M. Bouvier, ce Français qui s'était installé dans leur village et qui fabriquait la meilleure glace au monde. Il se souvenait de sa surprise en léchant la boule marron, l'étonnante sensation de fraîcheur sucrée, le rire de sa mère, si rare, tandis qu'elle lui essuyait les lèvres. La promesse qu'il lui avait faite de ne pas en parler à son père. Ni à son frère. « Ce sera notre petit secret », avait-elle murmuré.

Il n'y en avait pas eu beaucoup d'autres.

Il déposa le calepin sur la table de chevet et sourit en constatant que ses crayons étaient bien rangés dans le premier tiroir. Il retourna vers la fenêtre, songea qu'il irait s'installer dans la cour arrière pour dessiner les crocus. La modestie de ces fleurs qui produisaient le luxueux safran lui avait toujours plu. Il ne prisait pas le goût de ces précieux pistils, mais il aimait la puissance de leur teinture : quelques filaments de safran parvenaient à ocrer tout un risotto. Il avait mangé le meilleur risotto de sa vie à Barcelone, au restaurant 7 portes, sur la Rambla. Tout près de l'aquarium où il avait pu caresser une raie. Il en avait ensuite dessiné des dizaines pour parvenir à rendre la texture de velours mouillé du gigantesque poisson. Et son dos ardoisé. Non, fumé. Gris fumé. Le gris lui avait toujours posé des problèmes, trop abstrait. Né de l'absence et de la totalité des couleurs du spectre. Alors qu'il était si agréable de jouer avec tous les verts. Forêt, vert tendre, pomme, sauge, céladon, printemps, lime. Et le vert de cette pierre précieuse qui ornait la bague de France Morin. Il y avait de petits diamants tout autour de la pierre verte. Un vert intense, riche. Il fronça les sourcils, ce n'était ni saphir, ni rubis, ni topaze, ni aigue-marine. Ni diamant. Les diamants ne sont que brillance. Pas verts. Il connaissait pourtant ce maudit vert de la même intensité que celui de l'impatiente de jardin. Il soupira, il détestait chercher un mot ! C'était normal à son âge, se répétait-il, mais c'était humiliant de savoir... sans savoir. De se sentir impuissant à retrouver ses mots.

Il se secoua : l'important était d'avoir mis la main sur son calepin. Il faisait beau. Avec un bon chandail, il pourrait s'asseoir dehors pour dessiner. Pour rendre la teinte violacée des crocus, il privilégierait le pastel, mais veillerait à ne pas insuffler une texture trop veloutée aux pétales qui étaient plutôt satinés, lisses avec de très fines nervures, mais le safran des pistils devrait être poudré, prêt à s'évanouir dans l'air. En allant aux toilettes, il jeta un coup d'œil au calendrier, sourit : on était bien jeudi comme il le pensait. La dame viendrait avec son chien. Il pourrait le dessiner. Il ressemblait à son vieux Ranger. Il se rappelait leurs balades au bord de la rivière. Ils se baignaient ensemble dans l'eau glacée. Karl avait toujours aimé l'eau. Antithèse du feu. L'eau qui l'engourdissait tout en le tonifiant. Son insaisissable couleur. Son odeur à la fin du jour. Il aimait toujours la mer, même si elle lui avait ravi sa mère et son frère. Leur bateau avait coulé parce que le capitaine, ivre, n'avait pu éviter les écueils. Ce n'était pas la mer qui était responsable.

::

Le 8 mai

Maud Graham fixait la table de la salle de réunion en se demandant si elle devait ou non s'asseoir à la place d'André Rouaix. Si elle ne le faisait pas, la chaise resterait peut-être vide et elle imaginerait son ancien partenaire installé en face d'elle. Alors que si elle prenait la place qu'il avait occupée durant des années, c'était sa chaise qu'elle verrait. Mais probablement que Bouthillier s'y installerait. Ou Tiffany, qui ne choisissait jamais le même siège. Elle était si peu attachée aux rituels ! Elle avait sûrement raison ; à quoi lui servaient toutes ces manies qui compliquaient son quotidien ? Le thé Kukicha à six heures, la pomme déposée sur son bureau dès son arrivée pour lui éviter de succomber plus tard au sac de chips d'une distributrice, la lecture des nouveaux développements dans chacune des enquêtes menées sur le territoire de Québec avant le briefing, un autre thé vert à neuf heures, puis l'appel à ses parents, nouvel élément dans son rituel. Depuis que son père avait déboulé l'escalier du sous-sol et s'était fracturé les deux poignets, elle se sentait obligée, même si son père avait été libéré récemment de ses plâtres, de téléphoner quotidiennement à la maison pour vérifier si tout allait bien. Avec sa sœur, au souper pascal, elles avaient évoqué les maisons de retraite, mais un non catégorique avait rapidement clos le sujet. Ni son père ni sa mère ne voulaient déménager.

« Ton père a eu un accident, avait dit cette dernière. On ne va pas en faire toute une histoire. Il peut se servir de nouveau de ses deux mains. Où est le problème ? »

Le problème, c'est que Maud avait remarqué que les pas de sa mère étaient moins assurés, que ses gestes étaient plus lents, qu'elle avait grimacé lorsqu'elle avait tenté de saisir un chaudron dans une des armoires basses de la cuisine et qu'elle avait mis un temps infini à se redresser. Arthrose sévère, avait diagnostiqué le médecin l'année précédente. Si elle était de moins en moins mobile, toutes les tâches échoueraient à son père. Qui n'avait plus l'énergie pour veiller à l'entretien intérieur et extérieur d'une maison, Maud et Nancy l'avaient bien vu lorsqu'elles avaient dû aider leurs parents, emmener leur mère à l'épicerie, à la pharmacie, à la banque, leur père chez le médecin. Un médecin qui avait prévenu John Graham qu'il ne pouvait se soustraire à un examen de la vue. « Vous ne voudriez pas être un danger public dans les rues ? » avait-il ajouté. John Graham n'avait pas répondu, mais Maud l'entendait penser, l'entendait se dire qu'il allait changer de médecin, celui-là était trop jeune, ne pouvait pas comprendre sa situation. Le priver de sa voiture ? Autant l'enfermer chez lui, cadenasser la maison et jeter la clé dans le Saint-Laurent ! Plus tard, Maud avait tenté d'aborder le sujet avec tout le tact que cela supposait, mais son père l'avait rabrouée. Il était assez vieux pour savoir ce qu'il avait à faire.

Quand les choses avaient-elles commencé à se détériorer ? s'était demandé Graham en apportant le classique jambon pascal à la salle à manger. Aurait-elle dû s'en apercevoir vraiment plus tôt ? Avait-elle adopté une stratégie d'évitement, souhaité que ses parents ne deviennent pas des vieillards fragiles comme elle en avait tant rencontré au cours de sa carrière ? Des personnes vulnérables dont on pouvait facilement abuser ? Sa sœur n'avait rien remarqué non plus. Ce devait être l'accident et le séjour à l'hôpital, même court, qui avaient hâté ce changement, qui avaient précipité les siens dans la vieillesse. Comme dans un crime, il y avait un élément déclencheur pour le passage à l'acte. Est-ce que l'implacable érosion des corps, des esprits était « un acte » ? Une agression, très certainement. Le dos courbé, la démarche hésitante de sa mère qui cherchait le dossier d'un fauteuil, un mur, un meuble pour s'appuyer quand elle traversait une pièce, les nouveaux entêtements de son père et cette histoire incroyable qu'il lui avait racontée lors de sa dernière visite. Il avait voulu vivre au Brésil quand il était jeune marié, mais le gouvernement

l'en avait empêché, car on manquait d'hommes ayant ses quali-
fications au Québec. Au Brésil? Pourquoi n'en avait-elle jamais
entendu parler avant? Elle en avait discuté avec sa mère qui
avait haussé les épaules. Au Brésil? Pourquoi son père inventait-
il pareille histoire? Est-ce que cette décrépitude allait tellement
s'accélérer qu'il faudrait qu'elle et Nancy prennent des décisions
pour leurs parents? En auraient-elles le droit? Qu'est-ce qui les
attendait?

Graham avait repensé à tout ça durant ses nuits d'insomnie
sans trouver de réponse. Que des questions. Était-ce seulement la
ménopause qui la tenait éveillée à trois heures du matin ou l'idée
de devoir discuter plus souvent avec Nancy? Les relations avec sa
sœur s'étaient un peu améliorées au cours des dernières années,
mais elles n'avaient jamais été près l'une de l'autre, poursuivant
des buts trop différents et ne manifestant pas le désir d'une meilleure compréhension. Graham avait admis qu'elles ne seraient
jamais des amies comme Joubert et son frère, Tiffany et sa ben-
jamine. Ce n'était pas leur cas, ça ne le serait jamais. Mais elles
devraient s'entendre pour trouver la meilleure stratégie pour leurs
parents. Passer du temps avec eux ensemble. Oui. Mais quand?
Elle imaginait un énorme sablier dont les grains s'écoulaient de
plus en plus rapidement, elle n'arrivait pas à faire la moitié de ce
qu'elle voulait dans une journée. Et on était déjà en mai.

Elle soupira, puis sourit en constatant qu'il ne restait plus que dix
jours avant la libération conditionnelle de Vivien Joly. Comment
vivrait-il ce retour à une semi-liberté, la routine d'une maison de
transition?

Il avait vendu sa demeure de Sillery, redoutant de revoir celle
de ses voisins où il avait tué une femme dans le seul moment de
folie de son existence. Il ne savait pas s'il allait rester à Québec ou
retourner à Montréal où il avait déjà vécu. Graham espérait qu'il
choisirait sa ville. Elle était consciente qu'une amitié entre un criminel et une représentante de la justice était étrange, mais elle

n'était pas formellement interdite. Elle avait sincèrement envie de revoir l'ancien professeur d'histoire.

Elle jeta un coup d'œil à la grille qu'elle devait remplir pour les vacances : un casse-tête qui revenait chaque année, qu'elle n'avait jamais réussi à simplifier. Les voix de McEwen et Joubert lui firent repousser la corvée à plus tard. Elle se découvrait une tendance à la procrastination et s'en culpabilisait.

Elle regarda ses collègues entrer dans la salle de réunion et songea que Tiffany était vraiment au sommet de sa forme, de sa beauté. Elle lui dirait d'en profiter.

::

Le 13 mai

Il était trois heures trente-sept quand Ludger Sirois s'éveilla et sursauta en entendant frapper à la porte de son studio. Karl Lemay était debout, habillé pour sortir, tenant un parapluie à la main. Il le fit entrer aussitôt, en espérant qu'il s'agisse d'une crise de somnambulisme. Karl lui avait raconté divers épisodes qu'il avait vécus, plus jeune. Il fallait qu'il soit somnambule ! Il le fallait, sinon cela signifiait que la confusion minait de plus en plus son esprit. Non. Pas déjà. Pas si vite ! Il allait le ramener gentiment chez lui, l'apaiser en parlant des animaux, de Whisky qui venait à la résidence tous les jeudis. Le chien que la bénévole emmenait pour distraire les pensionnaires plaisait beaucoup à Karl. Il avait réalisé plusieurs esquisses du colley. Ludger savait qu'il devrait parler de la visite nocturne de Karl à l'infirmière ou à Marie-Louise Tanguay, la directrice des soins, mais il aurait l'impression de trahir son ami, d'être un délateur. Il attendrait encore un peu. Si ce n'était qu'une petite crise ? Karl était debout devant la fenêtre, immobile, les yeux fixés vers la forêt. C'est lui qui aurait dû avoir la chambre qui donnait sur le boisé. Il contemplait les arbres chaque fois qu'il le rejoignait dans cette pièce. Peut-être qu'il serait mieux s'il habitait là? S'il s'endormait en regardant au loin? Lui-même aimait cette vue sur la forêt, mais il aimait aussi la vue du studio de Karl, l'agitation de la rue. À deux reprises, Karl s'était endormi dans sa chambre et Ludger avait déménagé pour la nuit dans la sienne. En s'éveillant, il avait aimé observer le va-et-vient des gens qui partaient travailler. Il devrait proposer à Karl d'échanger leurs studios. La vue sur le petit boisé était bien jolie, mais Ludger ne passait pas ses journées enfermé. Il préférait se promener dehors ou rejoindre d'autres résidents dans les aires communes, profiter du cinéma maison. Il oubliait alors sa jambe douloureuse, ses mains qui tremblaient de plus en plus, qui le trahissaient.

— Qu'est-ce que tu regardes?

— La couleur du ciel. Bleu de Prusse. Un des plus beaux bleus. Une nuance de noir qui le distingue du bleu nuit.

— Il y a tant de sortes de bleu?

— Une infinité.

— Tu devrais me montrer les différences. On pourrait regarder tout ça avec ta boîte de pastels.

— Ma mère avait les yeux bleus. Bleu myosotis. Comme les miens. J'avais aussi ses cheveux blonds. Mon père m'a rasé la tête quand maman est morte. Il disait que je ressemblais à une fille, que je lui faisais honte.

L'espoir d'une crise de somnambulisme s'évanouissait au fur et à mesure que Ludger écoutait Karl parler des couleurs et de ses souvenirs. Tout était trop précis, il n'aurait pas pu tenir cette conversation s'il était inconscient. Mais il semblait plus calme la nuit que le jour, il ne triturait pas la manche de son imperméable comme il en avait pris l'habitude depuis quelques semaines. Cette nouvelle manie inquiétait Ludger qui craignait qu'on la remarque, qu'on s'interroge sur l'état mental de Karl.

— On pourrait jeter un coup d'œil à tes crayons. Tu me montrerais les nuances de bleu. Ou on pourrait rester ici.

— Si tu veux, fit Karl avant d'étouffer un bâillement.

— Tu sembles un peu fatigué. Veux-tu te reposer avant qu'on y aille? fit Ludger en l'emmenant vers le lit, en s'y posant pour l'inciter à l'imiter.

Il soupira de soulagement quand il vit Karl déposer le parapluie et s'asseoir près de lui. Il l'aida à s'allonger, alla lui chercher un verre d'eau, puis s'assit lui-même dans le fauteuil et fixa le croissant de lune comme s'il espérait que le ciel répondrait à ses prières. Pourrait-il aider Karl encore longtemps à dissimuler ses erreurs? Est-ce que Marie-Louise Tanguay, Gina, Catherine le trouvaient de plus en plus confus? En discutaient-elles ensemble? Comment savoir ce qu'elles pensaient de Karl?

Plus il réfléchissait, moins il était décidé à leur parler de la visite nocturne de Karl. L'important était de s'assurer qu'il prenait bien ses pilules. Et comme c'était lui qui gérait son pilulier, il savait parfaitement si les comprimés avaient été pris ou non. Il était fier de ne pas avoir eu à convaincre le pharmacien qu'il avait toute sa tête. Celui-ci avait compris qu'il refuse qu'on prépare pour lui ses médicaments, qu'on lui livre chaque semaine une boîte scellée où il trouverait ses comprimés. Il n'était pas sénile! Comme il était allé avec Karl à la pharmacie, celui-ci avait affirmé qu'il l'imiterait, qu'il voulait aussi s'organiser lui-même. Dans les faits, Ludger vérifiait qu'aucune erreur n'était commise. De toute manière, c'était lui qui l'avait convaincu d'accepter de prendre l'antidépresseur prescrit par le médecin.

Il ne voulait pas qu'il quitte leur étage! Ils avaient encore du bon temps à passer ensemble. Ludger continua à regarder dehors, prisant la quiétude de la nuit.

Il avait toujours aimé la nuit, les filatures dans l'obscurité. Il s'allongea sur le lit sans savoir s'il souhaitait ou non se rendormir, se demandant subitement s'il n'irait pas jeter un coup d'œil dans les affaires de Karl tandis qu'il dormait. Pas par malice, mais pour en savoir davantage sur lui afin de mieux l'aider. Karl Lemay se livrait si peu. Et lorsqu'il le faisait, ses propos étaient étranges. Ludger peinait à démêler le vrai du faux. Il avait récemment parlé d'une petite sœur. C'était la première fois qu'il l'évoquait, alors qu'il avait déjà mentionné son frère et sa mère morts noyés. Et cette histoire de trafic d'armes? Ludger n'avait rien trouvé pour étayer ce récit. Karl semblait plus souvent inquiet. De quoi? Il s'apaisait lorsqu'il parlait de la campagne, des animaux de la ferme ou de la forêt, des montagnes, des cours d'eau. Il avait toujours aimé la terre. Tout le contraire de lui qui avait toujours été résolument urbain. La vie rurale, les bestioles, le lever à l'heure des poules, très peu pour lui. L'asphalte, les voitures, les rues sombres, le silence troublé par le hurlement d'une sirène, les reflets des lampadaires. C'était cent fois mieux. Et l'odeur de l'essence, de l'huile à moteur au garage, de la boucane, de la bière à la brasserie. On avait le droit de fumer partout, autrefois. Avec Karl, ils s'éloignaient de la résidence pour s'allumer une cigarette deux ou trois fois par semaine. Même si le médecin le lui avait interdit. Mais qui cela pouvait-il déranger, maudit baptême? Il s'était rendu aux arguments de sa fille, avait vendu la maison pour gagner cette résidence.

Sa fille dormait peut-être sur ses deux oreilles maintenant, mais lui ne dormait qu'à moitié. S'il avait été parfaitement honnête, il aurait admis que sa nouvelle existence était plus distrayante. Il y avait un va-et-vient constant, de nouveaux visages à chaque départ de l'un d'entre eux pour l'hôpital et les repas, même s'ils étaient servis trop tôt, étaient bien meilleurs que ceux qu'il s'était préparés depuis le décès de sa femme. Il s'endormit en salivant à l'idée des vol-au-vent inscrits au menu du lendemain. Et au plaisir de partager la table avec la nouvelle arrivée, Aline Poirier, une femme qui savait écouter, contrairement aux deux sœurs Lalancette qui ne semblaient pas comprendre ce qu'il leur racontait. Elles n'étaient pas atteintes de démence sénile, comme Arlette Vézina qui avait dû déménager dans l'autre aile, mais elles ne manifestaient d'intérêt que pour ce qu'il y avait dans leur assiette. Elles commentaient la texture des boulettes de viande, la sauce, la densité du gâteau au fromage. Et elles mangeaient tellement lentement! C'était exaspérant. Aline, heureusement, était différente. Et observatrice. Elle trouvait que Lemay et lui se ressemblaient. «Comme si vous étiez des frères», avait-elle ajouté. Ludger s'étonnait qu'il n'y ait qu'elle et Émilie, une nouvelle préposée, à lui avoir fait cette remarque: est-ce qu'on les regardait vraiment ou ne voyait-on plus en eux que deux vieilles carcasses à nourrir, à laver, à asseoir dans un fauteuil? Il se réprimanda intérieurement; il avait de la chance de ne pas être condamné à vivre dans l'autre aile de la résidence. Il était certain que les repas y étaient bien moins élaborés, que les purées régnaient dans les assiettes et que ceux qui ne savaient plus se servir d'un couteau ou d'une fourchette avaient probablement droit à une bouteille d'Ensure. Ludger ne se résignait pas à imaginer Karl de l'autre côté de l'établissement. Que son ami appelle Whisky du nom de son vieux chien Ranger, quelle importance? Lui aussi mêlait parfois des noms. À leur âge, ils avaient connu tant de monde. Et il y avait tous ces médicaments qu'ils devaient prendre et leurs effets secondaires qui devaient jouer sur la mémoire.

Il fallait trouver un moyen pour stimuler Karl. Était-ce envisageable de l'emmener au chalet, quand sa fille et son gendre viendraient à Québec? Karl avait déjà eu un chalet en Mauricie, il aimerait se retrouver en forêt au bord du lac. Ils pêcheraient ensemble au bout du quai. Et avant, ils pourraient aller ensemble au Musée. Karl parlait souvent de France Morin avec affection. Ou France pourrait venir le voir ici pour lui faire une petite surprise. Ils pourraient discuter du livre sur l'œuvre de Karl qui paraîtrait en septembre, cela le réconforterait sûrement.

::

Le 15 mai

Serge Larocque regardait les colonnes de chiffres sagement alignées, les relevés bancaires de sa compagnie et avait envie de tout balayer. Il n'avait pas atteint son objectif. Alors qu'il s'était tant démené pour plaire à tous ces gens venus visiter la résidence des Cèdres, tous ces grands enfants qui cherchaient le meilleur endroit pour leurs parents, qui posaient un million de questions auxquelles il répondait sans jamais perdre patience, tous ces hommes et toutes ces femmes à qui il donnait une poignée de main ferme, rassurante, à qui il remettait ces documents qui lui avaient coûté si cher à l'imprimerie, mais qui véhiculaient une image nette, moderne, respectable de la résidence. Ils promettaient un nid douillet pour les aînés, une sécurité de tous les instants, un lieu où il faisait si bon vivre, où lui-même aurait souhaité termi- ner son existence. L'année précédente, il avait souvent confié à Lydia le soin de faire visiter la résidence, mais il s'en était chargé depuis janvier pour s'assurer que rien n'était omis pour séduire les clients. Il avait hérité de cette affaire, mais, contrairement à son père — ironiquement décédé à la maison —, il n'entendait pas conserver la résidence telle qu'elle était. On pouvait faire beaucoup mieux, être à la fine pointe de la modernité en matière d'équipement. Il avait expliqué tout ceci à son banquier qui lui avait rappelé que la résidence était déjà lourdement hypothéquée. Les travaux de réfection de la salle à manger, le changement de toutes les fenêtres, l'installation de la salle de cinéma maison et de la pièce de recueillement avaient coûté cher. Il fallait attendre un peu avant d'injecter de nouveaux capitaux dans l'entreprise.

Attendre ? Attendre que Michael Todd préfère s'associer à une autre résidence à Québec ? Il ne manquerait jamais de clients, avait-il répété au directeur de la banque, le marché était en pleine expansion. Une chambre ou un appartement libéré à la résidence des Cèdres restait vide à peine quelques jours : avec le vieillissement de la population, la liste d'attente pour une place dans son établissement s'allongeait chaque semaine. Mais il devait se maintenir au sommet, pouvoir démontrer que les prix exigés à la résidence des Cèdres étaient justifiés par une gamme d'appareils hautement sophistiqués et un personnel important. De ce côté-là, Serge Larocque ne pouvait se plaindre : alors qu'il y avait beaucoup de changement de personnel dans certaines résidences ou dans les CHSLD, les employés qui avaient travaillé pour son père étaient restés aux Cèdres. En partie grâce à Lydia, il devait l'admettre : elle avait su convaincre tout le monde des bonnes intentions du nouveau patron, répété qu'il saurait les apprécier comme le faisait feu Hector Larocque. Et en partie grâce à lui qui multipliait les compliments aux employés. Ça ne coûtait rien et pouvait être utile.

Serge soupira, il n'avait pas du tout envie de relancer son frère pour lui demander d'investir dans l'affaire paternelle. Antoine lui avait dit clairement à leur dernière rencontre qu'il pouvait faire ce qui lui chantait avec sa part d'héritage, mais que lui préférait conserver son argent en lieu sûr. En lieu sûr ? Mais les résidences pour les aînés étaient l'avenir ! C'était garanti ! Antoine lui avait rappelé ses échecs précédents, ses études interrompues en médecine, puis en pharmacie, son commerce fermé à Toronto au bout de deux ans d'exercice. Il lui avait répété qu'il n'avait pas le sens des affaires de leur père : il valait mieux se contenter d'administrer la résidence des Cèdres telle qu'elle était, ne rien changer à une formule gagnante. Après tout, il avait réussi à finir son cours d'infirmier avant de rejoindre son père à la résidence, cela pouvait encore servir. Même s'il s'était fait renvoyer de l'hôpital où il travaillait. Il fallait toujours qu'Antoine le rabaisse ! Qu'il ramène cet incident sur le tapis. Son aîné se serait peut-être écrasé si un collègue l'avait insulté, comme cela avait été son cas, mais lui n'était pas du genre à se laisser faire. Il s'était défendu, avait cassé le nez de Pierre Savard. Des témoins avaient dit qu'il s'était rué sur Savard pour le battre, alors que celui-ci ne l'avait que taquiné. Antoine lui avait fait la morale : il devait apprendre à se contrôler, suivre une thérapie pour cesser de s'attirer toujours des ennuis. «Tes conneries commencent à m'embêter sérieusement.» Ah oui ? La vérité, c'est qu'Antoine était jaloux de lui depuis leur adolescence. Était-ce sa faute s'il avait un physique avantageux et si son frère n'avait rien d'un apollon ? Antoine qui ne faisait aucun effort pour corriger la situation, tandis que lui s'entraînait, prenait soin de ses cheveux, de sa peau, de son habillement. Il était en constante représentation, il devait être impeccable pour plaire aux futurs clients. Antoine se contentait d'une vie pépère, de ses recherches sur les maladies dégénératives, de sa femme si ordinaire.

Il devait pourtant réussir à convaincre Antoine de s'intéresser à la résidence des Cèdres.

Il ne pouvait pas se permettre un nouvel échec. Il lui fallait des capitaux. La nuit précédente, il avait rêvé que son frère était mort dans l'explosion d'un laboratoire au moment où il lui répétait que la résidence des Cèdres péricliterait sûrement sous sa direction. Mais comment avait-il osé penser ça ?

:::

Le 19 mai

Il était midi quand Léonard Cardinale descendit de l'autobus à la gare du Palais et il pénétra par les portes latérales pour se rendre au hall principal afin de boire un café, même s'il savait qu'il souffrirait ensuite de brûlures d'estomac. Le va-et-vient des voyageurs dans tout cet espace l'étourdit quelques secondes. Il leva les yeux vers le dôme, s'obligea à le fixer jusqu'à ce qu'il se sente mieux. Il se souvenait de ce plafond si haut, de l'emménagement de la gare d'autobus, jadis boulevard Charest, à la gare ferroviaire nouvellement rénovée. Au pénitencier, un des prisonniers lui avait dit qu'il avait eu envie de mettre une bombe dans la gare le jour de l'inauguration. Heureusement qu'il ne l'avait pas fait, la gare centenaire était très belle. Et si vaste. Combien de cellules auraient pu tenir dans la gare? Il grimaça, refusant cette image de cellules, il ne devait pas penser au pénitencier. Il en était sorti et il avait fait son temps en maison de transition. Il était monté dans un autobus, il avait vu des dizaines de villages défiler sur la 20, le pont Pierre-Laporte, l'espèce de citerne à Sainte-Foy toujours aussi moche, puis les autoroutes, le quartier Saint-Sauveur, Saint-Roch dont on lui avait dit qu'il avait beaucoup changé en son absence. La rue Saint-Joseph était maintenant très à la mode avec ses nouveaux restos, ses commerces branchés.

Et lui, avait-il changé autant que la ville? Avait-il eu raison de sauter dans le premier bus pour Québec?

Mais où serait-il allé, sinon? Dans une ville où il n'avait tué personne? Il sortit de la gare, marcha jusqu'à la fontaine, écouta son clapotis en espérant qu'il apaiserait son anxiété. Il s'étira en se promettant de continuer à faire de l'exercice. Son corps avait changé au cours de ses années au pénitencier, il s'était endurci, ses muscles se muant en carapace, en armure, dissuadant certaines agressions. Il était sportif avant d'être arrêté, mais n'avait jamais pensé qu'il s'astreindrait à un tel entraînement. C'était pourtant ce qu'il avait fait. Parce que façonner son corps lui donnait l'impression de reprendre un peu le contrôle de sa vie. Son corps lui appartenait, c'était bien l'unique chose qui lui restait en prison. Il se demanda combien pouvait peser tout l'acier qui composait la fontaine, comment sa structure avait été choisie, si l'hiver représentait une menace à long terme pour le matériau. Il supposait que non, qu'on avait dû y penser avant de tout installer.

::

Le 20 mai

«Est-ce que tout semblait en règle?» se demandait Serge Larocque en relisant pour la dixième fois les documents concernant la fondation Toujours avec vous. Avait-il oublié quelque chose dans la rédaction des statuts? Est-ce que cette fondation lui garantirait l'anonymat dont il avait besoin pour toucher l'héritage de Suzanne Laprade? Allait-elle tenir ses promesses ou changer son testament à la dernière minute? Élaborait-il ces plans pour rien? En tant que directeur de la résidence des Cèdres, il ne pouvait hériter de la doyenne des pensionnaires sans qu'un notaire s'en étonne, mais depuis que Mme Laprade lui avait dit qu'elle voulait tout lui léguer, il avait cherché un moyen de récupérer l'argent et imaginé cette fondation à but non lucratif. Une fondation qui offrirait un répit aux aidants naturels, une fondation qui paierait des gens pour accompagner les personnes seules dans leurs démarches pour se loger ou se rendre chez le médecin, chez le notaire, à la banque, une fondation dont il gérerait tous les dons. Il n'avait pas informé Lydia de l'existence de cette fondation. Il préférait l'épater quand il disposerait des capitaux dont il avait besoin. Elle s'était permis une allusion au désintérêt de Michael Todd pour la résidence, puis elle avait dit sur un ton sucré qu'il repenserait sûrement plus tard à la possibilité d'une association. Lydia ne le croyait pas capable de trouver des fonds. Tout comme Antoine. Ils le connaissaient bien mal!

Heureusement, Lydia lui avait aussi dit que Constance Cloutier, une des résidentes, avait discuté avec Suzanne Laprade qui lui avait confié que le médecin s'inquiétait de son mauvais cœur. Il l'avait vue deux fois en l'espace d'une semaine, avait répété que son cœur était usé. Il fallait que le Dr Hébert ait raison et que ce vieux cœur s'arrête de battre! Maintenant! Il ne s'illusionnait pas, il devrait attendre ensuite des semaines, voire des mois pour toucher l'héritage de Mme Laprade. Régler une succession prenait toujours du temps. Mais, au moins, il n'y avait aucun héritier dans le décor pour

contester le legs. C'était toujours ça de pris, même si cela ne résol-
vait pas son manque actuel de trésorerie. Où trouver des capitaux
rapidement?

Devrait-il vraiment se résigner à reparler à Antoine qui aurait
tant de plaisir à l'humilier?

::

Le 29 mai

Il n'allait pas en parler à Ludger, c'était trop embarrassant. Il frot-
terait le mur avec une éponge jusqu'à ce qu'il n'y ait plus aucune
trace de son esquisse. Il avait utilisé la gomme à effacer pour faire
disparaître l'ovale du visage de sa mère, l'idée de sa chevelure, de
son épaule droite. Il avait voulu la représenter de trois quarts. Mais
pourquoi diable avait-il dessiné sur le mur? Parce qu'il était blanc,
oui, de la parfaite couleur d'une perle. Il avait mal dormi et il n'avait
pas réfléchi. Il avait vu cette surface immaculée pareille à ses toiles
et il avait saisi son crayon. Obéissant à son inspiration, il ne s'était
plus rappelé qu'il ne peignait plus, qu'il avait renoncé à l'huile. C'est
lorsqu'il s'était reculé pour mieux saisir les dimensions qu'il s'était
dit qu'il aurait dû commencer par le fond. Il voulait reproduire
les vallons de la Beauce derrière sa mère. Sa Beauce natale. Pourquoi l'avait-elle quittée? Pourquoi avait-elle suivi Walter jusqu'aux
États-Unis? Comment n'avait-elle pas perçu sa violence? Il voulait
lui rendre sa Beauce, les vallons qui ressemblaient à des vagues.

Il était toujours distrait quand il pensait à sa mère, c'était pour
cette raison qu'il avait confondu le mur avec une toile vierge. C'était
idiot. Mais il ne resterait aucune trace quand il aurait fini de frotter
avec l'éponge. Son cœur qui s'était emballé avait repris un rythme
presque normal. Karl s'efforça de continuer à respirer lentement.
Lentement. Très lentement. Ne plus penser à cette méprise. Ne plus
penser à rien.

3

Le 6 juillet

De la fenêtre de la cuisine, Maud Graham regardait Maxime qui tapotait le casque protecteur de sa demi-sœur avant d'enfourcher son vélo. Ils portaient tous deux les tee-shirts ocre qu'elle leur avait rapportés de Charlottetown en leur expliquant que la terre de l'Île-du-Prince-Édouard et le sable de la grève étaient rouges à cause de l'oxyde ferrique. Camilla et lui iraient sur les Plaines, tout près, afin de revenir à l'heure pour le traditionnel souper de homards. Le fait d'en avoir mangé trois fois tandis qu'elle était en vacances avec Alain dans les Maritimes n'avait pas émoussé le goût de Maud pour les crustacés et elle se réjouissait que tout le monde ait répondu à son invitation. Grégoire et Michel, Pierre-Ange et Laura, Coralie, la blonde de Maxime, Nicole et André Rouaix qu'elle n'avait pas vu depuis qu'il avait pris sa retraite. Ils s'étaient parlé plus d'une fois au téléphone, mais le déménagement de Mme Poirier, la mère de Nicole, dans une résidence pour personnes âgées, l'avait tenu bien plus occupé qu'il n'aurait pu l'imaginer. Il s'était chargé de tout, Nicole travaillant encore à temps plein à l'hôpital. Quand Graham l'avait félicité pour sa patience, avouant qu'elle redoutait ces jours où elle devrait s'occuper de ses parents, il l'avait détrompée : il était content de remplir tous ces papiers, de se sentir utile en rassurant sa belle-mère, en l'accompagnant chez le médecin ou chez le dentiste, en lui faisant visiter son nouveau quartier. « Cela me permet de m'acclimater à la retraite. Je ne pourrais pas rester à la maison à ne rien faire. Et Aline est une belle-mère en or, tu la connais... » Graham se souvenait parfaitement de cette femme mince aux cheveux d'un blanc si franc qu'il auréolait son visage d'une lumière argentée. Elle avait appris à regret qu'elle devait maintenant se déplacer en fauteuil roulant, car l'ostéoporose dont elle était atteinte l'avait énormément fragilisée.

Maud Graham extirpa du fond de l'armoire l'énorme chaudron dans lequel Alain cuirait les décapodes. Elle l'entendait déjà se moquer d'elle avec affection au moment où il plongerait les homards dans l'eau bouillante, tandis qu'elle fuirait la cuisine pour éviter ce spectacle. Comment une femme qui avait vécu tant de scènes de crime pouvait-elle frémir à l'idée de cuire ces bestioles ? Grégoire et Maxime en rajouteraient sûrement. Mais il était possible que Camilla partage son point de vue ; c'était une fillette sensible, d'une douce gravité qui l'avait conquise dès qu'elle l'avait vue. C'était Maud qui avait proposé que Camilla vienne passer une semaine durant l'été. Et elle était là, timide mais joyeuse, et plus que tout heureuse de pouvoir flatter Églantine. Comme si elle avait deviné que Maud pensait à elle, la siamoise surgit dans la cuisine et se frotta contre ses mollets pour exiger des caresses. Graham la souleva, l'embrassa sur la tête, mais le bruit des pattes des homards glissant contre le plastique de la glacière intrigua la chatte qui cessa de ronronner en dressant les oreilles.

— C'est notre souper. Les invités devraient arriver d'ici...

Graham déposa Églantine en constatant qu'elle n'avait plus que quinze minutes pour se maquiller et enfiler la robe qu'Alain lui avait rapportée de Montréal. Elle la trouvait un peu courte et s'était demandé si son amoureux l'avait choisie avec l'idée qu'elle la rajeunirait. Elle s'approcha du miroir, scruta l'ovale de son visage : la peau de ses joues semblait s'affaisser, comme celle de son menton. Malgré les crèmes qu'elle appliquait. Pas aussi régulièrement qu'elle l'aurait dû, c'est vrai. Peut-être que ce serait plus efficace si elle suivait strictement les indications. Mais lorsqu'elle se couchait trop tard ou que l'insomnie l'empêchait de s'endormir, le réveil était difficile et elle le retardait le plus possible, gagnant de précieuses minutes de sommeil en faisant l'impasse sur les soins esthétiques. Et voilà, il y avait un prix à payer pour la négligence. Elle esquissa une grimace avant de saisir le fard à paupières tout en se disant qu'Alain mettait du temps à revenir du supermarché. Il n'avait qu'une botte de persil et un sac de glaçons à acheter, qu'est-ce qui le retenait là-bas ? Elle détestait les retards, ne pouvant dans l'attente s'empêcher d'imaginer le pire. Elle s'était un peu améliorée en vivant avec Maxime, l'insouciance de l'adolescent pour l'heure des repas l'avait obligée à une certaine résignation, mais elle avait hâte qu'Alain revienne, voulait qu'il soit à ses côtés lorsque leurs amis arriveraient. Elle était curieuse de rencontrer la nouvelle amie de Pierre-Ange, s'interrogeait : serait-ce enfin la bonne ? Depuis le décès de son épouse, quelques années plus tôt, il avait fréquenté trois femmes, mais ne s'était réellement attaché à aucune d'elles. Nicole lui avait dit que Laura était horticultrice ; celle-ci constaterait tout de suite que Graham n'avait pas beaucoup d'imagination en ce qui concernait l'aménagement du terrain. Heureusement qu'il y avait le lilas japonais et les généreux hostas pour lui conférer une certaine allure. Il ne fallait pas compter sur les hortensias qui n'avaient fleuri que la première année et qu'elle se promettait de remplacer par des plantes plus appropriées depuis cinq ans. Elle profiterait des conseils d'une experte ce soir. Contre sa cheville, elle sentit Églantine sursauter, la vit filer vers la porte d'entrée, l'avertissant qu'Alain revenait enfin.

— Tu es allé chercher la glace au pôle Nord ? s'enquit Maud Graham. J'avais peur que tu arrives après nos invités.

— Je dirais… en même temps. Grégoire et Michel me suivent.

Un joyeux brouhaha anima aussitôt la cuisine, car Grégoire n'entrait jamais par la porte principale. Il ouvrait déjà la porte du réfrigérateur quand Graham les rejoignit, Michel Joubert et lui. Michel eut un mouvement d'épaules hésitant : même si sa collègue lui répétait chaque fois de se sentir à l'aise chez elle, il aurait préféré sonner pour annoncer leur arrivée au lieu de s'introduire par la porte arrière.

— On est peut-être en avance…

— Non, c'est parfait, l'assura Maud. Les Rouaix seront là dans un instant.

— Je peux mettre le dessert au frigo ? demanda Grégoire qui eut une exclamation de plaisir en découvrant les boules de burrata.

— J'adore ce fromage ! Quand on y a goûté, on ne peut plus se contenter de la mozzarella… Avec une poêlée de champignons, c'est délicieux.

— Alain a préparé une salsa de fonds d'artichauts et de tomates séchées. Peux-tu sortir les bouchées de saumon fumé du frigo ?

Vingt minutes plus tard, tous les convives étaient assis autour de la grande table dans la cour et portaient un toast à la nouvelle retraite d'André Rouaix.

— Est-ce que tu t'habitues aux loisirs éternels ? le taquina Provencher.

— Ce n'est pas vraiment ce qu'il a vécu ces dernières semaines, dit Nicole. André n'a pas eu un moment de répit avec le déménagement de maman à la résidence. La maison à vider, toute la paperasse à remplir, tous ces endroits à visiter, ces téléphones pour avoir de l'information. Je ne sais pas ce que maman et moi aurions fait sans lui et… J'ai épousé un ange ! Qui n'a pas encore commencé à jouir de sa retraite.

— Aline est bien installée maintenant, c'est tout ce qui compte, l'interrompit Rouaix, qui se sentait rougir. J'ai la meilleure belle-mère qui soit, c'est normal de m'en occuper.

— J'espère qu'on a choisi la bonne résidence, fit Nicole. C'est tellement difficile de savoir si elle reçoit les soins adéquats. Elle ne se plaint jamais. J'espère aussi qu'il n'y aura pas trop de personnes souffrant de troubles cognitifs prononcés dans l'aile où elle est installée. On nous a dit qu'on essaie de grouper les gens atteints d'Alzheimer ensemble, mais que ce n'est pas toujours possible.

— Et tu es dans le milieu médical, souligna Graham. Imagine les gens qui ne connaissent rien au système, qui doivent placer un parent en catastrophe… Ça me fait peur.

— Mais tes parents sont en bonne santé, protesta Alain.

— À partir de soixante-quinze ans, tout peut arriver, dit Graham.

— Toi, tu as quel âge? demanda Camilla, assise en face d'elle.

— Quel âge me donnes-tu?

— Trente-neuf.

Maud Graham sourit en échangeant un regard avec Nicole: cette fillette était vraiment adorable, non? Maxime sourit à son tour: sa demi-sœur avait-elle répondu spontanément ou était-elle plus futée qu'il ne l'imaginait en rajeunissant Biscuit de dix ans? Quoi qu'il en soit, elle l'avait conquise: la veille, il avait vu Maud prendre des photos de Camilla flattant Églantine. Elle regretterait autant que lui qu'elle habite si loin.

::

Le 22 juillet

Le soleil aveugla Léonard Cardinale quand il ouvrit la porte arrière de la maison familiale. Même s'il avait fait quotidiennement les cent pas dans la cour du pénitencier, il n'avait jamais eu ce sentiment d'être inondé de lumière. Comme si les rayons s'étiolaient à la vue des barbelés. Il resta dans cette aube incandescente durant un long moment, écoutant les bruits de la rue, les voitures qui roulaient lentement, le pépiement des oiseaux qui s'éveillaient avec le jour, le jappement lointain d'un chien. Un chien. Peut-être qu'il en adopterait un. Il ne savait pas encore comment il vivrait la solitude. Même s'il l'avait désirée durant des années, même s'il avait eu souvent envie de tuer ses compagnons de misère pour ne plus les entendre. Il avait cru qu'il dormirait enfin en paix, dans la maison de sa mère, mais le silence de la nuit était tellement étrange. Et la chambre si grande! Il ne se souvenait pas que les pièces de la maison étaient si vastes. Il est vrai qu'il n'avait pas mis les pieds à Québec depuis plus de quinze ans. Il avait rêvé de grands voyages exotiques, mais finalement il n'avait pas tellement bougé. Il avait plutôt atterri à Sainte-Anne-des-Plaines pour vols à main armée avec effraction. Et meurtre au second degré. Son avocat avait réussi à semer le doute dans l'esprit des jurés: Léonard Cardinale n'avait pas voulu tuer Germain Boivin. Celui-ci s'était réveillé au moment où il cambriolait sa demeure et il avait voulu appeler les secours. Léonard avait entendu du bruit dans la cuisine, s'était rué pour empêcher le vieil homme de téléphoner, mais le vieillard n'avait pas voulu lâcher l'appareil, avait résisté lorsqu'il avait tenté de le lui enlever. Ils s'étaient battus. Boivin s'était frappé la tête contre le manteau de marbre de la cheminée du salon et s'était effondré. «C'était un accident. Léonard Cardinale est un criminel, oui, mais pas un assassin», avait martelé l'avocat. Certes, il était entré dans cette demeure pour voler, pas pour tuer qui que ce soit. En entendant son avocat plaider sa cause, Cardinale avait montré des signes de remords, mais il savait qu'il s'était enivré de sa puissance, qu'il avait joui d'être aussi insaisissable, d'avoir réussi à pénétrer dans une trentaine de maisons sans être arrêté. Il avait aimé lire les surnoms que lui avait donnés un journaliste après chaque casse. «L'homme invisible», «le mercure», «l'insaisissable». Il avait l'impression d'être au-dessus des lois, de pouvoir faire ce qui lui tentait quand ça lui tentait sans que personne réussisse à le capturer. Son seul regret était que son père doive tout ignorer de ses entreprises. Il l'avait toujours traité de bon à rien. Il lui répétait régulièrement qu'il ne pourrait jamais lui confier son garage, qu'il n'arriverait pas à convaincre les clients d'acheter des voitures, qu'il ne saurait jamais faire de l'argent. De l'argent? Ah oui? Il en avait trouvé dans toutes ces maisons qui l'attiraient comme des aimants. Qui s'ouvraient pour lui. Il n'avait à flatter personne dans le sens du poil pour vendre une Audi ou une Passat. Il n'avait qu'à entrer dans une résidence et à se servir. Et c'est ce qu'il avait fait pendant des semaines.

Jusqu'à ce que ce vieillard lui tienne tête.

Jusqu'à ce qu'il meure, qu'il glisse à ses pieds dans un bruit sourd.

Combien de fois avait-il revécu cette scène dans ses cauchemars? Tout ce sang sur son chandail. Il avait été tellement stupide de se pencher sur le vieux pour vérifier s'il était encore vivant. Il n'avait pas eu le temps de faire disparaître le pull. Les policiers l'avaient récupéré. Il se rappelait l'air satisfait de l'enquêteur qui venait de lui lire ses droits. À ce moment-là, Léonard avait crié qu'il tuerait Ludger Sirois quand il retrouverait sa liberté, mais il n'avait pas tardé à comprendre qu'il dirigeait sa haine vers la mauvaise cible. Les policiers ne seraient jamais arrivés si vite pour l'arrêter si on ne les avait pas guidés. S'il n'avait pas été trahi. C'est le visage de celui qui l'avait vendu qui apparaissait le plus souvent dans ses cauchemars. Et maintenant qu'il était revenu dans le quartier de leur enfance, il se demandait ce qu'il était devenu. Qui le renseignerait?

Est-ce que les Pomerleau habitaient toujours leur maison? Et les Boislard? Lui adresseraient-ils la parole? Il en doutait. Ils parleraient plutôt à tous leurs voisins pour les informer de l'emménagement d'un dangereux repris de justice dans leur quartier.

Ils s'informeraient de leurs droits pour se protéger ou le faire expulser de cette maison. Ils invoqueraient la mémoire de sa mère, une vraie sainte qui avait supporté ce fils ingrat, indigne, qui avait bien mérité cette condamnation. Mais ils n'y pourraient rien. Personne ne pourrait le déloger! Il resterait là en attendant. En attendant quoi? Il l'ignorait. Il ne savait pas s'il devait vendre ou non cette demeure, refaire sa vie ailleurs ou demeurer dans ce quartier même si tout le monde le connaissait. Et où vivait peut-être encore celui qui l'avait dénoncé. Que ferait-il s'il se trouvait face à face avec Serge Larocque? Qui l'avait sûrement vendu parce qu'il n'avait pas voulu faire équipe avec lui. Mais comment aurait-il pu souhaiter s'embarrasser d'un tel boulet? Il se serait dégonflé sur place. Il aurait fait une connerie. Il aurait laissé des traces. Et il serait allé se vanter d'avoir participé à un cambriolage auprès de toutes ces filles qui le trouvaient si beau. Il se rappelait son expression quand il l'avait vu au coin de Salaberry et René-Lévesque, tandis qu'il revenait de cette terrible nuit. Serge avait fixé son pull durant quelques secondes avant de poursuivre son chemin. Alors qu'il avait vu le sang. Pourquoi ne l'avait-il pas interrogé? Parce qu'il était pressé d'aller téléphoner au poste de police.

On l'avait cueilli quelques minutes plus tard, alors qu'il traversait le boulevard en courant.

Léonard Cardinale repoussa ces souvenirs, cela ne servait à rien de penser à tout ça. C'était loin. M. et Mme Larocque n'habitaient plus rue Chanoine-Morel. Il avait vu une famille avec des enfants sortir des sacs d'épicerie de leur voiture garée dans l'allée du garage.

Cardinale soupira: devait-il ou non garder la maison familiale? Mais comment l'entretenir? De quoi vivrait-il à long terme? Heureusement, dans l'immédiat, il pouvait compter sur l'héritage de sa mère, car les sommes gagnées au pénitencier fondaient rapidement... Il n'avait pas imaginé que le coût de la vie avait tant augmenté, même si sa mère le lui avait souvent répété durant son incarcération. Tout était si cher! De toute façon, il devait travailler pour rassurer son agent de probation. Et pour éviter d'être assailli par trop d'idées noires. Mais qui l'engagerait? Mario Therrien lui avait bien remis une liste d'endroits où il pouvait se présenter pour du boulot, mais qui voudrait de lui même s'il avait un diplôme? L'incarcération l'avait rendu plus lucide; il avait ainsi voulu devenir architecte, mais s'était raisonné et avait choisi un métier plus accessible. Qui le mènerait où? Il avait l'impression d'avoir étudié pour rien. Se répétait que non, que son intérêt pour les études avait rassuré les membres de la commission des libérations conditionnelles du changement qui s'était opéré en lui. De son sérieux. Peut-être même que sa passion pour le dessin les avait aussi influencés. Ils avaient su qu'il passait les heures de promenade dans un coin avec son carnet et un crayon. Qu'il dessinait aussi bien le champ derrière les grilles que le visage grêlé d'un codétenu. Les gardiens ne l'avaient jamais embêté à propos des dessins pornographiques qui lui avaient permis de faire du troc, d'améliorer son quotidien. Il ne dérangeait personne en restant tranquille dans son coin.

Léonard jeta un dernier coup d'œil à cette rue où il y avait maintenant de grands arbres, nota que la maison des Lapierre était fraîchement repeinte, tandis que celle de M. Lemay aurait eu bien besoin d'un coup de pinceau. Mais Karl Lemay vivait-il toujours là? Il ne l'avait pas encore aperçu et ne se décidait pas à aller frapper à sa porte. Peut-être que ce serait mieux s'ils se revoyaient par hasard. Il se rappelait son demi-sourire un peu triste, sa manière de lui donner des conseils sans en avoir l'air. Il aurait dû l'écouter, bien sûr. Il aurait gagné du temps dans l'apprentissage de la peinture. Il se souvenait de l'avoir entendu affirmer à sa mère qu'il avait du talent, mais peut-être avait-il dit cela pour lui faire plaisir, parce qu'il voulait renforcer leur complicité? Parce qu'il voulait qu'il garde leur secret? Qu'il ne dise pas à son père qu'il l'avait vu embrasser sa mère ? Léonard n'avait jamais oublié la panique qu'il avait lue sur leurs visages quand il les avait découverts enlacés. Ni cette sensation de pouvoir qui l'avait envahi par la suite en détenant un tel secret. Il n'avait pourtant jamais eu envie de les dénoncer, il aurait eu l'impression de prendre parti pour son père.

Est-ce que M. Lemay se rappelait encore cet après-midi ?

Au moins, il était toujours vivant. S'il était mort avant sa mère, elle lui aurait sûrement appris ce décès lors d'une de ses visites au pénitencier. Elle lui avait parlé de lui épisodiquement au cours de toutes ces années, toujours au sujet de ses succès, comme si elle voulait lui prouver qu'elle était excusable d'avoir été séduite par un homme qui avait une telle renommée, qu'elle avait pressenti qu'il deviendrait célèbre. Il s'était toujours amusé du malaise qu'il devinait chez Loraine après tant de temps. Il lui avait une fois posé la question : venait-elle le voir en prison pour le remercier d'avoir gardé le silence sur son adultère ou parce qu'elle l'aimait ? Elle l'avait dévisagé sans répondre. Parce qu'il n'y avait rien à répondre, peut-être. Il n'avait jamais été près de Loraine. Encore moins de Tonio. Il s'était même demandé s'il avait été adopté, tant il ne se reconnaissait pas en eux. Tant leur petite vie tranquille l'exaspérait. Découvrir la liaison de sa mère avec Karl Lemay l'avait vraiment étonné. Loraine était donc capable de duplicité, mais plus vulnérable. Il avait cru qu'elle finirait pas se lasser de venir le visiter et sa constance était une autre surprise que Loraine lui avait faite. Il n'avait jamais compris pour quel motif elle s'imposait ce trajet et cette heure mensuelle au pénitencier, mais il l'avait néanmoins apprécié. Il avait probablement été plus près d'elle lorsqu'il était incarcéré que lorsqu'il était enfant. Il était toujours furieux qu'on lui ait refusé d'assister à son enterrement, même s'il avait su à cette époque dissimuler sa colère. Toutes les sorties accompagnées avaient été suspendues à la suite d'un incident au pénitencier et il était resté confiné entre les murs de sa cellule, alors que le cercueil de Loraine était confié à la terre. À peine quelques mois avant sa libération.

Léonard Cardinale jeta un dernier regard vers la maison de Karl Lemay : s'il était mort au cours des derniers mois, il l'aurait su par les médias. Il était possible qu'il habite encore dans cette rue trop calme. Il n'y avait aucune lumière, aucun signe de vie dans cette demeure. Mais il n'y en avait pas non plus chez les autres voisins. Il était trop tôt. Ces gens dormaient tous à poings fermés. Il ignorait s'il parviendrait à faire de même un jour, après tant d'années à s'éveiller en sursaut plusieurs fois par nuit. Il retourna se coucher en s'étonnant de la douceur des draps sur sa peau.

Peut-être que dans ce lit, dans cette maison, dans ce quartier, il ne ferait plus de cauchemars. Il ne verrait plus Frank donner un coup de crosse de revolver sur la tête de Jocelyne. Il n'entendrait plus les cris de Mathieu Dion quand il avait été violé dans les douches, ni les râles de Ben Tétreault qui avait été poignardé dans la cour, la mêlée générale, les coups qu'il avait reçus, ceux qu'il avait donnés et qui lui avaient valu d'allonger sa peine, les hurlements de folie de Luigi Donatti. Toutes les nuits. Il aurait souvent aimé être sourd. Mais être sourd aurait été beaucoup trop dangereux. Il n'aurait pas pu savoir si on s'approchait de lui par-derrière. Il ne devait penser qu'à la douceur des draps. Seulement aux draps. Tenter de se rendormir. De ne pas rêver qu'il se battait. Il avait beau avoir suivi en prison des ateliers pour gérer la colère, la tension qui montait trop vite en lui était toujours là. Il savait très bien que cette rage pouvait se réveiller. Il devait se maîtriser.

Il fallait qu'il s'achète du matériel de peinture, qu'il se change les idées. En prison, tout en suivant des cours en administration par correspondance, il s'était mis à réaliser des esquisses représentant des créatures mythiques, des animaux étranges, toujours au crayon. Sa mère lui avait procuré des livres sur l'art, dont un consacré à l'œuvre de Karl Lemay et il s'était amusé à reproduire certains de ses dessins. Il n'avait jamais pu travailler à l'huile, mais il avait étudié les techniques dans des manuels, scruté les toiles des maîtres dans les livres d'art que sa mère lui achetait. Il devait maintenant passer à la pratique, apprivoiser l'huile, les pigments, les vernis. Parvenir à réaliser des toiles à la manière de Karl Lemay. Mais lui, quand il ferait des portraits, il choisirait de beaux modèles. Il se souvenait d'avoir été surpris de constater, quand il était adolescent, que les personnages des toiles du peintre étaient la plupart du temps des gens bien ordinaires, avec des nez trop longs, des doubles mentons ou de l'embonpoint. Ou des vieux. Ou des jeunes comme lui avec les oreilles décollées. Sa mère faisait exception à la règle, sa mère était belle. Même à la fin de sa vie, elle avait toujours ce regard qui pouvait tout obtenir des hommes. Ce regard qui pouvait berner n'importe qui. Dont lui. Elle lui avait caché à quel point elle était malade. Il n'avait pu lui demander, avant qu'elle disparaisse, si Tonio était bien son père. N'avait-il pas répété constamment qu'ils ne se ressemblaient pas? Qu'il n'en revenait pas d'avoir engendré un fils aussi paresseux que lui? Aussi menteur? Aussi stupide?

Les cris rageurs de deux matous arrachèrent Cardinale à ses pensées si déprimantes. À quoi bon songer au passé, à ce père qui ne l'avait jamais aimé?

::

Le 23 juillet

— C'est un bel homme, dit Constance Cloutier à Aline Poirier et à Catherine, la préposée qui poussait son fauteuil roulant vers l'ascenseur.

— Vraiment?

— Il ressemble à mon défunt.

Aline Poirier sourit poliment; il y avait peu de temps qu'elle habitait à la résidence des Cèdres, mais elle avait vite compris que

Constance Cloutier cherchait avec obstination un compagnon, qu'elle avait besoin de la présence d'un homme pour s'animer. Devait-elle l'en plaindre ou lui envier ce persistant désir de plaire? Elle avait vu ses vains efforts pour attirer l'attention de Ludger Sirois et de Marcel Lapointe. Peut-être aurait-elle plus de chance avec le nouveau venu?

— Il doit être américain ou anglais. Il s'appelle Schmidt, si j'ai bien entendu. Mais il doit parler français, sinon il s'installerait ailleurs qu'ici.

— Il y a plus d'Anglais qu'on ne le croit à Québec, dit Aline Poirier. Et il y a des Schmidt depuis longtemps au pays. Songez à l'actrice Gisèle Schmidt...

— Les Anglais sont élégants, décréta Constance Cloutier avant de sortir de l'ascenseur.

Quand elle se fut éloignée, Aline échangea un regard avec Catherine et Gina qui pouffèrent de rire.

— Mme Cloutier est déterminée. Je plains notre nouveau. Elle va l'accaparer un bon bout de temps avant de comprendre qu'il n'est pas intéressé.

— Pourquoi?

— La chambre d'Eric Schmidt est remplie de photos de son épouse. J'ai cru comprendre qu'elle est morte depuis dix ans, mais leur fils a dit à Mme Tanguay qu'il tenait plus que tout à ses photos. Ils avaient une bonne différence d'âge, d'après ce que j'ai vu. Je crois qu'il s'est marié tard et qu'il a eu son fils après cinquante ans.

— Vous avez beaucoup d'informations sur lui, Catherine, nota Aline Poirier.

La préposée haussa les épaules; il n'était même pas nécessaire de poser des questions pour apprendre quoi que ce soit. Paul Schmidt était plutôt bavard. Il voulait qu'on sache que son père avait eu une carrière remarquable dans les affaires, qu'il avait voyagé partout dans le monde, qu'il avait tutoyé des présidents.

— À nos âges, c'est plus important de pouvoir manger et digérer que d'être intime avec le pouvoir, dit Aline dans un demi-sourire. Et d'être capable de se déplacer. Je déteste ce fauteuil !

— Vous êtes pourtant de plus en plus habile pour manier les roues.

— Quand on ne fait pas comme on veut, on fait comme on peut. Ma mère disait cela souvent.

— Vous êtes sage.

— Ce n'est pas par choix. Mais je ne me plains pas, j'ai eu une bonne vie.

Elle lut le menu du jour écrit au tableau noir à côté des grandes portes de la salle à manger et se réjouit : elle avait toujours aimé le pâté au saumon. Elle en faisait tous les vendredis et sa fille Nicole poursuivait la tradition. Elle avait eu l'air contente qu'elle lui donne son livre de recettes. Elle ne cuisinerait plus maintenant. Même si elle avait pu rester debout plus longtemps, elle n'en avait plus envie. Combien de repas prépare une mère de famille dans son existence ? Catherine glissa son fauteuil roulant jusqu'à la table qu'on lui avait attribuée et elle salua les sœurs Lalancette et Ludger Sirois qui lui sourit avant de l'informer qu'une navette partait pour le supermarché à quinze heures précises.

— Je n'ai pas besoin de quoi que ce soit. Mon gendre s'est occupé de tout.

— Vous avez de la chance.

— Surtout ma fille… même si être l'épouse d'un policier n'a pas toujours été facile.

— Vous ne m'aviez pas dit ça ! s'étonna Ludger Sirois. Vous savez que j'étais capitaine à la SQ ? Travaille-t-il à Québec ?

— Il vient de prendre sa retraite. Il a toujours vécu ici.

— J'ai trouvé cela difficile, la retraite. Je pensais que j'aimerais ça, mais l'équipe me manquait. J'ai mis du temps à m'accoutumer à une vie plus tranquille.

— Votre ami ne vient pas souper ? s'enquit Aline Poirier.

— Karl? Il rencontre le directeur d'une galerie. Vous saviez que c'est un peintre très connu? Il ne se vante jamais, mais ses toiles ont été exposées au Japon.

— C'est amusant que vous soyez ami avec quelqu'un qui vous ressemble autant, fit remarquer Aline Poirier.

— Oui, on a la même taille, la même chevelure, les yeux clairs, mais pas le même caractère. Karl est plus réservé que moi.

— C'est certain qu'il est très discret, fit Aline avec un sourire complice.

Ludger Sirois émit un petit rire avant de jeter un coup d'œil à l'assiette qu'on venait de déposer devant lui. Il mangeait tout de même mieux depuis qu'il vivait à la résidence des Cèdres.

— Ça sent bon, mais ça n'a rien à voir avec du saumon frais pêché.

— Mon mari aussi aimait la pêche.

Ludger Sirois sourit, mesurant sa chance d'avoir enfin une voisine de table avec qui il pouvait discuter de sujets intéressants. C'était une bénédiction qu'Arlette Vézina ait quitté leur aile. D'un autre côté, il s'inquiétait pour Karl Lemay : il suivrait le même chemin qu'Arlette Vézina s'il devenait trop confus. Ludger s'efforçait de se convaincre que, hormis les épisodes nocturnes et une sorte d'angoisse qui étreignait Karl subitement, le faisait douter de tout et le poussait à se méfier des gens, il n'avait pas tant changé. Il y avait certes ses erreurs de langage, mais sa main était assurée lorsqu'il dessinait en l'écoutant raconter ses aventures au sein de la Sûreté ou ses voyages de pêche. Il lui avait offert récemment un fusain représentant un brochet. Il avait parfaitement rendu la gueule épouvantable du poisson, si laid qu'on oubliait que sa chair était délicieuse.

Comme il y avait longtemps qu'il en avait mangé. Il avait de la veine de ne pas être allergique aux poissons, alors qu'il l'était aux fruits de mer. Dans sa jeunesse, pourtant, il avait dégusté crevettes et pétoncles sans subir de fâcheuses conséquences. Mais comme avait dit le Dr Hébert, les allergies peuvent survenir à n'importe quel moment. Si Dieu existait, il ferait en sorte qu'il puisse manger du saumon jusqu'à la fin de ses jours.

Il demanderait à Karl de lui dessiner aussi un saumon. Il y avait de belles photos dans un de ses ouvrages sur la pêche à la mouche. La pêche lui avait permis d'oublier toutes les saloperies qu'il voyait dans son travail. Dès qu'il arrivait près d'un lac, il respirait mieux et on aurait dit que, en levant le bras pour lancer sa ligne, il rejetait derrière lui les images des crimes sordides, des corps brûlés dans les incendies, brisés dans les collisions, des regards épouvantés des parents à qui on annonçait le pire.

Mais pourquoi ces moments difficiles lui manquaient-ils aujourd'hui? L'impression de ne plus servir à rien? Heureusement qu'il veillait sur Karl, cela atténuait un peu ce sentiment d'inutilité. Si encore sa fille était restée à Québec, il aurait pu s'occuper de son petit-fils. Mais peut-être que non, qu'elle n'aurait pas osé lui confier Félix et n'aurait pas su comment le lui dire. Il avait bien vu qu'elle observait ses mains quand elle était venue le voir en mai. Ses maudites mains qui tremblaient. Comme si toutes les peurs qui l'avaient secoué durant ses enquêtes revenaient prendre possession de son corps, le faisaient vibrer malgré sa volonté. Qu'est-ce qui était le pire? Perdre la maîtrise de son corps ou perdre la tête comme Karl Lemay?

::

Le 23 juillet

Est-ce que c'était bien lui ou commençait-il à s'imaginer des choses comme certains résidents? se demandait Ludger Sirois en pestant contre sa lenteur. Il ne réussirait pas à se rendre assez vite au bout de l'allée du supermarché pour gagner les caisses où il avait cru apercevoir Léonard Cardinale. Avait-il

vraiment reconnu le criminel qu'il avait arrêté des années auparavant? Se pouvait-il qu'il ait été libéré? Il se souvenait de la
haine qui faisait trembler Cardinale quand il avait eu la satisfaction de lui passer les menottes, ses yeux noirs de fauve qui le
fixaient sans ciller, son faux sourire de bravache, ses menaces
de mort. Léonard Cardinale! Il s'était étonné d'entendre parler
de lui quand il avait emménagé dans le quartier où le criminel
avait habité. Les Pommerleau lui avaient raconté l'enfance du
délinquant quand ils avaient appris que Ludger avait autrefois
travaillé pour la SQ. Ils avaient évoqué l'angoisse que Léonard
avait causée à ses parents avec ses fugues, la drogue, les vols. Des
nuits blanches qui les avaient vieillis prématurément. C'était sa
faute s'ils étaient tous les deux décédés.

Était-il possible qu'il soit revenu vivre dans son quartier?
Ludger Sirois se dirigea vers les caisses, mais Léonard Cardinale
avait disparu. Il contourna les clients qui faisaient la file pour payer
leurs achats, s'avança vers la sortie, s'appuyant sur le panier roulant pour accélérer le pas, l'abandonnant avec toutes ses provisions
pour se rendre au stationnement. Il balaya le terrain d'un coup
d'œil, ne vit personne qui correspondait à l'allure de Cardinale.

Était-ce lui ou non? À l'époque, il portait une moustache.
L'homme qu'il avait vu était barbu. Mais ce regard...

Il trouverait bien quelqu'un à la SQ pour le renseigner.

Quand il raconterait cela à Karl... Peut-être qu'il avait connu
Cardinale puisqu'il avait emménagé dans ce quartier bien avant
lui? Avaient-ils été voisins?

En rentrant dans le supermarché pour récupérer le panier
roulant et compléter ses achats, Ludger Sirois n'était plus aussi
sûr d'évoquer Léonard Cardinale avec Karl. Peut-être qu'il serait
bouleversé, apeuré, et ce n'était vraiment pas le moment d'atti-
ser ses angoisses. Il avait lu sur l'Alzheimer et les troubles de
démence sénile. Le stress pouvait augmenter les symptômes de
ces maladies. Il se tairait.

De toute manière, il n'avait pas peur de Cardinale : comment aurait-il pu savoir où il habitait ? Et des menaces, dans sa carrière, il en avait reçu un bon paquet. Elles ne l'avaient jamais empêché de dormir.

Il était cependant curieux : qu'allait faire Cardinale, maintenant ? Pour Sirois, un criminel restait un criminel, il ne croyait pas à la réhabilitation. Il tâcherait de se renseigner auprès d'un de ses anciens collègues. Il valait toujours mieux avoir le maximum d'informations sur une menace potentielle.

::

Le 27 juillet

Karl Lemay marchait en regardant souvent derrière lui pour être certain que le monstre ne l'avait pas suivi. Il avait vu le signe tatoué sous l'aisselle d'Eric Schmidt quand celui-ci, trébuchant, s'était agrippé à la structure de bois d'une des balançoires de la cour. Sa chemise s'était déchirée, laissant voir le tatouage. *Les soldats nazis étaient tatoués afin qu'on puisse les transfuser rapidement s'ils étaient blessés au combat.* C'était ce qu'avait dit son père. Eric Schmidt était un officier nazi qui se cachait au pays. Qui le tuerait s'il savait qu'il connaissait son secret. Peut-être qu'il était là pour cette raison, exterminer ses ennemis. Walter Spencer le lui avait souvent répété, les buts des nazis n'avaient pas été bien compris et leurs ennemis étaient ses ennemis. Foi de Walter Spencer. Est-ce que Karl avait quelque chose à redire à ce sujet ? Est-ce que Karl voulait une bonne correction ? La ceinture n'était pas loin. S'il le revoyait traîner en ville avec le fils Galdwell, un sale communiste, il le battrait encore plus fort. Les nazis. Tatoués. Combat. Il devait partir, fuir loin. Les nazis. Qui…

Les… Qui… Quoi ?

Karl avait repéré un banc dans toute cette étendue verte. Un banc tout simple. Comme tous les autres bancs. Rassurant. Il s'était assis et avait caressé le bois, noté la peinture qui s'écaillait. Il n'aimait pas trop ce brun indécis, même s'il l'avait déjà utilisé pour rendre les loupes d'un orme centenaire. Il regarda autour de lui, se demandant où il était. Il savait qu'il faisait beau et chaud, et toute cette chaleur l'accablait. Il se leva, cherchant un point de repère qui lui indiquerait dans quelle direction avancer. Et s'il longeait la grille? Elle menait sûrement quelque part. Une grille sert toujours à quelque chose. Il pourrait s'y appuyer s'il était fatigué. Du boisé émanaient des odeurs rassurantes qui l'encouragèrent à marcher droit devant lui. Puis à s'asseoir dans l'ombre bienvenue. Il fouilla dans ses poches, sortit le petit sac d'amandes qu'il avait toujours sur lui, en grignota quelques-unes, vit apparaître un écureuil avec qui il partagea volontiers son casse-croûte. Son cœur battait toujours un peu vite, mais il se sentait plus calme, toute cette fraîcheur du sous-bois l'avait apaisé. Quand il avait quitté la ferme, il ne savait pas du tout où il devait se rendre et il était néanmoins arrivé dans une ville, puis une autre, et encore une autre. Et ni son père ni aucun autre homme du clan ne l'avaient empêché de traverser la frontière. Personne ne l'avait arrêté. Il retrouverait son chemin, cela ne pouvait pas être si compliqué. Mais avant, il s'allongerait sur ce banc, se reposerait un peu en écoutant le ramage des oiseaux. S'il reconnut le ricanement d'une mésange avant de fermer les yeux, c'est le coassement furieux d'une corneille qui le tira de sa somnolence. Il se redressa et regarda autour de lui. Que faisait-il là, tout seul, dans le parc du Bois-de-Coulonge? Il y venait toujours avec Ludger. Où était Ludger? Il devait le retrouver. Il observa les alentours, se dirigea vers la grille du parc.

Une heure plus tard, il était toujours près de la grille. Et de plus en plus las. Mais le kiosque blanc lui semblait soudainement familier. Et les fauteuils Adirondack, invitants; il décida de s'y reposer quelques minutes. Ensuite, il réfléchirait à sa situation. Il faisait sombre. Il devait trouver quelqu'un qui lui indiquerait la route à suivre. Il s'immobilisa, tentant de percevoir des voix par-dessus les battements en furie de son cœur. Oui, il y avait des gens plus loin, près de ce kiosque qu'il avait déjà peint. Ils parlaient. Ils ne l'avaient pas vu. Il les rejoindrait et tout irait bien. En tendant l'oreille, il lui semblait reconnaître ces voix. Ce qui aurait dû être rassurant. Mais il devinait tant de colère dans la voix de l'homme qu'il s'arrêta, à demi dissimulé par un vieux tilleul. Le parfum de ses fleurs le rasséréna momentanément, mais la dispute reprit. La femme protestait, l'homme criait qu'elle n'aurait jamais dû fouiller dans ses affaires, elle riait. Même si ce n'était pas drôle. Karl devinait aussi qu'elle ne riait pas de bon cœur; c'était un rire trop aigu, grinçant, comme sa spatule quand elle dérapait sur du métal. Il ne les distinguait pas très bien, ne voyait que leurs silhouettes et parfois, comme des éclairs, les cheveux blonds de la femme qui volaient dans la nuit, et des fulgurances à son poignet. Devait-il s'interposer dans cette dispute? Il s'avança lentement, s'arrêta, resta derrière le cotinus dont il aimait tant les inflorescences mousseuses. La femme disait qu'il était un raté, un *loser*. Qu'elle en avait assez de lui, de ses rêves de grandeur qui n'aboutissaient jamais. Il y eut un court silence, puis des gémissements de protestation. Et un cri strident. Le barbu la frappait! Il fallait qu'il… Comment… La femme hurla, l'homme tenta de la faire taire avec sa main, elle le mordit, puis elle commença à courir. Il la rattrapa, essaya de la tenir contre lui, mais elle se débattait en répétant qu'il était un minable qui ne pouvait qu'inventer des magouilles aussi moches que lui. Il la saisit à la gorge, Karl voulut s'avancer, il devait faire quelque chose, crier, trouver une pierre pour frapper l'homme, mais son corps ne lui obéissait plus. Il avait l'impression que son cerveau habitait un épouvantail de paille, pareil à celui que son père plantait au beau milieu des champs. Un épouvantail noir dont son père se moquait, disant qu'il ressemblait à Marcus, le nègre à l'autre bout du village.

L'homme serrait maintenant la femme contre lui, la faisait tomber par terre sur les genoux, l'écrasait. Elle se débattait. Puis elle cessait de s'agiter. Comme les poules que son père étranglait à la ferme. Karl se rappelait les mains de Walter quand il tordait le cou des volatiles. Ou des lapins. Il sentit tout à coup son sang pulser à toute vitesse dans ses veines. Il fallait qu'il agisse, mais il ouvrait la bouche sans qu'aucun cri franchisse ses lèvres! Il frappa alors dans ses mains. Il y eut un court instant de silence, puis il vit l'homme, de face, qui tentait de distinguer d'où venait ce bruit. Il le détailla, sa barbe, ses sourcils en accent circonflexe. Il avait déjà vu cet homme, que faisait-il ici? Tout à coup, il se mit à courir et Karl s'élança derrière lui, mais l'homme le distança très rapidement. Karl s'entêta à le suivre jusqu'à ce qu'il le perde de vue. Il s'arrêta près d'un des panneaux indicateurs, reconnut les bancs un peu plus loin, entendit des voix, se tourna vers ces voix qui se rapprochaient. Deux femmes riaient et ralentirent légèrement à sa hauteur. Elles étaient jeunes et belles et très différentes l'une de l'autre; la brune évoquait un Modigliani tandis que la rousse ressemblait à un modèle de Renoir, ronde, satinée. Comme Joan, à Toronto, qu'il avait peinte à plusieurs reprises, dont il aimait tant la peau, une peau qui aspirait la lumière, du même rose que le cœur des coquillages. Les jeunes femmes lui sourirent en passant devant lui. Il les dévisagea, se demandant s'il les connaissait. Il ne le pensait pas. Mais la plus âgée s'arrêta de marcher, fit un mouvement vers lui, nota les tressaillements qui l'agitait.

— Vous allez bien, monsieur?

— Je suis fatigué.

— C'est vrai qu'il est tard.

— Il faut que je rentre chez moi, dit Karl. Mais…

— Est-ce que vous habitez loin?

— Je ne crois pas, non. À la résidence des Cèdres. Je… je viens de déménager, je ne connais pas bien le quartier… Je… Il faut que je rentre…

Les deux femmes échangèrent un regard. Les propos du vieil homme étaient hésitants. S'était-il perdu? Il haussa les épaules, mais parut soulagé quand l'une d'elles proposa son aide.

— Voulez-vous qu'on appelle quelqu'un à la résidence des Cèdres?

— On peut le reconduire, dit la rousse à la brune. On se rendait justement à notre voiture. Il est tard. Tu ne trouves pas qu'il ressemble à ton grand-père?

— C'est bien là que vous voulez aller, monsieur? reprit la brune. À la résidence des Cèdres? Venez avec nous, vous serez là dans cinq minutes.

Quand elles déposèrent Karl Lemay devant la résidence des Cèdres, elles hésitèrent, puis la plus âgée se décida à accompagner Karl jusqu'à la porte d'entrée. Si elle était verrouillée pour la nuit? Tandis que le peintre cherchait ses clés, la porte s'ouvrit.

— Monsieur Lemay! s'écria Marie-Louise Tanguay. Vous nous avez fait peur! Où étiez-vous passé? Mon Dieu! Il faut que je rappelle la police. On vous cherchait partout.

— Je suis allé me promener.

— Vous ne pouvez pas… Enfin, bon, vous êtes là, c'est le principal.

Marie-Louise Tanguay salua la jeune femme qui se tenait derrière Karl Lemay, se présenta, la remercia de l'avoir raccompagné avant d'ajouter qu'elle aurait aimé savoir qu'il passait la soirée avec des amies.

— On s'inquiétait pour lui!

— Mais nous ne le connaissons pas, protesta Stéphanie. Il était dans le parc du Bois-de-Coulonge, il avait l'air un peu désorienté. J'ai un grand-père qui lui ressemble…

— Excusez-moi! C'est la première fois qu'il disparaît comme ça. Je ne sais pas ce qui lui a pris. On était si inquiets! En tout cas, merci mille fois!

— Occupez-vous bien de lui, dit Stéphanie en faisant un petit signe de la main à Karl Lemay qui lui sourit avant de se diriger vers l'ascenseur.

Marie-Louise Tanguay le rejoignit et l'accompagna jusqu'à sa chambre avant de rappeler au poste de police. Et tenter de joindre à nouveau Serge Larocque. Elle lui avait laissé un premier message en constatant que Karl Lemay n'était plus à la résidence, puis un deuxième pour lui signaler qu'elle prévenait les policiers, mais il ne l'avait pas encore rappelée. Que faisait-il donc ?

4

Le 27 juillet, vers 23 h

Des années plus tard, lorsque Francis et Alice raconteraient leur première soirée en amoureux, il y aurait toujours un moment de stupéfaction après leur récit. On les écoutait relater leur souper au Café du Monde, le digestif dégusté au Château Frontenac en contemplant le fleuve, Francis qui avait suggéré d'aller marcher, Alice qui ne voulait surtout pas que la soirée se termine. Ils s'étaient baladés durant une bonne heure dans le parc du Bois-de-Coulonge. Alice y allait pour la première fois alors qu'elle avait toujours habité Québec. Ils avaient voulu s'embrasser, s'étaient éloignés du halo lumineux d'un lampadaire, rapprochés du kiosque si romantique qui dominait le fleuve et c'est à cet instant que Francis avait trébuché, était tombé en entraînant Alice dans sa chute. Ils s'étaient tus en découvrant le cadavre. Puis ils avaient crié. Alice avait reculé, Francis était resté à genoux à fixer le corps avant de se ressaisir et de chercher son pouls, se rappelant qu'il était infirmier. Il avait appuyé doucement son index et son majeur sur le poignet avant de secouer la tête. Il s'était relevé d'un bond, faisant signe à Alice de se taire. Et si le meurtrier était encore dans les parages ? Il avait tendu l'oreille durant quelques secondes, mais aucun bruit suspect ne lui était parvenu.

— Elle est vraiment morte ? avait chuchoté Alice.

— Oui. Il faut appeler la police, le 911.

Alice avait saisi son téléphone portable, mais elle l'avait échappé, avait dû le chercher dans l'herbe humide du soir. Toute sa vie, elle se souviendrait de l'odeur de la pelouse fraîchement coupée.

— Qu'est-ce qui s'est passé, madame? avait demandé l'opératrice. Où êtes-vous? Je n'ai pas bien compris ce que vous nous avez raconté.

— On est dans le parc. Il y a une femme qui est morte.

Francis avait serré Alice plus fort contre lui, avait désigné un banc. Ils allaient attendre ensemble l'arrivée des policiers.

— Ce n'est pas possible, avait dit Alice. Pas ici! Es-tu certain qu'elle est morte?

Le cri lancinant d'une sirène avait couvert sa voix et elle avait poussé un soupir de soulagement. Les policiers avaient fait vite. Francis les conduirait au corps, puis ils rentreraient chez elle, dans son nouveau condo. À deux rues du parc. Était-il possible qu'elle ait acheté un condo dans un mauvais quartier? Francis et elle s'étaient levés pour aller à la rencontre des policiers, leur indiquer où ils devaient chercher le corps.

— Près de la statue. On vous a prévenus aussitôt.

— Qu'est-ce que vous avez vu? s'était informé le patrouilleur François Labonté après avoir noté leurs noms.

— Rien. Juste le corps. J'ai vérifié si elle était morte, même si c'était évident. Je suis infirmier à Saint-François d'Assise. Puis Alice a appelé le 911. Je n'ai touché à rien d'autre. Ma blonde non plus. On s'est éloignés en surveillant les alentours pour que personne ne s'approche de… d'elle…

Alice se souviendrait aussi que, ce soir si étrange, alors qu'ils sortaient ensemble pour la première fois, Francis avait dit qu'elle était sa blonde, qu'il parlait aux policiers en la tenant contre lui pour la réconforter, qu'elle aimait sentir sa chaleur. Elle avait été ravie, car il lui plaisait vraiment. Puis elle s'était demandé si cette femme morte était la blonde de quelqu'un, quelqu'un qui vivrait la fin de son histoire d'amour, tandis que la leur en était à son tout début. Le policier dont elle avait déjà oublié le nom leur proposa de s'asseoir dans la voiture où on leur poserait encore quelques questions, au cas où un détail surgirait à leur esprit. Alice avait remarqué qu'il les détaillait des pieds à la tête tout en leur parlant. Pensait-il qu'ils pouvaient être mêlés d'une quelconque manière à ce meurtre?

Elle avait senti monter la nausée, s'était efforcée de déglutir, de se concentrer sur la montre de Francis. Ne penser qu'à la montre. Comment pouvaient-ils être mêlés à une telle histoire? À Québec?

Un des patrouilleurs était déjà dans la voiture quand ils s'assirent à l'arrière. Il demandait qu'on envoie des renforts, des enquêteurs. Il fallait sécuriser la scène de crime. La nuit serait longue. Il s'était ensuite tourné vers eux, leur avait offert d'aller chercher des cafés.

— Vous devez être sous le choc. On essaiera de ne pas vous retenir trop longtemps.

Francis avait dit qu'il comprenait la situation, qu'ils étaient les seuls témoins.

— Vous en êtes certain? avait questionné Labonté.

— Quand on l'a trouvée, on a crié, mais personne n'est venu. Après, on est restés silencieux, au cas où il y aurait quelqu'un... Mais on n'a rien vu, rien entendu.

— C'est sûr qu'à cette heure-là, le parc est plutôt désert.

Ils avaient reçu un appel radio et Labonté avait souri en échangeant un regard avec son collègue.

— C'est Graham qui s'en vient. Avec Joubert.

— Graham? s'était réjoui Olivier Frémont. Je pensais qu'elle prendrait la place de Rouaix, qui remplaçait Gagné. Il est parti à la retraite.

— Faut croire qu'elle n'a pas trop envie de rester dans les bureaux. De toute façon, Gagné est revenu.

— Pas pour longtemps, paria Frémont. Lui aussi va prendre sa retraite. Je suis content que ce soit Graham. Elle peut être coupante, mais on ne perd pas de temps avec elle. J'irai chercher des cafés quand elle arrivera avec Joubert.

— Ils seront ici dans une demi-heure.

— Peut-être moins. Ils sont rapides…

— Café glacé pour moi, avait précisé Labonté. On crève.

Alice qui avait besoin de sentir la chaleur de Francis contre elle s'était étonnée de cette remarque. Puis elle s'était souvenue que c'était l'été, une douce nuit d'été et que le mercure indiquait 27 degrés quand elle avait quitté son nouvel appartement.

Ce n'était pas possible qu'une femme ait été tuée dans son quartier. Tout ceci n'était qu'un rêve bizarre.

::

Le 28 juillet, tôt le matin

— Thé glacé? suggéra Michel Joubert en montrant un thermos. Je l'ai rempli avant de partir de la maison. À peine sucré.

— Toi, je t'adore, dit Graham. Il y aura au moins ça de bon dans notre journée. Sinon, on n'a rien.

— C'est trop tôt pour être pessimiste, protesta Joubert. Tu es tellement pressée. On ne peut pas avoir de résultats si vite. Réjouis-toi déjà que les techniciens aient trouvé des poils sur la robe de Lydia Francœur.

Maud soupira, son collègue avait raison. Elle n'avait pas le droit de plomber les débuts de leur enquête avec sa mauvaise foi. Le manque de sommeil, probablement. Est-ce que ce cycle de mauvaises nuits durerait encore longtemps?

— Que penses-tu de nos tourtereaux? demanda Joubert en ajustant les stores de la salle de réunion du poste de police pour ne pas être aveuglé par le soleil du matin.

— Je les crois, affirma Graham. Je pense qu'ils n'ont rien vu. Ils ont eu la malchance de découvrir le corps. Heureusement, ils n'ont pas trop altéré la scène de crime.

— J'espère qu'il y a quelque chose de valable dans ce qui a été ramassé près du corps, fit Joubert.

— Et espérons que Tiffany aura appris quelque chose d'intéressant, reprit Graham.

Elle regarda l'horloge murale durant quelques secondes, puis entendit Joubert déclarer qu'il avait faim.

— Tu lis dans mes pensées. Appelle McEwen. Dis-lui de nous acheter des sandwichs.

— Plutôt des croissants.

— Des croissants?

Graham saliva en imaginant la pâte feuilletée, dorée, pur beurre. Se sentit coupable de répondre qu'il était effectivement l'heure du croissant. Un croissant bien calorique. Mais ce n'était pas de sa faute si elle n'avait pu s'offrir un petit déjeuner santé à la maison. Elle était restée debout toute la nuit, une entorse à sa routine n'était pas si grave. Et on ne pouvait toutes être minces. Elle pensa à Lydia Francœur, à ses rondeurs, aux photos qu'on avait trouvées dans son sac à main, des photos de vacances, Lydia en maillot, rayonnante, opulente. En tendant les clichés à Maud Graham, Nguyen qui aimait les femmes bien en chair avait déclaré que Lydia était une «belle plante». Et Graham se dit que Lydia Francœur aurait sûrement été flattée par ce commentaire, car elle n'était pas franchement belle, ses traits manquaient de finesse, son nez était trop fort, mais elle dégageait une impression de bonne humeur, de santé réjouissante. Graham regarda les photos de Lydia entourée de ses amies, des palmiers derrière elles, une table avec un pichet de sangria et des verres devant elles. Toutes souriaient. Il faudrait retrouver ces femmes, les faire parler de Lydia, de sa vie, de son tempérament. Avait-elle pu, consciemment ou non, provoquer la colère de quelqu'un ?

Graham regarda ensuite les photos prises durant la nuit, le légiste avait confirmé que Lydia Francœur avait été étranglée. Parce que l'assassin n'avait pas d'arme à sa disposition ou parce que le meurtre n'était pas prémédité ? Ou parce qu'il avait eu besoin de cette proximité, besoin de sentir le corps de sa victime contre lui ? Il était possible que Lydia Francœur ait été à la mauvaise place au mauvais moment et qu'un prédateur s'en soit pris à elle pour la violer, qu'elle se soit débattue, qu'il ait tenté de l'assommer pour abuser d'elle et qu'il ait fini par l'étrangler. Mais Graham savait que, dans la plupart des cas, il existait un lien entre le meurtrier et sa victime, même ténu. Lydia n'avait pas été violée et son sac à main avait été retrouvé non loin du corps, contenant toujours son portefeuille. Elle n'avait pas été agressée sexuellement ni volée. Alors pourquoi avait-elle été tuée ?

— Par jalousie ? répondit Joubert. Un homme furieux qu'elle le quitte pour un autre ? Qui ne supportait pas cette idée ?

Graham hocha la tête, oui, c'était possible que cette femme ait suscité des désirs de possession.

— Ou étranglée par une rivale ? continua Joubert. Il faudrait que celle-ci soit forte physiquement. Lydia n'était pas frêle. Et elle s'est défendue. Ou c'était par vengeance. On ne sait rien d'elle. Peut-être qu'elle a des ennemis ?

— Ou qu'elle a été témoin de quelque chose qu'elle n'aurait pas dû voir, fit Graham.

— Et le vol ? dit Tiffany McEwen en déposant des sacs de papier et des serviettes de table devant Joubert et Graham. Je sais qu'on n'a pas pris son sac à main, mais peut-être qu'elle portait un collier de prix ? Sa robe est celle d'un designer hollandais, cette étoffe en soie bleue… Ce n'est pas donné. Ses sandales sont en cuir très souple, de qualité.

— Elle portait toujours son bracelet.

— On a pu vouloir lui arracher son collier, elle s'est défendue et tout a dégénéré. L'agresseur n'a pas eu le temps de s'emparer aussi du bracelet.

Graham, dubitative, esquissa une moue avant de remercier McEwen de s'être chargée des croissants. Elle tendit le sac à Joubert avant de se servir et l'odeur de beurre fondu mêlée à celle plus sucrée des chocolatines embauma la salle de réunion. Nguyen fit son apparition, sourit en voyant Graham mordre à belles dents dans un croissant.

— J'espère que j'arrive à temps, dit-il. Est-ce qu'il en reste?

Graham hocha la tête, tout en l'interrogeant du regard : avait-il pu récupérer l'ordinateur de Lydia et commencé à chercher des pistes?

— Il n'y avait pas d'ordinateur chez Mme Francœur, annonça Nguyen. Ou plutôt, il n'y en a plus. Les câbles sont restés là, mais l'ordinateur a disparu. Peut-être que c'est un portable qu'elle trimballait du bureau à la maison, peut-être qu'elle l'avait laissé au travail hier, mais...

— Si c'est un portable, c'est illogique, dit Joubert. Mais si elle avait une sortie après le boulot, elle n'avait peut-être pas envie de le traîner avec elle.

— Je suis certaine qu'elle est rentrée chez elle avant de ressortir, avança Tiffany. Rappelez-vous, on pouvait encore déceler son parfum quand on est arrivés sur la scène de crime. Un parfum ne reste pas toute une journée sur la peau à moins d'en abuser. Elle ne l'a pas mis le matin avant d'aller à la résidence. Elle s'est parfumée après être rentrée chez elle, s'être changée, maquillée, coiffée. Et sa robe était trop chic pour le travail. Ses talons trop hauts. Nous ne sommes pas encore allés interroger ses collègues de la résidence des Cèdres, mais nous savons que c'est un établissement pour les gens en perte d'autonomie. Lydia devait porter des vêtements moins élégants pour le boulot. Hier soir, elle était habillée pour sortir. Au resto, dans un bar, au théâtre?

— Pour draguer? supposa Joubert.

— Pourquoi pas?

— Ou pour retrouver un amoureux, dit Graham. Elle était vraiment soignée. Regardez ses mains.

Elle montra un cliché où on voyait nettement une main aux ongles vernis. Deux s'étaient cassés tandis qu'elle luttait pour échapper à son meurtrier.

— J'espère qu'elle a griffé son agresseur et qu'on récupérera des résidus de peau sous les autres ongles.

— Je vais tâcher d'obtenir des informations en analysant les données de son téléphone, reprit Nguyen. Au moins, vous avez pu prévenir son frère.

— Oui, dit Joubert.

Il se rappelait le silence de Mathieu Francœur, puis ses dénégations. C'était impossible que sa sœur ait été tuée. Impossible! Joubert avait pris tout le temps nécessaire pour persuader Mathieu Francœur qu'il n'y avait pas d'erreur. Lydia avait avec elle sa carte d'assurance maladie qui ne laissait aucun doute sur son identité. Il avait ajouté, sans trop savoir pourquoi, que Lydia était une belle femme. S'était félicité d'avoir dit cela lorsque Francœur avait renchéri: c'est sûr que sa sœur était belle. Elle avait toujours été belle. Puis il s'était mis à pleurer en sentant qu'il ne pouvait plus fuir la vérité, Lydia était morte. Joubert avait proposé de le rappeler un peu plus tard, afin de lui expliquer en détail le déroulement des prochaines heures.

— Je suis content qu'Alain soit au boulot.

— Il y a eu deux meurtres à Montréal, avant-hier, le prévint Graham. Je ne suis pas certaine qu'Alain pourra pratiquer immédiatement l'autopsie de Lydia Francœur. Qu'y avait-il d'autre à l'appartement de Mme Francœur?

— Du désordre, répondit Nguyen.

— Comme si on avait cherché quelque chose à dérober à part le portable ?

— Aucune idée.

— Et on ne sait pas si le portable a été volé ou non, rappela Joubert. Il peut être dans sa voiture, au boulot. Elle peut l'avoir prêté. Il peut être quelque part en réparation.

— Je vous rappelle qu'il n'y avait pas d'effraction, dit Nguyen. Et que la porte de son appartement n'était pas verrouillée.

— C'est tout de même étrange qu'elle ait quitté son appartement sans verrouiller cette porte, objecta Tiffany. Précisément le soir où elle a été agressée.

— Il faut qu'on sache si c'était une personne distraite. Ou négligente, fit Graham.

Elle termina son croissant avant d'annoncer qu'elle irait dès maintenant rencontrer les collègues de Lydia Francœur.

::

Serge Larocque regardait son visage dans la glace ; il avait eu de la chance de porter une barbe. Sinon, il aurait eu la marque des ongles de Lydia sur sa joue. En se rasant, il pouvait modifier son apparence. Il expliquerait à ceux qui s'étonneraient de le voir glabre après tant d'années qu'il trouvait que sa barbe le vieillissait. Il avait peut-être tort de s'inquiéter d'être reconnu par cet homme surgi de nulle part alors qu'il était avec Lydia, tout s'était passé si vite ! Ce témoin qui avait essayé de le suivre n'avait pas dû bien voir son visage. Mais il n'en était pas certain. En se rasant, il s'éloignait d'un possible portrait-robot que ce témoin pourrait établir avec la police. Il fit mousser le savon, passa la lame du rasoir sous l'eau brûlante et l'appliqua contre les poils bruns. L'opération fut plus longue que prévu, mais le résultat n'était pas trop désastreux, même si son front était plus bronzé que le reste du visage. Il y remédierait avec un peu de crème autobronzante. Il sourit : son menton lui semblait moins fuyant qu'au moment où il avait décidé d'avoir une barbe, dix ans auparavant. Il prit une douche, puis choisit ses vêtements. En boutonnant le col de sa chemise rose pâle, Serge se souvint que Lydia aimait les hommes qui osaient porter du rose. Il secoua la tête : il ne devait pas penser ainsi à Lydia, il devait être en parfaite possession de ses moyens quand il pousserait la porte de la résidence des Cèdres. Car il ne se faisait pas d'illusions, des enquêteurs viendraient sûrement lui poser un tas de questions sur Lydia dès qu'ils sauraient qu'elle était sa secrétaire. Il fallait impérativement les convaincre qu'il regretterait cette femme efficace. Et personne ne devait connaître le lien qui les unissait. Il avait effacé au fur et à mesure qu'il les recevait les courriels plus intimes de Lydia et il avait eu la présence d'esprit d'aller récupérer son ordinateur personnel. Et il avait eu raison : Lydia avait conservé tous leurs échanges ! Les femmes seront toujours d'éternelles romantiques… Il avait de la chance malgré tout : Lydia avait égaré son téléphone la semaine précédente et avait dû en acheter un nouveau. Si les policiers scrutaient l'historique de son appareil, ils ne trouveraient rien qui le relierait à lui. Il ne lui avait envoyé qu'un seul message, lui demandant si elle pouvait rester plus tard le mardi soir au bureau. Aucun enquêteur ne pouvait deviner que c'était sa façon à lui de prévenir sa maîtresse qu'il la retiendrait après le travail pour des motifs qui n'avaient rien de professionnel. Quand il était rentré chez elle en pleine nuit, il avait fait le tour des pièces pour s'assurer qu'il n'avait rien oublié de compromettant, même s'il était persuadé que ce n'était pas le cas. Il n'avait jamais laissé de biens personnels chez Lydia même si elle le lui avait souvent offert, ni brosse à dents, ni rasoir, ni vêtements de rechange. Pas question qu'elle s'imagine qu'il allait s'installer avec elle. Il avait pris l'ordinateur et s'en débarrasserait dès que possible. D'ici là, il resterait au fond du *walk-in*. Les enquêteurs n'allaient tout de même pas débarquer chez lui dans la journée pour tout fouiller. Ils l'interrogeraient à la résidence, où il avait aussi vérifié le contenu de l'ordinateur du bureau, et ils entendraient simplement un patron parler en termes élogieux de sa secrétaire, un patron qui démontrerait une réelle affliction, qui dirait qu'il leur arrivait de sortir ensemble à l'occasion. Il ne pourrait pas prétendre le contraire, car il ignorait si Lydia avait parlé de lui à des amis et en quels termes. Il admettrait qu'ils s'étaient vus de façon plus intime à trois ou quatre reprises quand elle avait commencé à travailler à la résidence, mais qu'ils avaient finalement décidé qu'il était préférable de ne pas poursuivre en ce sens. Il ajouterait qu'il était trop vieux pour elle, que la jeune femme voulait des enfants. Qu'il avait cependant cru comprendre qu'elle voyait maintenant un homme qui lui convenait mieux.

Mais pourquoi lui avait-elle fait tous ces reproches ? Quelle mouche l'avait piquée ? Il ne l'avait pas impliquée directement dans le montage de la fondation, ne lui avait demandé que quelques informations sans jamais donner de détails. Il avait fallu qu'elle fouille dans ses affaires pour connaître le nom de la fondation, cette fondation dont elle s'était moquée. Elle avait dit que cette histoire ne lui attirerait que des ennuis et qu'elle en avait marre d'un homme qui n'avait que des rêves minables. Que son frère avait raison à son sujet. Elle n'aurait jamais dû parler d'Antoine ! Jamais ! L'avait-elle vu ? Quand ? Que s'étaient-ils dit ? Qu'est-ce qu'elle fabriquait avec Antoine ?

Serge repensait à cette soirée maudite sans arriver à comprendre à quel moment précis tout s'était délité. Lydia paraissait dans son état normal lorsqu'ils avaient bu un verre au Savini. Et elle semblait encore dans cet état normal quand il l'avait appelée dans la soirée pour savoir s'il pouvait la rejoindre bientôt chez elle, comme ils l'avaient évoqué à l'apéro. Elle avait dit qu'elle l'attendrait au kiosque du Bois-de-Coulonge. Il s'en était étonné, puis s'était dit qu'elle voulait le retrouver dans ce parc où ils s'étaient embrassés la première fois, que Lydia était comme toutes les femmes une incurable romantique. Il s'était aussi réjoui : si elle souhaitait qu'ils se rejoignent au parc, c'était qu'elle devait être dans des dispositions amoureuses. Comment aurait-il pu se douter que quelque chose n'allait pas ? Lydia avait dit qu'elle voulait marcher un peu, puis aller prendre un autre verre rue Cartier. Il avait répondu qu'elle avait déjà assez bu, qu'ils feraient mieux de se rendre à son appartement. Elle avait rétorqué qu'il n'avait pas à contrôler sa consommation d'alcool, s'était éloignée de lui, avait quitté le sentier pour s'enfoncer dans le boisé. Qu'avait-elle en tête ? Il n'aurait jamais dû la suivre, il aurait dû rentrer chez lui. Elle était ivre, alors qu'elle savait qu'il n'aimait pas qu'elle boive.

Oui, c'est ce qu'il aurait dû faire. Il aurait bien dormi et ne serait pas là, ce matin, à regarder son visage dans le miroir en peinant à se reconnaître. À hésiter si longtemps à choisir la pochette à pois qu'il glisserait dans la poche de son veston. À songer encore à Lydia qui s'était extasiée du nombre de costumes qu'il y avait dans le *walk-in* quand il l'avait emmenée chez lui pour la première fois. Il n'avait pas le choix d'être bien habillé, avait-il expliqué, on ne fait pas confiance à un pouilleux. Il avait toujours aimé les beaux vêtements, les coupes qui flattaient sa silhouette. Il pensa à son frère, trapu, qui portait ses éternels jeans et des polos sombres qui le vieillissaient. Évidemment, terré dans un laboratoire, il n'avait pas besoin de s'habiller, il enfilait un sarrau blanc pour se pencher sur les microscopes. Serge ne s'expliquait pas que, en se consacrant à la recherche sur les maladies dégénératives, son frère refuse de voir l'énorme potentiel des résidences pour personnes âgées. Il savait pourtant que la population vieillissait ! Mais probablement qu'il lui avait menti, qu'il n'avait pas placé l'argent de l'héritage. Il devait l'avoir investi dans le laboratoire, espérant être le prochain prix Nobel. Est-ce que Lydia le connaissait ou non ? Il s'était déjà plaint de lui devant elle, mais il ne se rappelait que très vaguement une possible rencontre à la résidence, des années auparavant.

Il entendit un bruit derrière lui, sursauta, puis comprit que c'était le mode rinçage de la machine à expresso qui s'était déclenché. Il devait se calmer, sinon les enquêteurs s'apercevraient de sa nervosité. Se questionneraient à ce sujet. Il se répéta que l'homme qui l'avait interpellé dans le parc n'avait pu distinguer ses traits, il n'était pas si près des lampadaires. Lui-même n'avait pu le voir, camouflé par l'ombre des grands arbres. De toute manière, il s'était rapidement échappé. Et heureusement, ce maudit témoin avait mis du temps à réagir, à s'élancer derrière lui. En pure perte. Il l'avait semé aisément. Il sourit à son image, lissa ses joues après avoir enduit ses mains d'une eau de Cologne à la bergamote. Très légère, raffinée, qui plaisait à beaucoup de femmes. Les plus âgées disaient qu'elle leur rappelait l'*Eau sauvage* de Dior. Lydia l'aimait aussi, y décelait du vétiver, affirmait que cette odeur tonique avait un petit quelque chose d'émoustillant. Mais pourquoi avait-elle donc tout gâché ?

Il repensa à ce témoin. Pourquoi ne s'était-il pas manifesté avant ? Qu'avait-il vu réellement ?

Et que faisait-il, lui, dans le parc, à cette heure-là ?

::

La pelouse était maintenant sèche et Léonard Cardinale s'émerveillait de sentir la fraîcheur de la terre sous les brins d'herbe satinés. Il avait fait plusieurs fois le tour de la maison familiale, pieds nus, comptant les pas comme s'il était toujours dans la cour du pénitencier, s'arrêtant, s'efforçant de cesser de compter, y parvenait quelques secondes, reprenant son mantra jusqu'à ce que le cri d'une corneille le distraie. Ou n'importe quel mouvement dans un périmètre restreint. Il se raidissait alors, aux aguets, cherchant à identifier la menace. Puis il respirait, c'était le camelot qui déposait *Le Soleil* sur le pas de la porte des voisins. Lui-même avait livré ce journal lorsqu'il était gamin. Il se

rappelait l'odeur différente de chacune des maisons quand il sonnait chez les abonnés le vendredi pour être payé. Chez les Martin,
une odeur de lessive flottait en permanence, chez les Croteau,
une appétissante odeur de café, la cigarette chez les Lantier et la
térébenthine chez Karl Lemay quand il peignait. En prison, sa
mère lui avait dit que son ancien voisin était devenu un artiste
réputé dans le monde entier, que ses œuvres avaient été exposées
à Tokyo, à Buenos Aires, New York, Londres. Il se demandait
si le portrait que M. Lemay avait fait de lui quand il avait dix
ans s'était baladé au-delà des océans. Il se rappelait la patience
du peintre qui devait lui répéter fréquemment de ne pas bouger. À cette époque, il ne tenait pas en place. Il avait appris à
mieux contrôler son impatience au pénitencier. Il se souvint qu'il
y avait un renard dans ce tableau où il apparaissait. On voyait à
peine dépasser son museau derrière un rocher et Léonard avait
été étrangement fier de figurer près de cet animal tellement rusé
qu'il fallait toute une meute de chiens pour l'attraper.

Quant au portrait de Loraine que Lemay avait fait plus tard, il
ignorait aussi ce qu'il était devenu.

Il jeta un coup d'œil vers la maison qu'avait habitée M. Lemay,
se demandant qui y vivait maintenant. Qui était ce couple qu'il
avait aperçu la veille? Il aurait pu s'informer auprès des voisins
qu'il connaissait, mais quand il avait croisé les Lantier chez Roset,
il avait lu un tel mépris dans leur regard qu'il avait abandonné
cette idée. Et puis, qu'est-ce que ça lui apporterait de savoir qui
occupait cette demeure? L'important était de savoir où lui habi-
terait… Il ignorait toujours s'il voulait rester dans ce quartier ou
déménager à Montréal, à Baie-Saint-Paul, Trois-Rivières. Son
agent de probation lui avait déconseillé de prendre des décisions
trop hâtives. Il l'avait prévenu qu'il lui faudrait des mois pour
s'accoutumer à sa nouvelle existence. Prévenu de la déception
qui accompagnerait sa sortie de prison: les détenus en rêvaient
durant des années, mais la réalité était très déstabilisante. Et plus

longue avait été la peine, plus nombreux étaient les changements auxquels ils étaient confrontés en société. Heureusement, avait ajouté l'agent, Léonard avait suivi des cours durant son incarcération, il avait un diplôme, tout serait plus simple pour lui.

Peut-être qu'il lui avait menti. Probablement. On ne pouvait faire confiance à personne. Ainsi, rien n'était simple pour Léonard. Dormir, en premier lieu. Sortir à l'extérieur du quartier. S'acheter des vêtements. Se nourrir correctement. Il savait qu'il ne devait pas manger que des pizzas surgelées. Des années entre quatre murs avaient déglingué son estomac et il devait faire attention à son alimentation. Ce serait idiot de mourir d'un ulcère ou d'un cancer après avoir survécu au pénitencier.

Au moins, il avait cessé de fumer.

Il s'accroupit, effleura la pelouse de sa main droite, fixa la plate-bande où il ne restait qu'un chétif conifère. Du temps de sa mère, des fleurs poussaient en abondance. Il se redressa : c'est ce qu'il ferait aujourd'hui, il planterait des fleurs. Des fleurs blanches comme il en avait toujours vu chez M. Lemay. Il se souvenait de l'avoir interrogé à propos de cette couleur : comment arrivait-on à la peindre sur une toile blanche ?

Il était déçu qu'il ait déménagé. Où était-il allé ? Et s'il s'informait auprès du couple qui avait acheté la maison du peintre ?

Est-ce que Karl Lemay le reconnaîtrait quand ils se reverraient ? Il avait fait le portrait d'un enfant. Il avait tellement changé depuis… M. Lemay avait réalisé des dizaines de portraits dans sa carrière, mais il se souviendrait sûrement de lui. À cause de Loraine. Il voulait lui dire qu'il s'était mis au dessin durant son incarcération. Il ajouterait même que c'était ce qui l'avait sauvé de la noirceur du pénitencier qui menaçait à tout moment de l'engluer, de l'anéantir. Il lui répéterait que c'était en pensant à lui, en se rappelant le calme qui régnait dans son atelier, qu'il s'était surpris à griffonner sur des bouts de papier. Et qu'il espérait acquérir un certain style. Est-ce que le peintre accepterait de voir son travail ? Il lui dirait qu'il l'imitait, qu'il aimait marcher sur le boulevard Champlain, qu'il avait gravi la côte Gilmour en se rappelant qu'il l'avait un jour suivi. Il avait quoi ? Douze ans ? Il se prenait pour un espion, s'amusait à épier ses proches, espérant découvrir leurs secrets. Il avait vu Karl Lemay se planter au beau milieu de la côte pour contempler le fleuve durant un temps qui lui avait paru infini avant d'ouvrir son carnet et de se mettre à dessiner le Saint-Laurent. Léonard s'était demandé comment il parvenait à dessiner ces vagues qui ne s'immobilisaient jamais. Alors qu'il l'avait prié de ne pas bouger quand il faisait son portrait.

En regardant le camelot lancer le journal chez un autre voisin, Léonard décida de s'abonner au *Soleil*. Lire le quotidien en buvant son café sans entendre personne discuter, gémir, gueuler à côté de lui. Il aimait vraiment jouir de ce silence, même s'il l'effrayait encore un peu.

::

André Rouaix avait décrit à Maud Graham la résidence des Cèdres où s'était installée la mère de Nicole, mais elle s'attendait à un établissement plus terne et fut heureusement surprise par un hall d'entrée lumineux où se déployait un magnifique hibiscus. Elle ne put s'empêcher de lire les menus de la journée inscrits sur un tableau noir et se surprit à saliver en constatant qu'il y aurait des vol-au-vent pour le souper. Depuis combien de temps n'en avait-elle pas mangé ? Pourquoi certains plats tombaient-ils dans l'oubli ?

— Faites-vous parfois des vol-au-vent ? demanda-t-elle à Joubert.

Il s'apprêtait à répondre quand une femme d'une cinquantaine d'années s'avança vers eux en souriant et tendit la main pour se présenter.

— Marie-Louise Tanguay. Je suis la directrice des soins. Bonjour, madame Lebel.

Maud Graham la corrigea aussitôt, présenta Michel Joubert, précisa leurs grades et demanda s'il y avait un endroit calme pour discuter.

— Mais M. Lemay est rentré. Tout est beau. On ne vous l'a pas dit au poste de police ?

— M. Lemay ?

— Il est revenu tard, mais il est revenu. Deux jeunes filles très responsables l'ont raccompagné. On ne sait toujours pas où il a traîné toute la soirée, mais il est chez lui, on lui a rendu son carnet à dessin et il doit dormir, maintenant.

— Nous ne sommes pas ici pour parler de ce monsieur, mais de votre collègue, Lydia Francœur.

— Lydia ?

Marie-Louise Tanguay porta une main à sa bouche, comme si elle savait déjà qu'elle devrait retenir ses cris. Elle les fit entrer dans un bureau et referma la porte.

— Elle a eu un accident, c'est ça ? J'ai essayé de la joindre sans…

— Elle est malheureusement décédée, lui apprit Graham d'une voix douce.

— Décédée ? Voyons ! Elle est trop jeune !

— Il y a eu un incident, dans un parc, tard hier soir, et Lydia a été agressée.

— Agressée ? répéta Marie-Louise Tanguay.

Elle recula légèrement, comme pour échapper à la suite de cette conversation. Elle refusait de croire à ce qu'on lui disait !

— On ne sait pas encore ce qui lui est arrivé, ajouta Joubert, mais on a besoin du maximum d'informations pour mieux connaître sa personnalité.

Le regard de Marie-Louise Tanguay papillonnait de Graham à Joubert.

— C'est un choc, nous en sommes conscients, dit Graham, mais plus tôt vous nous parlerez de Mme Francœur, mieux ce sera.

On frappa à la porte du bureau et Marie-Louise Tanguay se leva aussitôt, mue par l'habitude. Elle se força à prendre une longue inspiration avant d'ouvrir à l'infirmière qui devait lui faire un compte-rendu de sa visite à Karl Lemay.

— On en parlera tantôt, Gina, si tu veux bien. Je dois discuter de… Entre, j'ai une mauvaise nouvelle. Lydia…

Gina qui avait jeté un coup d'œil à Graham et Joubert porta une main à sa poitrine en fixant Marie-Louise Tanguay.

— Quoi? Lydia? Qu'est-ce qui se passe?

— Il paraît que Lydia est morte.

Gina Larochelle s'appuya contre le grand bureau, secoua la tête, ouvrit la bouche, mais aucun son n'en sortit. Joubert qui s'était levé pour lui céder sa chaise lui toucha l'épaule, la fit asseoir.

— C'est un choc, répéta Graham. Mais nous avons besoin de votre aide pour trouver le responsable de sa mort.

Michel Joubert écoutait Maud. Elle évitait de prononcer les mots «meurtre», «assassinat», trop brutaux, se contentant du terme «agression» qui était suffisamment chargé de violence. Elle devait rassurer les collègues de Lydia pour obtenir une bonne collaboration.

— Voyez-vous quelqu'un qui aurait pu en vouloir à votre collègue? questionna Graham.

— Personne! s'écrièrent en même temps Marie-Louise et Gina. Personne! Tout le monde l'aimait.

— Elle travaillait ici depuis longtemps?

— Six ans, répondit Marie-Louise Tanguay. C'est la secrétaire de direction. Elle est très efficace, on peut tout lui demander. M. Larocque père l'aimait beaucoup.

— C'est sûrement une erreur, fit Gina en affrontant pour la première fois le regard de Graham. Vous devez vous tromper.

Graham secoua la tête en expliquant à la jeune préposée qu'on avait trouvé des cartes d'identité sur la scène de crime qui leur avaient permis d'identifier la victime.

— Il n'y a aucun doute, compléta Michel Joubert.

Il échangea un coup d'œil avec Graham qui l'encouragea à poursuivre: Lydia avait été tuée, on avait découvert son corps au début de la nuit, l'enquête était en cours.

— Dans ce genre d'événement, tout peut nous être utile, le moindre détail...

Marie-Louise Tanguay interrompit Joubert: avait-il prévenu Serge Larocque, le directeur de la résidence?

— Mon Dieu! s'exclama-t-elle devant l'air dubitatif de Joubert. Il doit arriver à neuf heures trente. Je vais essayer de le joindre! J'espère que son cellulaire fonctionne, ce matin.

— Il ne fonctionnait pas hier?

— Je l'ai appelé sans succès quand je me suis aperçue que M. Lemay n'était pas rentré. Au début, je pensais que M. Lemay était dans la cour, il y passe tout son temps à dessiner. Je ne l'avais pas vu à la salle à manger pour le souper. Il n'y vient pas régulière-ment, mais son ami Ludger Sirois avait aussi l'air de se demander où il était... On a commencé à le chercher... et je... je ne sais pas pourquoi je vous parle de M. Lemay. Il est revenu sain et sauf. Quoi qu'il en soit, j'ai rappelé M. Larocque, mais la pile de son téléphone devait être à plat.

— Les entrées et les sorties sont très contrôlées? s'enquit Graham.

— Cela dépend des étages où vivent les résidents. On a toutes sortes de personnes ici, avec des besoins différents. Il faut avoir un passe pour circuler.

Marie-Louise Tanguay ouvrit le premier tiroir de son bureau et tendit une clé attachée à une capsule bleue.

— C'est le sésame pour ouvrir ou fermer les portes. Pour les résidents qui ne souffrent pas de problèmes cognitifs. Comme vous avez pu le constater, il y a un interphone. On n'entre pas ici comme dans un moulin, c'est sûr. M. Larocque tient à la sécurité des résidents. Qu'est-ce qu'il va faire maintenant?

— Lydia Francœur semble s'être rendue indispensable, commenta Graham.

— Absolument. Elle est arrivée ici avant le décès de M. Larocque. Elle a été très précieuse pour aider Serge lorsqu'il a décidé de remplacer son père. Et ensuite, quand on a commencé les travaux. Tellement de choses à gérer! L'entrepreneur, la banque, les résidents…

— Et en plus, elle est toujours de bonne humeur, dit Gina Lamirande. Elle a une excellente mémoire…

— Elle se souvient du nom de tous vos résidents?

— Ça, c'est normal, fit Gina en haussant les épaules. Mais Lydia se souvient des noms de leurs enfants, de leurs petits-enfants. Ce qu'ils faisaient dans la vie, où ils demeuraient avant de s'installer ici. Elle-même habite tout près de la résidence.

Alors que Gina et Marie-Louise évoquaient leur collègue, Joubert et Graham étaient de plus en plus persuadés que les relations entre ces femmes étaient harmonieuses. On ne décelait aucune envie dans le ton de leurs voix, plutôt une sincère admiration pour le professionnalisme de Lydia.

— Vous voyiez-vous en dehors de la résidence?

— On a toujours une sortie à Noël, tout le personnel, dit Marie-Louise. Mais je n'habite pas tout près et Gina a de jeunes enfants, ce qui fait qu'on rentre directement chez nous après le travail.

— Elle n'a pas d'enfant, fit Graham. Un conjoint?

— Non. Elle s'est mariée à vingt ans, mais elle a divorcé deux ans plus tard.

— Un amoureux? suggéra Joubert.

— C'était une femme souriante, ajouta Graham. Elle devait plaire…

Marie-Louise et Gina eurent un bref éclat de rire: Lydia avait en effet du succès. Combien de fils accompagnant un parent âgé avaient été séduits par elle?

— Façon de parler, évidemment, se reprit Marie-Louise. Il n'y a rien eu de déplacé.

— Mais elle a pu rencontrer quelqu'un dans ce genre d'occasion ? Le revoir ?

Gina secoua la tête, M. Larocque n'aurait pas approuvé : pas question de mêler travail et sentiments.

— Il est très strict là-dessus.

— On n'a pas vraiment le temps de parler de nos vies privées, précisa Gina. Ici, ça vous semble calme, mais si vous montez aux étages, vous verrez qu'on est occupées. Et avec l'été, c'est encore plus compliqué.

— Pourquoi ?

— Parce qu'il y a les congés, les vacances du personnel, intervint Marie-Louise Tanguay. On doit engager des remplaçants, ce qui augmente la confusion ou l'anxiété de certains résidents. Ils ne reconnaissent pas les préposés, paniquent. Je dois justement voir tout le monde aujourd'hui avec Sophie. C'est elle qui prendra ma place durant mes vacances. J'expliquerai qu'elle jouera mon rôle, mais il y en a qui s'inquiéteront quand même. Et là... avec ce qui vient d'arriver...

— Et Lydia ? la coupa Graham. Quand devait-elle prendre ses vacances ?

— En août. Il me semble qu'elle m'a parlé de New York. Ou de Boston.

— Elle devait partir avec des amis ? s'informa Joubert.

Marie-Louise Tanguay haussa les épaules : les projets de Lydia n'étaient pas vraiment établis.

— Je lui ai dit qu'elle devait tout de même penser à ses réservations d'hôtel, si elle voulait du confort, mais elle m'a répondu que ça ne dépendait pas que d'elle. Vous devez avoir raison, elle ne partait pas seule...

— Que pouvez-vous nous dire sur Lydia ? insista Graham. Quels étaient ses loisirs ?

— Ses loisirs ?

— Oui. Qu'aimait-elle faire ? Suivait-elle des cours ? Avait-elle une passion ? Tout peut nous être utile.

Marie-Louise Tanguay triturait le coquillage qui pendait à son cou au bout d'une chaîne en argent et ne semblait plus écouter Maud Graham. Elle finit par déclarer qu'elle devait appeler Serge Larocque.

— Il ne me croira pas, murmura-t-elle. Il me semble que…

— Je sais, l'assura Graham. Tout ça est bouleversant.

Elle observait Marie-Louise, devinait qu'elle se demandait ce qui était arrivé à Lydia tout en refusant de poser la question, d'avoir une réponse. Mais s'y sentant obligée, ignorant comment agir dans une telle situation, décidant de reporter encore le moment où elle prendrait la mesure de la vérité dans toute son horrible réalité. Ensuite, il n'y aurait plus de retour en arrière possible. Elle imaginerait la fin de Lydia, y penserait chaque jour en voyant son bureau inoccupé, se sentirait coupable quand elle sympathiserait avec la secrétaire qui la remplacerait. Son visage se tendit quand elle entendit la voix de Serge Larocque. Elle se tut quelques secondes, ne sachant plus ce qu'elle voulait lui dire, secoua la tête pour se ressaisir.

— Il faudrait que vous arriviez tout de suite. Lydia a eu un accident.

— Un accident ?

Larocque s'était exclamé assez fort pour que Graham et Joubert l'entendent.

— Venez ici, les policiers vont vous expliquer. Oui, c'est épouvantable. J'ai de la peine à y croire, mais il paraît qu'elle avait ses cartes d'identité.

Elle reposa le téléphone en annonçant aux enquêteurs que le directeur était déjà en route.

5

Le 28 juillet

Ludger Sirois poussait un café vers Karl Lemay en lui souriant malgré son inquiétude. Le fait que son vieil ami soit revenu à la résidence l'avait momentanément soulagé, mais il ne pouvait plus se voiler la face, Karl présentait des signes supplémentaires de confusion. Combien de temps pourrait-il encore l'aider à les dissimuler au personnel sans le mettre en danger ? Il ne pouvait pas l'imaginer déménager si vite dans l'autre aile. Il n'était tout de même pas aussi perdu qu'Arlette Vézina !

— Où est-ce que tu étais passé, hier soir ? J'ai trouvé ton cahier par terre, près de la porte principale.

— Je suis allé… je voulais dessiner…

— Pourquoi es-tu parti sans me le dire ? Es-tu retourné chez vous ? Si tu y vas trop souvent, les gens qui y habitent maintenant vont finir par se plaindre…

Karl Lemay but une gorgée de café avant de murmurer qu'il ne se souvenait plus très bien de son départ de la résidence.

— Il y a deux jeunes filles qui m'ont ramené ici.

— Deux filles que tu as rencontrées où ? Où étais-tu ?

Karl dévisagea Ludger, eut un geste de déni en fermant les yeux, croisa les mains sur ses bras comme s'il voulait se rassurer, contenir l'angoisse qui montait en lui. Ludger s'approcha, lui tapota l'épaule.

— Dis-moi ce qui s'est passé.

— Ça ne se peut pas. Je suis trop mêlé. J'ai vu un nazi.

— Un nazi? répéta Ludger Sirois en mesurant avec effroi que la méfiance naturelle de Karl se muait en paranoïa, un des symptômes de la maladie d'Alzheimer. Et tu l'aurais vu où?

Karl Lemay haussa les épaules.

— Je dois avoir rêvé tout ça.

— Tu as regardé tes dessins noirs? Je ne suis pas sûr que ce soit une bonne idée.

Quand Ludger Sirois avait rencontré Karl Lemay et appris que c'était un artiste, il lui avait dit que tout ce qu'il connaissait de l'art concernait les trafics d'œuvres volées. Et encore, pas grand-chose à ce sujet, car ce n'était pas son domaine. Mais il n'avait pas besoin d'être un expert pour saisir la violence qui hantait certaines toiles de Lemay, totalement désespérées, totalement éloignées des tableaux vus précédemment qui représentaient des paysages empreints d'une apaisante douceur. Il avait ressenti un choc alors qu'il aidait son ami à emballer les toiles en prévision de son emménagement à la résidence. Il s'était demandé pourquoi il ne les lui avait jamais montrées avant. «Elles me font du bien. Et me font mal», avait répondu Karl Lemay.

Ludger Sirois ne voyait pas comment les sinistres silhouettes des membres du Ku Klux Klan qui se dressaient dans la collection noire de son ami pouvaient lui faire du bien. Des scènes de lynchage, de pendaison, d'incendies, de meurtres. Des hommes énormes en écrasant de plus faibles, des hommes blancs, dans leur toge blanche anéantissant des hommes noirs, les enfonçant dans la terre, dans les marais. Des croix gammées partout. Qu'avait donc vécu Karl pour témoigner de ces horreurs? Il ne racontait jamais rien de son existence aux États-Unis. Ludger savait seulement que son père avait une ferme dans un bled perdu.

Il entendit gémir Karl, se rapprocha davantage de lui pour l'entendre murmurer qu'il avait honte.

— Honte de quoi ?

— Je n'ai rien fait. Rien. Mon père est allé mettre le feu chez les Marcus. Ils sont tous morts. Brûlés vifs. Le plus jeune était encore aux couches.

Ludger lisait une réelle détresse dans le regard pâle du peintre. Était-ce sa fugue qui l'avait angoissé au point de lui faire évoquer ces souvenirs d'enfance qu'il avait toujours tus ?

— Je savais que ton père était violent, mais tu ne m'as jamais dit que c'était un criminel…

— J'aurais dû l'empêcher…

— Tu étais un enfant, répéta Ludger. Traumatisé. La mort de ta mère, de ton frère. Ton père qui te battait.

— C'est comme hier avec l'homme, dehors, le barbu. Je n'ai rien fait quand il a battu la femme. Il s'est évanoui dans la nuit. Je ne le voyais plus. Je suis un lâche. J'aurais dû tuer mon père avant.

Ludger Sirois sentit un frisson lui parcourir l'échine. Avait-il bien entendu Karl avouer le meurtre de son père ? Qu'est-ce qui le poussait à évoquer ce geste maintenant ? Et l'homme dont il parlait, qui était-il ? Qui avait disparu dans les ténèbres ?

L'ancien policier but une gorgée avant de demander à son ami s'il avait envie de lui en dire plus sur la mort de son père. Il avait déjà deviné qu'il avait assisté à des scènes de violence dans son passé et qu'il avait peut-être tenté de se libérer ces atrocités en les peignant sur ces grandes toiles. Des toiles en noir et blanc, foudroyées à quelques endroits d'un rouge sanglant. Karl avait fait de plus en plus souvent allusion à sa vie aux États-Unis depuis quelques semaines, mais c'était la première fois qu'il faisait de telles révélations. Comme si tout était remonté à la surface d'un seul coup.

Ludger se demandait s'il se mettrait lui aussi à parler fréquemment de son passé comme la plupart des personnes qu'il côtoyait à la résidence des Cèdres. Il savait bien qu'il aimait raconter ses histoires, revivre ses enquêtes, mais il s'intéressait à l'actualité, lisait le journal, utilisait beaucoup la tablette numérique que lui avait donnée sa fille pour être bien informé. Est-ce que Karl s'engluerait totalement dans le passé? Oublierait le présent? Combien de temps avaient-ils encore devant eux avant qu'il ne le reconnaisse plus? Et qu'il apprenne toute la vérité sur son père? L'avait-il vraiment assassiné? Si oui, la culpabilité avait-elle gâché l'existence de son ami ou avait-il pu apprivoiser ce geste ultime? Car on n'oublie jamais ce moment où on a pris la vie d'un autre homme. Même si c'est la seule chose à faire.

— Je suis un lâche, répéta Karl avant de se mordre les lèvres pour étouffer un gémissement.

— Voyons donc! Ça fait si longtemps. Tu étais un gamin... Qu'est-ce que tu aurais pu faire?

— J'aurais dû l'empêcher de la tuer! s'écria Karl.

— Tuer qui? Je suis perdu. Qui? Ton père?

— C'est moi qui l'ai tué, gémit Karl Lemay qui s'essuya les yeux. Mais avec le barbu, j'aurais dû...

— Le barbu? Qu'est-ce qu'il vient faire dans l'histoire? Je ne comprends rien à ce que tu me racontes. Tu as vraiment tué ton père? Tu es allé en prison pour ça?

— Non, je suis parti. Personne ne m'en a empêché.

— Si on reprenait tout depuis le début?

Karl leva les mains en écartant les doigts, repoussant l'image qui revenait vers lui.

— Non, je ne veux plus en parler.

L'effarement que Ludger lut sur le visage de Karl le porta à poser une main apaisante sur son épaule.

— Tu m'as aussi parlé de deux filles, reprit-il.

Peut-être que changer de sujet calmerait l'anxiété de Karl. Et qui étaient ces filles? Que lui voulaient-elles?

— Je... je me suis trompé de chemin pour revenir ici. Ces jeunes femmes m'ont ramené en voiture. Une brune et une rousse, rousse comme un renard.

— Il y a souvent des renards dans tes dessins, s'empressa de dire Ludger en conservant un ton très calme. Pourquoi les aimes-tu autant ?

— Parce que mon père ne réussissait pas à les attraper.

Un sourire complice éclaira si soudainement le visage de Karl que Ludger eut un petit rire, soulagé que la tension se dissipe.

— Tu dois être sorti pour dessiner, hier soir. Tu te souviens que tu m'avais parlé des grilles du parc, de leur ombre qui s'étire sur la pelouse en la quadrillant ? Je reprends tes mots…

Lemay hocha la tête. Il voulait arriver à saisir l'éclatante vitalité de l'été, le vert intense des pelouses, les lignes nettes des arbres découpées par un soleil triomphant. Avant de se coucher, il avait vidé les poches de son vieux pantalon où il glissait ses crayons et des bâtons de couleur, il avait rangé les pastels dans leur boîte et le calepin était à sa place, à côté des fusains. Il le feuilleta pour se rappeler ce qu'il avait dessiné, mais il n'y avait que les esquisses réalisées le matin précédent.

— Ça n'a pas d'importance, le rassura Ludger même si les nombreux trous dans le récit des événements de la veille ne l'aidaient guère à se faire une idée de ce qu'avait vécu Karl. Sais-tu que le nouveau a improvisé un concert avec les sœurs Lalancette, hier soir ?

— Le nouveau ?

— L'Anglais. Qui a pris la chambre d'Arlette. Eric Schmidt. Il paraît qu'il était dans les affaires. Un homme important.

— Important pour qui ? demanda Karl.

— Pour ça, tu as raison, fit Ludger ravi de cette pointe d'ironie qui lui rendait son ami tel qu'il le connaissait : doux, affable, mais capable de relever la prétention ou l'incongruité d'une situation. C'est seulement que notre bonne Mme Tanguay a l'air impressionnée par Schmidt. J'ai fait des recherches sur Internet, c'est vrai qu'il a dirigé une compagnie.

— Et aujourd'hui, il est ici dans le même état que nous. Grosse job ou pas, il souffre d'arthrite rhumatoïde. Il sera en fauteuil dans peu de temps.

— Constance Cloutier va sûrement se proposer pour le pousser, dit Ludger. Elle lui tourne autour comme une guêpe autour d'un pot de miel.

— Il verra que c'est une femme têtue, conclut Karl, les yeux pétillants de malice.

Ludger sourit, tout en étant étonné par le changement radical d'humeur de Karl. Comme s'il avait oublié qu'il avait parlé de son père. Sa mémoire ressemblait à une vague qui allait et venait, laissait des indices sur la grève, les submergeait, puis les abandonnait pour qu'ils restent là, bien en vue.

Ludger se demandait ce qu'il devait voir, conclure, dire, entendre. Il décida d'attendre un peu avant de questionner de nouveau son ami. Il avait lu la peur dans ses yeux. Peur de qui? De quoi? Ne se sentait-il pas en sécurité à la résidence?

Il soupira, reconnaissant que la notion de sécurité était mouvante à leur âge: comment peut-on être rassuré quand notre propre corps nous abandonne? Lui-même devait s'avouer sa fragilité. Il avait fait des, cauchemars après avoir vu Cardinale au supermarché. Ce dernier le pourchassait et il n'arrivait pas à courir pour lui échapper. Sa jambe raide, ses tremblements l'en empêchaient. Il ne s'était pas rendormi après ce mauvais rêve, en proie à une peur nouvelle, très différente de celle qu'il avait pu vivre sur le terrain. Une peur diffuse teintée d'amertume et de colère contre la vieillesse qui lui signifiait chaque jour davantage son impuissance. Et tous ces doutes qui l'assaillaient dorénavant, alors qu'il avait toujours su prendre rapidement des décisions. Il avait ainsi songé à faire des recherches sur la disparition du père de Karl, puis y avait renoncé. Si c'était vrai qu'il avait été assassiné, il ne pourrait que lui attirer des ennuis en fouillant dans son passé. De toute manière, il était certain qu'il avait agi en état de légitime défense. Et il y avait prescription après tout ce temps...

::

Sourire. Sourire, mais pas trop. Sourire à M. Gagnon, aux sœurs Lalancette, les saluer gentiment sans avoir l'air heureux. Les rassurer, mais s'assurer que si un policier l'observait de la fenêtre du bureau, il verrait un professionnel, un homme soucieux de toutes ces personnes qui vivaient à la résidence des Cèdres. Un homme responsable. Il avait bien fait de s'arrêter pour acheter un café qu'il ne boirait pas. Si jamais ses mains tremblaient, il pourrait en accuser l'arabica et l'émotion.

Qu'allaient donc lui demander les enquêteurs ? Que savaient-ils à cette heure ?

Il se répéta pour la centième fois qu'ils se seraient présentés chez lui s'ils avaient trouvé un indice l'incriminant. Mais c'était impossible. Impossible. Impossible. Il lui sembla pourtant que la femme qui discutait avec Marie-Louise lui jetait un regard suspicieux en lui tendant la main.

— Maud Graham, et voici mon collègue Michel Joubert. Nous sommes navrés de vous déranger, car...

— Il n'y a pas d'erreur ? Vous en êtes certaine ?

— Oui. Votre secrétaire est décédée hier soir.

Tout en secouant la tête comme s'il refusait d'entendre ces propos, Serge Larocque déposa le gobelet de café, s'approcha de Marie-Louise et de Gina qui le regardaient avec curiosité, mais qui comprirent à son expression que ce n'était pas le temps de faire un commentaire sur la disparition de sa barbe.

— J'ai l'impression d'avoir vieilli de cent ans ce matin, soupira-t-il. Il me semble que ce n'est pas... que Lydia ne peut pas être morte !

Il observa un moment de silence avant de se tourner vers le duo d'enquêteurs. Que pouvaient-ils lui apprendre? Voulaient-ils le suivre dans son bureau?

— Volontiers, fit Graham qui s'étonna en pénétrant dans le bureau du directeur que celui-ci ait acheté un café dans un commerce alors qu'il avait une machine à expresso à sa disposition sur une petite table en métal appuyée contre le mur. De grandes fenêtres laissaient entrer la lumière à profusion.

— Que savez-vous? s'enquit Larocque.

— Peu de choses. On a découvert le corps en début de journée.

— Mais on a pris un verre ensemble hier!

— À quelle heure?

— Vers dix-neuf heures. Cela nous arrivait à l'occasion.

Larocque fit mine d'hésiter quelques secondes, puis il se lança.

— Autant vous le dire tout de suite, Lydia et moi avons eu une courte relation quand je suis arrivé ici pour succéder à mon père. Il y a trois ans. On a vite préféré revenir à des rapports plus professionnels, mais nous sommes restés en bons termes. Nous allions parfois souper ensemble et voir un spectacle.

— Pourquoi vous êtes-vous séparés?

— Elle voulait des enfants. Pas moi. Je suis trop âgé.

Maud Graham ne quittait pas Larocque des yeux, était-il sincère ou non? Dans la quarantaine, la plupart des hommes ne se seraient pas sentis trop vieux pour être père. Nombre d'entre eux considéraient même la paternité tardive comme une belle preuve de leur vitalité, de leur virilité triomphante. Peut-être que Larocque n'avait trouvé que cet argument à opposer au désir de Lydia. Ou peut-être avaient-ils rompu pour une autre raison. Peut-être qu'elle l'avait quitté et qu'il n'avait pas apprécié. Graham esquissa une moue. Aurait-il attendu trois ans pour se venger? Aurait-il gardé Lydia à son poste de secrétaire s'il était furieux contre elle?

Graham n'avait conservé aucun lien avec Yves qui l'avait quittée des années auparavant, mais Alain, lui, avait continué à voir Johanne après la fin de leur liaison, en toute amitié. Elle s'en était inquiétée, au début de leur relation, mais après avoir rencontré Johanne, elle avait compris qu'elle avait tort. C'est une grande estime et une certaine forme d'humour qui les unissaient l'un à l'autre. Ils n'avaient pas envie de s'en priver. Et Graham, maintenant, préférait nettement que Johanne emmène Alain au restaurant ou à l'opéra quand il était à Montréal, plutôt que de le savoir avec une parfaite inconnue. Elle l'avait avoué à Alain qui depuis n'hésitait pas à la taquiner sur sa jalousie. Elle aimait qu'il se moque d'elle gentiment, mais cela l'agaçait aussi qu'il ne prenne pas son inquiétude au sérieux, qu'il ne comprenne pas que leurs sept ans de différence lui pesaient toujours.

— En quoi consistait le travail de Lydia? questionna Joubert.

— C'est… c'était ma secrétaire. Elle s'occupait de gérer mon agenda, des dossiers des résidents, des fournisseurs.

— Des fournisseurs?

— Literie, lessive, approvisionnement en cuisine, pharmacie. Il y a des tas de choses à gérer ici. C'est comme un hôtel, sauf que les gens restent plus longtemps. Et que nous connaissons plus précisément leurs besoins.

— Qui sont nombreux, je suppose, fit Maud Graham. Gérer un tel établissement doit être un casse-tête.

— Je suis bien entouré, répondit Larocque en passant de nouveau la main sur son visage. On travaille tous ensemble depuis plusieurs années. Contrairement à ce qui se passe dans plusieurs résidences, j'ai la chance d'avoir une équipe fidèle. C'est très rassurant pour les personnes âgées de ne pas avoir à se familiariser constamment avec du nouveau personnel. Un rien les bouleverse. Lydia me secondait aussi avec les visiteurs, les gens désireux de s'informer sur notre résidence.

Est-ce Larocque ou Lydia Francœur qui avait parlé à Nicole et à André Rouaix quand ils étaient venus visiter la résidence pour la mère de Nicole? Graham n'arrivait pas à déterminer si

Larocque récitait un texte ou s'il tenait à leur prouver que cette résidence était bien tenue, qu'on ne pouvait établir aucun lien avec un meurtre sordide. Elle avait noté que Larocque, à l'instar de Marie-Louise et Gina, n'avait pas insisté pour savoir comment avait été tuée leur collègue.

— On peut voir le bureau de Lydia Francœur? demanda-t-elle.

— Oui, bien sûr. C'est juste à côté.

Larocque saisit un trousseau de clés et précéda Graham et Joubert pour leur ouvrir. Ses mains tremblaient et il dut s'y reprendre à deux fois pour déverrouiller la porte.

— J'ai bu trop de café. Et quand Marie-Louise m'a téléphoné, j'ai eu tout un choc. Une chance que j'étais dans le stationnement, j'aurais pu avoir un accident. Ça ne me rentre pas dans la tête… mais vous êtes là…

Joubert jeta un coup d'œil au bureau : tout était parfaitement rangé, les stylos dans une tasse en céramique verte, l'agenda placé à droite de l'ordinateur, l'imprimante sur une table voisine, des classeurs derrière le bureau.

— Il faudrait que nous emportions son ordinateur et son agenda.

— Mais… je… tous les rendez-vous sont inscrits. Je ne sais même pas qui vient visiter la résidence, aujourd'hui.

— Et si vous photocopiez l'agenda pour connaître votre emploi du temps des prochains jours? suggéra Graham. On doit analyser le contenu de l'ordinateur, vérifier les notes que Mme Francœur a inscrites dans l'agenda, les numéros de téléphone.

— On doit remonter toutes les pistes, expliqua Michel Joubert. C'est une opération de routine.

— Mais les fournisseurs ne pourront pas communiquer avec nous, protesta Larocque.

— Ils devront vous téléphoner. Comme dans le bon vieux temps.

— On vous rendra l'ordinateur dès que nous le pourrons, l'assura Joubert.

Larocque leva les yeux au ciel, résigné.

— On peut regarder dans les tiroirs ? fit Graham en ouvrant le premier tiroir du bureau sans attendre la réponse.

Elle le referma et recommença l'opération avec les cinq autres, adressa un signe de tête négatif à Joubert. Larocque qui suivait tous leurs mouvements ne put s'empêcher de leur demander ce qu'ils cherchaient.

— Tout. N'importe quoi qui nous semblerait plus personnel. Son iPad, par exemple. Elle devait avoir un iPad, mais on ne l'a pas trouvé chez elle. Ni son ordinateur.

— Lydia n'avait pas de iPad. Pour son ordinateur, il me semble qu'elle m'avait dit qu'elle avait des problèmes. Peut-être qu'il est en réparation ?

— On vérifiera cela aussi, dit Graham en tendant l'agenda à Serge Larocque qui le feuilleta avant de s'approcher de la photocopieuse.

— Grosse journée ? questionna Joubert.

— Trois visites. J'espère que… Pensez-vous me rapporter l'ordinateur aujourd'hui ? Ce sera vous ou d'autres officiers ? Je n'aimerais pas que les résidents voient une voiture de police devant la résidence.

— Ni les visiteurs, je suppose, compléta Graham.

— Je vois que vous comprenez la situation. On ne voudrait inquiéter personne.

— Il faudra bien que vous appreniez aux résidents ce qui est arrivé à Lydia, lui rappela Joubert. Avant que les médias s'en chargent. Vous pouvez être sûr qu'ils viendront ici pour poser des questions.

Serge Larocque poussa un gémissement, découragé. La journée serait encore pire que ce qu'il craignait.

— Et nous devons discuter avec les résidents, ajouta Michel Joubert. Au cas où ils auraient remarqué un détail particulier, entendu quelque chose…

— Ça les perturbera ! protesta Larocque. Que voulez-vous qu'ils aient remarqué ? Il y en a le tiers qui ne reconnaîtraient même pas Lydia. Et elle ne travaille… travaillait pas avec eux. Elle n'était ni infirmière ni préposée, mais secrétaire.

Joubert fit semblant d'approuver Larocque ; s'ils pouvaient éviter tous ces interrogatoires, ils en seraient ravis, mais ils ne pouvaient rien négliger à ce stade-ci de l'enquête. Le moindre indice serait bienvenu.

— Le moindre indice ? Oui, je comprends, fit Larocque, beaucoup plus calme soudainement.

Il hocha la tête avant de dire qu'il était, comme tout son personnel, à la disposition des enquêteurs pour leur faciliter le travail lorsqu'ils devraient rencontrer les résidents.

— Pouvons-nous avertir personnellement nos résidents du drame ? Ce sera un gros choc. Vous pourrez vous entretenir avec eux plus tard. J'aimerais discuter de la situation avec le Dr Hébert qui les connaît bien, certains depuis des années. Il est arrivé ici à l'ouverture de la résidence.

::

Le 28 juillet, 15 h

Ludger Sirois écoutait avec stupéfaction ce que lui racontait Marie-Louise Tanguay. Elle avait frappé quelques minutes plus tôt à sa porte en disant qu'elle tenait à lui parler en premier. Puisqu'il avait fait partie de la Sûreté.

— Me parler de quoi ?

— Il y a eu un incident.

— Un incident ? répéta Ludger Sirois.

Il devinait que ce mot cachait une réalité bien plus grave. Sinon, Mme Tanguay n'aurait pas eu à s'efforcer de dissimuler son anxiété, elle aurait réussi à lui sourire.

— Mme Francœur a eu un accident. Elle est décédée.

— Lydia ?

Marie-Louise Tanguay soupira en acquiesçant. Hésitant à poursuivre, sachant qu'elle n'avait pas le choix, se doutant que

M. Sirois réagirait calmement, qu'il ne pourrait pas être impressionné comme le seraient d'autres résidents. Elle tenait à annoncer personnellement la nouvelle à chacun d'entre eux.

— Un accident de voiture?

Marie-Louise Tanguay secoua la tête, cherchant les mots justes. Elle vit Ludger froncer les sourcils avant de la questionner :

— C'est elle qu'on a trouvée, cette nuit? À la télévision, ce midi, on parlait d'un meurtre dans le parc du Bois-de-Coulonge.

— C'est Lydia. Les enquêteurs nous ont dit que son identité serait révélée d'ici peu. Son frère a été prévenu.

— Qu'est-ce qui s'est passé? fit Ludger en s'appuyant davantage sur sa nouvelle canne.

— Je l'ignore. Elle est partie d'ici comme d'habitude à dix-huit heures. Et ce matin, des enquêteurs sont venus nous rencontrer. Puis ce midi, il y avait l'annonce à la télé, sur Internet. J'ai bien peur que des journalistes tentent d'interroger les résidents. Sans parler des enquêteurs qui voudront vous rencontrer. Je peux compter sur vous pour m'aider à conserver un certain calme? Je sais que vous en avez vu d'autres dans votre carrière.

— Je ferai mon possible, promit Ludger Sirois. Vous direz aux enquêteurs que je suis à leur disposition.

— Je ne vois pas ce que nos résidents pourraient leur apprendre, fit Marie-Louise Tanguay d'un ton résigné. Ils seront trop bouleversés. Mais il paraît que chaque détail peut avoir son importance. Je leur ai bien dit que Lydia était secrétaire et que, même si elle vous connaissait tous, elle n'avait pas affaire directement avec vous, mais ils veulent interroger tout le monde. J'ai seulement eu la permission de vous prévenir de ce qui est arrivé. Vous préparer… Ils seront là demain matin.

— Je peux me charger de rapporter la nouvelle à Karl et à Aline Poirier, à Constance Cloutier, aux sœurs Lalancette, si vous voulez. Je sais comment aborder ce genre de sujet.

— Ce… c'est à moi de me charger de tout cela.

— Vous en avez suffisamment à faire. Et en plus, vous devez tout expliquer à votre remplaçante. Laissez-moi m'en occuper.

— J'imagine l'ambiance dans la salle à manger pour le souper, soupira Marie-Louise Tanguay. J'ai prévenu le Dr Hébert qu'on devra peut-être le faire venir. Il y aura trop d'agitation. Quelle semaine ! M. Lemay qui fugue hier soir, Lydia qui… J'ai l'impression que c'est un mauvais rêve.

— Tout rentrera dans l'ordre, madame Tanguay. Tout finit toujours par s'arranger. Et les enquêteurs ne resteront pas longtemps ici.

Marie-Louise Tanguay savait bien que ce ne serait pas aussi simple, mais elle lui fut reconnaissante de tenter de la réconforter.

Ludger Sirois l'accompagna dans le corridor jusqu'à ce qu'elle frappe à la porte de Gilbert Fournier. Il lui souhaita bon courage avant d'aller retrouver Karl. Tandis que Marie-Louise Tanguay lui rapportait le peu qu'elle savait de l'agression de Lydia, Ludger s'était rappelé les paroles de Karl : n'avait-il pas dit avoir vu la veille un homme battre une femme ? Se pouvait-il que… Il avait parlé d'un nazi. Et de son père. Et d'un homme barbu. Et qu'il n'avait rien fait. Où ? Quand ? Était-ce du délire ou non ?

Et est-ce que Léonard Cardinale était mêlé à cette agression ?

::

Le 28 juillet, 18 h

La télévision était allumée depuis des heures, mais Léonard Cardinale n'y avait jeté qu'un coup d'œil distrait. Il aimait le mouvement créé par la succession d'images qui meublaient la maison trop calme et la possibilité de changer de chaîne sans avoir à en discuter avec quiconque. Il avait regardé les prévisions météorologiques, même s'il n'avait aucune idée de ce qu'il ferait de sa soirée après avoir rencontré son agent de probation. Une des rares personnes avec qui il avait un semblant de discussion depuis sa sortie du pénitencier. Il parlait si peu que le son de sa propre voix l'étonnait presque lorsqu'il échangeait quelques mots avec les employés de la fruiterie ou de la pharmacie voisines. Ou lorsqu'il avait discuté la veille avec les Roy, qui habitaient la maison de M. Lemay. En fait, il les avait d'abord observés, tentant de deviner si les Lantier les avaient mis au courant de son passé, puis écoutés avec attention tandis qu'ils lui apprenaient que M. Lemay était toujours bien vivant, qu'il habitait à la résidence des Cèdres depuis plusieurs mois. Il avait remercié les Roy pour cette bonne nouvelle, allant jusqu'à leur confier que le peintre avait réalisé son portrait lorsqu'il était enfant. Il avait aussi appris que la famille Croteau avait déménagé dans l'Outaouais, qu'Hector Larocque avait fait un AVC et qu'il était mort quelques semaines plus tard. Léonard avait une folle envie de savoir ce qu'était devenu son fils, mais il s'était tu. Personne ne devait savoir qu'il pensait encore à Serge Larocque. Lui-même devait l'oublier dans l'immédiat. Il devait se fondre dans une vie quotidienne bien pépère, rassurer son agent de probation, pour qu'il voie en lui un homme qui voulait reprendre sa vie en main. Qui avait fait table rase du passé.

Il valait mieux penser à M. Lemay pour le moment. Il irait bientôt le saluer à la résidence des Cèdres. Il ne pouvait plus compter sur le hasard. Mais au fond, qu'est-ce que ça changerait ? Cardinale se versait une tasse de thé en se demandant s'il était trop optimiste en pensant que le peintre le reconnaîtrait, quand il vit une voiture de police apparaître à la télé. Il retint sa respiration quelques secondes avant de se décider à monter le volume de l'appareil. Quand il comprit qu'un meurtre avait eu lieu tout près de son quartier, il éteignit le téléviseur. Pour le rallumer quelques minutes plus tard pour en savoir davantage. Il passa d'une chaîne à une autre sans obtenir d'informations supplémentaires. Il se laissa tomber sur le canapé, se forçant au calme : on avait trouvé le corps d'une femme près de chez lui.

Oui, et alors? Il n'avait rien à voir avec ce meurtre. Il eut un frisson en songeant qu'il aurait pu découvrir le corps en faisant son jogging matinal. Il était passé non loin du parc.

Est-ce que des policiers viendraient lui poser des questions? Pour savoir où il était la nuit dernière? Le croiraient-ils lorsqu'il répondrait qu'il n'était pas sorti de chez lui après le départ de son agent de probation? Qui pourrait en témoigner?

Il déraillait. Pourquoi l'accuserait-on de ce crime? Il ne savait même pas qui était la victime. Aucun lien avec cette inconnue.

Mais si les enquêteurs avaient besoin d'un bouc émissaire, ils seraient bien tentés de lui confier ce rôle… Comment était-il possible que, au moment même où il revenait vivre dans ce quartier, un meurtre y soit commis? C'était un quartier calme, sans histoire. Qui aurait dû le rester. Une vague de colère submergea Léonard Cardinale: il détestait cet assassin qui attirait l'attention sur son quartier. Ce serait sa faute si les policiers débarquaient chez lui.

Devait-il évoquer le meurtre avec son agent de probation ou faire comme s'il ignorait tout de ce drame? Il ne savait jamais s'il parlait trop ou pas assez avec cet homme. Il avait appris à se taire au pénitencier, mais il ne fallait pas que sa réserve le classe comme asocial. Il devait prouver qu'il était à l'aise en société, qu'il pouvait en faire partie. Qu'il était réhabilité. Normal. Qu'il souhaitait vivre en paix. Qu'il n'avait aucune idée de vengeance.

::

Le 29 juillet, le matin

Maud Graham fixait l'horloge de la salle de réunion en songeant que près de trente-six heures s'étaient écoulées sans qu'aucun nouvel indice ne leur soit rapporté. McEwen et Nguyen, qui s'étaient chargés de l'enquête de proximité, avaient interrogé en vain des dizaines de personnes. Ce qui n'avait étonné aucun membre de l'équipe puisque le Bois-de-Coulonge était délimité par le large chemin Saint-Louis, que les voisins qui pouvaient avoir une vue sur ce parc étaient loin et que, de toute manière, le meurtre avait été commis dans un lieu à l'abri des regards.

— Les employés qui entretiennent le site n'ont rien remarqué de bizarre dans les jours précédant le meurtre, précisa Tiffany.

— Et personne ne connaissait la victime, personne ne l'a reconnue sur la photo. À croire qu'elle allait dans ce parc pour la première fois de sa vie.

— On a vraiment un trou dans son emploi du temps…

Graham tapotait les notes qu'elle avait prises: on savait que Lydia Francœur avait pris un apéro à la terrasse du Savini avec Serge Larocque, qu'il avait quitté les lieux avant elle après avoir réglé leurs consommations, qu'une amie l'avait rejointe ensuite, qu'elle avait bu à nouveau un verre de Pinot Grigio avant de partir avec son amie.

— Dont on ignore l'identité pour l'instant, précisa Nguyen. Elle a payé comptant. Je suppose qu'elle se manifestera dès qu'elle saura que Lydia Francœur a été tuée.

— Je l'espère, sinon on devra faire le tour de tous les restaurants de la ville pour savoir où ces deux femmes ont soupé. Et avec qui. À quelle heure. Ou lancer un appel à témoin…

Les enquêteurs échangèrent des regards lourds: ils savaient tous que ce genre d'opération leur vaudrait des heures de discussions au téléphone, qu'il faudrait vérifier tous les témoignages et qu'une bonne part de ceux-ci finiraient à la poubelle.

— On aura peut-être droit à un ou deux médiums, avança Tiffany McEwen.

— Ça ne me dérangera pas si l'information qu'ils nous donnent s'avère intéressante, plaisanta Joubert.

— Je me demande si ce que les techniciens ont ramassé sur la scène de crime nous mènera quelque part, fit Nguyen en relisant la liste des indices à haute voix. Cinq mégots de cigarette, un petit bâton de pastel rose, un bouton bleu, une pièce de monnaie, trois mouchoirs utilisés, une boucle d'oreille. Elle ne semble pas appartenir à Lydia Francœur, à moins qu'elle n'ait porté des boucles différentes à chaque oreille.

— Ce serait très surprenant. Ça ne cadre pas avec la manière dont elle était habillée.

— J'aimerais bien qu'il y ait des empreintes sur ce bijou, dit Graham, que ça nous mène à une criminelle fichée, qu'on l'interpelle et qu'elle avoue le meurtre de Lydia Francœur. Mais il faudrait qu'elle ait été beaucoup plus forte que Lydia pour la tuer.

— Je pense que la boucle appartient à Alice, fit Joubert. Elle a dû la perdre quand elle et son amoureux ont trouvé le corps.

— N'importe quelle passante peut l'avoir perdue, soupira Graham. Combien de personnes se promènent là chaque jour? En revanche, le bouton devait être cousu à la robe de Lydia, c'est le même ton de bleu.

Elle annonça qu'elle et Joubert retournaient à la résidence des Cèdres dès le lendemain matin, lorsque le téléphone de McEwen sonna. En voyant son visage s'éclairer, Graham se mit à espérer que son interlocuteur leur apportait une piste. Un petit peu d'espoir, c'est tout ce qu'elle voulait avant de rentrer chez elle. Il y eut quelques secondes de silence avant que Tiffany leur apprenne que le serveur du Savini avait parlé à une de ses collègues qui était en congé: elle avait non seulement reconnu Lydia, mais elle croyait savoir qui était la brune qui l'accompagnait. Les deux femmes avaient soupé au restaurant la semaine précédente et elles avaient réglé avec leur carte de crédit.

— Elle s'appelle Caroline Moutier, annonça Tiffany McEwen. On a même son numéro de téléphone. Je l'appelle tout de suite.

::

Le 29 juillet, vers 11 h

Le lilas du chemisier d'Aline Poirier ravivait son teint pâle et Maud Graham songea que Nicole, qui ressemblait beaucoup à sa mère, devait être rassurée en constatant que les années n'étaient pas trop cruelles envers elle. Aline Poirier était aussi élégante que dans le souvenir de Maud qui l'avait rencontrée à quelques reprises chez les Rouaix, et elle l'avait tout de suite reconnue.

— Je me doutais bien que tu voudrais me voir, dit-elle à Maud en lui faisant signe de s'asseoir à côté d'elle sur le canapé. Ici, c'est un peu la panique. Tout le monde parle de Lydia. Et probablement qu'on raconte n'importe quoi... Mourir si brutalement ! J'ai peine à le croire.

— C'est un choc, je n'en doute pas. Que pouvez-vous me dire sur Lydia Francœur ?

— C'était une femme décidée, très vive. Elle arrivait tôt le matin, prenait son café dans la salle commune, discutait avec l'infirmière et les préposés avant de s'enfermer dans son bureau. Elle était toujours de bonne humeur.

— Vous semblez l'avoir appréciée, remarqua Graham.

— Nous avions une passion commune pour le crochet. J'avoue que cela m'a étonnée, ce passe-temps n'est plus tellement à la mode. C'est sa grand-mère qui l'a initiée. Elle me demandait des conseils. Elle était douée. Elle aimait la détente que ce loisir lui procurait. Elle avait entrepris de crocheter une nappe. Ce qui est amusant, car elle n'aimait pas du tout cuisiner. Elle préférait les restos.

— Elle sortait beaucoup ?

— Elle aimait découvrir de nouveaux endroits avec ses copines. Les places à la mode, se mettre belle, sortir. Elle s'habillait avec goût. Je sais qu'elle aimait les matières nobles, le lin, le coton, la soie. Même au travail. Je ne l'ai jamais vue porter des matières synthétiques.

— Elle aimait plaire ?

Aline Poirier inclina légèrement la tête. Oui, Lydia était une femme qui aimait séduire, qui prenait soin d'elle, qui était fière.

— Je ne parle pas seulement de séduction envers les hommes. C'était une manière d'être avec tout le monde. Extrêmement aimable. Elle obtenait beaucoup des préposées et des infirmières grâce à ce talent naturel. Ce n'était pas une beauté au sens propre du terme. Ses traits n'étaient pas réguliers et elle était d'ailleurs un peu complexée par son nez trop fort, mais elle avait du charme.

— Il devait bien y avoir des hommes qui s'intéressaient à elle ?

— Elle n'était pas du genre volage, fit Aline Poirier en souriant. C'est aussi un mot qui n'est pas à la mode... Plutôt de mon époque. Je crois qu'elle était amoureuse, mais la situation semblait compliquée. Elle était très discrète. Et devait faire preuve de patience.

— Un homme marié ? avança Maud Graham.

— Non, je ne pense pas. Ils allaient ensemble au restaurant, si j'ai bien compris ses allusions. Je dirais plutôt un type hésitant à s'engager. Ils sont nombreux, si j'en juge d'après les histoires de cœur des préposées...

— Vous êtes vraiment au courant de tout ce qui se passe ici.

— J'ai tout mon temps pour écouter. Et observer. Déformation professionnelle. Cela m'occupe. Comme le crochet. Je me suis réjouie que cela intéresse Lydia, j'aime bien discuter avec des plus jeunes... Je crois que je représentais une figure maternelle pour elle qui ne s'était jamais entendue avec sa mère.

Graham se souvint que la mère de Nicole avait repris ses études lorsque ses enfants avaient commencé l'école et qu'elle avait exercé le métier de psychologue.

— Avez-vous entendu quelque chose de particulier à propos de Lydia ? Lui avez-vous parlé avant qu'elle quitte la résidence avant-hier ?

La vieille dame haussa les épaules. Non, rien n'avait attiré son attention sauf un détail.

— Lydia était un peu fébrile. J'ai supposé qu'elle avait un rendez-vous avec cet homme qui l'attirait. Elle m'a répondu qu'elle soupait tôt avec une de ses amies, car celle-ci avait des jumeaux qui s'éveillaient à l'aube. Puis elle a ajouté qu'elle prendrait un verre avec quelqu'un. Ce qui m'a frappée, c'est son air dubitatif. Comme si elle n'était pas certaine de passer une belle soirée. Les histoires d'amour sont souvent compliquées. Je suis heureuse que tout ça soit derrière moi.

— Elle n'aurait pas dit le nom de cet homme, par hasard ? demanda Graham en dissimulant l'étonnement que lui causait la dernière remarque d'Aline Poirier.

Maud Graham savait que la mère de Nicole avait perdu son mari assez jeune, et il était certes normal qu'elle ait eu une vie amoureuse par la suite, mais entendre ses parents, ou les parents d'amis proches évoquer des moments d'intimité lui faisait toujours une drôle d'impression. Ces aînés étaient pourtant des êtres de chair et de sang, avec des désirs, des passions. Et elle-même aurait un jour soixante-dix ans, quatre-vingts ans, quelle femme serait-elle alors ? Est-ce que tout changerait entre Alain et elle ?

— Non, répondit Aline Poirier. Cela m'a surprise, mais j'imagine que c'est quelqu'un de connu dont elle voulait protéger l'identité. J'ai pensé que cela pouvait être le fils d'Arlette Vézina, il est acteur. On le voit souvent à la télé. C'est dommage que Mme Vézina ne puisse plus le reconnaître. L'idée de ne plus savoir qui sont nos enfants est terrible…

— Le fils d'Arlette Vézina ?

— Olivier Vézina, très bel homme. Mais j'ai appris depuis qu'il est en tournage à l'extérieur du Québec.

— Est-ce qu'il y a beaucoup de résidents qui souffrent d'Alzheimer ?

— Une bonne partie, soupira Aline Poirier, mais la plupart sont dans l'autre aile et nous les voyons moins. Et il y a les intermédiaires. Ceux qui commencent à montrer des troubles cognitifs. Qui l'ignorent. Ou qui le nient. Je ne sais pas quelle serait mon attitude si un tel diagnostic tombait. Ludger Sirois a très peur que Karl Lemay doive changer d'aile. Il le couve et essaie de couvrir ses bévues, mais je vois bien que Karl cherche parfois ses mots. C'est peut-être pour cette raison qu'il est si réservé. Ludger Sirois dit qu'il a toujours été discret, mais M. Lemay doit trouver humiliant ou angoissant d'oublier des mots et choisir de se taire. Il n'a pas été diagnostiqué Alzheimer à son entrée ici, mais Lydia avait noté qu'il avait changé. C'est certain qu'il verra inévitablement un spécialiste. Et ça, Ludger Sirois s'en doute bien. Son studio est situé juste en face de celui de Karl Lemay… et je sais que M. Lemay a déjà confondu son studio et celui de M. Sirois. Heureusement que M. Sirois gère ses médicaments. Comme ça, M. Lemay ne prend pas des comprimés qui ne lui sont pas destinés…

— Cela pourrait arriver ?

Aline Poirier désigna le boîtier de pilules de plusieurs couleurs sur sa table de chevet.

— Nous avons tous notre pilulier, indiquant les jours, les doses pour éviter qu'on se trompe. Je parle évidemment des résidents qui n'ont pas de troubles cognitifs importants, sinon ce sont les préposées qui se chargent d'apporter les comprimés et s'assurent que les patients les prennent.

Elle garda le silence durant un moment avant de faire remarquer à Maud Graham qu'elle avait employé le terme de « patients » au lieu de résidents.

— C'est étrange. Nous ne sommes pas malades. La vieillesse n'est pas une maladie. Et pourtant si. Elle nous fragilise. Elle érode tout. Les os se brisent, le cerveau fuit.

Graham hésita à répondre. Elle n'imaginait pas mentir en prétendant qu'il y avait de bons côtés à prendre de l'âge, alors que cette perspective la terrorisait, alors qu'elle redoutait qu'Alain, étant plus jeune qu'elle, se voie contraint de la soigner. Elle jeta plutôt un coup d'œil à son calepin, repéra le nom de Ludger Sirois.

— Madame Tanguay m'a appris qu'il travaillait autrefois à la Sûreté du Québec.

— Oui, et on est tous au courant ici, dit Aline Poirier d'un ton malicieux.

— Vraiment?

— Il aime nous raconter ses aventures. Et je ne doute pas qu'il a vécu des situations périlleuses, mais peut-être qu'il embellit un peu ses récits. Et toutes ces menaces qui ont plané sur lui. J'ai l'air de me moquer de lui, mais je l'aime bien, même s'il se répète, lui aussi. Probablement que cela m'arrive également. On retourne volontiers dans le passé qui nous semble plus souriant… Pour revenir à Ludger Sirois, sa sollicitude envers son vieil ami me touche. Ils sont très différents. Ludger se lie facilement, alors que Karl est très réservé, très secret. Il mange rarement à la salle à manger, même si Ludger insiste. Mais, étonnamment, ils se ressemblent physiquement. On dirait des frères. Cela leur a fait plaisir quand je le leur ai dit. Je crois que Karl a aidé Ludger à surmonter le deuil de son épouse. C'était un couple très uni. Ils ont vécu ensemble durant plus de quarante ans.

— Nicole et André sont en bonne voie de les rejoindre, commenta Graham.

— Tu t'habitues à l'absence de mon gendre? demanda Aline Poirier.

— C'est une bonne chose pour vous qu'il soit à la retraite. J'ai cru comprendre qu'il vous a aidée à déménager ici. Vous vous plaisez à la résidence?

Aline acquiesça en notant que Maud avait évité de répondre à la question. Son partenaire lui manquait, mais le temps ferait son œuvre.

— On entend toutes sortes de choses inquiétantes sur les résidences pour personnes âgées, mais ici, c'est bien tenu, même s'il y a d'inévitables ratés.

— Des ratés? fit Graham.

— Les employés sont fidèles, c'est un atout considérable pour un endroit comme celui-ci et cela rassure tout le monde, mais les besoins sont grands. Les préposés ne peuvent être partout à la fois. Il y a des ailes où le travail est plus exigeant. Tout surveiller n'est pas si simple.

— Que voulez-vous dire par surveiller ? Par exemple ?

— Des résidents qui « empruntent » des objets, des vêtements d'un autre résident. Ou qui développent des manies. Qui vident leur garde-robe pour faire du ménage, mais laissent tout en plan, se lèvent en pleine nuit ou qui se perdent. Comme Karl Lemay, qui a disparu avant-hier toute la soirée. Personne ne savait où il était, pas même Ludger Sirois. Je crois qu'il lui en veut un peu. Ils boudaient tous les deux ce matin. Et M. Schmidt qu'on a installé dans notre aile alors qu'il souffre visiblement d'apraxie.

— D'apraxie ?

— Difficulté à faire certains gestes. Et il a manifestement perdu la mémoire antérograde, il ne sait pas quel jour nous sommes, mais il se souvient parfaitement de plusieurs chansons. En anglais, en français et même en allemand.

— Est-il plus confus que Karl Lemay ?

— Je ne suis pas médecin, et comme Ludger gomme les erreurs de Karl, c'est délicat d'évaluer son état. Mais non, Karl n'est pas aussi atteint que M. Schmidt. Il continue à dessiner tous les jours, ses propos sont plutôt clairs, il échange des souvenirs précis avec Ludger quand nous nous assoyons dans la balançoire. C'est son rituel, la balançoire. Il s'y installe tôt le matin et à la fin de l'après-midi. Cela l'apaise. Car il est anxieux, c'est sûr… et il y a cette manie de triturer ses vêtements qui m'inquiète.

— Pourquoi ?

— Les patients qui souffrent d'Alzheimer ont parfois ce geste récurrent qui traduit leur angoisse. Cela doit être si terrible de sentir que le monde nous échappe… C'est le cas d'Eric Schmidt, selon moi. Il ne devrait pas être dans notre aile. Il semble ignorer où il est, la moitié du temps. Il reste dans son fauteuil à regarder droit devant lui. Il n'y a qu'à la chorale et aux repas qu'il s'anime un peu. Où il mange de tout sans problème, d'après ce que son fils a raconté à Mme Tanguay. Je te passe les détails. J'ai parfois l'impression que nos tubes digestifs sont un sujet d'intérêt national... Heureusement que je m'évade avec la lecture. J'ai même converti Lydia. Elle ne lisait pas beaucoup, mais j'ai réussi à la faire changer d'avis en lui proposant les bons romans.

— Quel genre de romans? fit Maud Graham.

Elle était gênée de ne pas montrer plus de curiosité littéraire. Alain aimait lire, Joubert et McEwen aimaient les biographies, mais elle ne parvenait pas à s'asseoir durant des heures pour se plonger dans un bouquin. Les romans d'amour lui paraissaient irréalistes, la science-fiction l'ennuyait et les polars ne lui changeaient pas vraiment les idées. Et c'était bien le but de la lecture, non? Oublier son quotidien? C'était une chance qu'Aline Poirier puisse se réfugier dans la fiction.

— Lydia aimait les romans policiers, les histoires de meur...

Aline Poirier se tut, repensant à l'assassinat de Lydia.

— C'est insensé, finit-elle par murmurer.

— Elle n'a jamais évoqué de conflit avec quelqu'un? D'un ex qui lui aurait causé des ennuis?

— Jamais.

— Ou d'une rivale?

— Une rivale? Elle avait du charme, bien sûr, mais ce n'était pas une beauté fatale qui suscite l'envie...

— Et cet homme dont elle taisait le nom? Que pouvez-vous me dire de plus sur lui?

— Rien. Il n'était pas assez présent pour Lydia. Elle m'a déjà dit qu'elle avait ses soirées libres pour crocheter...

— Pourquoi pensez-vous alors qu'il n'était pas pris ailleurs?

— Parce qu'on a déjà discuté d'un film où l'héroïne s'éprenait d'un homme marié et Lydia avait déclaré que c'était vraiment idiot de sa part, qu'elle serait la grande perdante dans cette histoire.

Aline Poirier fit une pause, l'ombre d'un sourire éclaira son visage avant qu'elle reprenne :

— La vérité, c'est que la vie n'est pas si simple, mais Lydia est... était encore jeune. On a des idées très arrêtées, parfois. De ce qui est bien et de ce qui est mal. Alors que l'existence se déroule surtout dans des zones plus floues, plus mouvantes.

— Elle était vraiment amoureuse ou c'était un flirt ?

— Ce n'était pas un flirt. Je dirais une passion contrariée, elle voulait plus de cet homme. Elle voulait y croire. Elle m'a montré un bracelet qu'il lui a offert pour son anniversaire. Elle disait qu'il devait tenir à elle, sinon il ne lui aurait pas fait ce présent. Mais j'ai senti qu'elle en doutait.

— Un bracelet ?

— En argent, avec des turquoises. Pour s'accorder aux yeux de Lydia. C'est ce que son amoureux lui a dit.

— Vous n'êtes pas convaincue.

— Non. Toutes ces cachotteries ne me disaient rien qui vaille. Cet homme n'arrivait pas à se décider. Parce qu'il hésitait entre Lydia et une autre femme ? Parce qu'il voulait juste s'amuser ? Lydia me parlait de lui en souriant, mais, au fond, elle essayait de se convaincre que tout allait bien, que la situation lui convenait, alors que ce n'était pas le cas. Elle était amoureuse, oui, mais il la décevait. Et aimer sans estimer teinte une relation d'amertume. Il faut de l'admiration dans un couple... Elle le trouvait beau, elle me l'a dit plus d'une fois, mais la beauté n'a rien à voir avec le respect et l'amour. C'est plutôt un aimant qu'un ciment.

— Est-ce que Lydia aurait pu avoir des raisons de craindre ce mystérieux inconnu ?

Aline Poirier pianota de sa main gauche sur la roue de son fauteuil roulant, finit par secouer la tête ; non, Lydia n'avait pas peur de cet homme. Mais peut-être qu'elle s'était trompée à son sujet.

— Une femme amoureuse n'est pas toujours lucide. Je suis désolée de ne pas t'en apprendre davantage, mais je ne vis ici que depuis quelques mois.

— Et avec les autres membres du personnel ?

— Les gens s'entendaient bien avec elle.

— Avez-vous remarqué un détail en particulier, pas nécessairement relié à Lydia, mais qui vous aurait étonnée à la résidence ?

— Non, à part l'escapade de Karl Lemay. Je ne sais pas ce qu'il a raconté pour expliquer son retour tardif. Lui-même ignore peut-être ce qui lui est arrivé. Il dessinait dans la cour, mais on a trouvé son carnet près des balançoires. Pourquoi l'a-t-il laissé là ? J'ai pu voir ses dessins, ils sont remarquables, on devine la brise qui soulève les pétales des fleurs. C'est extrêmement vivant, je suis heureuse pour lui qu'il soit encore capable de dessiner.

— Même s'il est parfois confus…

— Ici, les gens racontent des tas de choses. C'est très difficile de trier le vrai du faux quand on ne connaît pas notre interlocuteur depuis un bon moment. Comment savoir ? Ludger Sirois doit exagérer un peu avec toutes ses aventures et, à écouter les sœurs Lalancette, on jurerait qu'elles ont fait une carrière enviable dans la chanson. Mme Beaulieu nous a confié que sa fille vend de la drogue. J'ai vu sa fille et cela m'étonnerait beaucoup. À la résidence, les récits sont très fantaisistes… Tu devras douter de tout ce qu'on te racontera.

— C'est toujours ce que je fais. Comme Rouaix me l'a enseigné.

— Cher André, soupira Aline Poirier. Essaie de le convaincre de partir en voyage avec ma fille. Ils n'osent pas à cause de moi, mais je me porte comme un charme.

— Votre cœur…

— Mon cœur fonctionne au ralenti, et alors ? Ça ne changera rien que Nicole et André se privent de voyager au cas où il s'arrêterait. Il cessera de battre quand mon heure sera venue, point final. Je compte sur toi !

Maud Graham quitta Aline Poirier en songeant qu'elle aimerait bien être aussi lucide lorsqu'elle atteindrait ses quatre-vingts ans. Elle consulta ensuite la liste des résidents, repéra le numéro d'appartement de Ludger Sirois avant d'envoyer un texto à Tiffany McEwen : le bracelet que portait Lydia Francœur au moment de sa mort lui avait été offert par un homme. Il fallait tenter de retracer l'origine du bijou.

:::

Maud Graham n'eut pas à frapper à la porte de Ludger Sirois, elle était entrebâillée et il l'ouvrit dès qu'il devina sa présence. Il lui tendit une main ferme. Il avait une poigne solide malgré ses tremblements.

— Vous êtes seule ? s'étonna-t-il. Marie-Louise m'a parlé de plusieurs enquêteurs… Je suppose que vous vous êtes partagé la liste des résidents. Ça en fait un bon paquet à rencontrer. Mais vous en éliminerez plusieurs rapidement. Marie-Louise doit vous avoir informé des problèmes de certains résidents.

— Elle l'a fait en s'efforçant de préserver votre intimité.

— Je n'ai rien à cacher, fit Sirois d'une voix sonore en invitant Maud Graham à s'asseoir sur la chaise berçante.

Il avait décidé d'être aussi franc qu'il le pourrait sans nuire à Karl. Même s'ils s'étaient disputés la veille quand il lui avait parlé de Léonard Cardinale, de cette étrange coïncidence entre son arrivée dans le quartier et le meurtre de Lydia Francœur. Ludger avait alors appris que Karl connaissait très bien Léonard et ses parents qui étaient ses anciens voisins. Lorsqu'il lui avait rappelé que c'était tout de même un assassin, Karl avait pris sa défense, l'avait traité de tyran. Tyran ! Il avait un goût amer dans la bouche depuis cette dispute. Sa première confrontation avec Karl. Ils s'étaient reparlé dans la matinée, mais avaient évité de revenir sur ce sujet sur lequel ils ne pourraient jamais s'entendre. Pour Karl, Cardinale était un jeune qui avait mal tourné, mais qui avait un bon fond. D'après sa mère, il avait changé au pénitencier, s'était mis à étudier. Pour Ludger, Cardinale demeurait un criminel qui avait tué un pauvre vieux après avoir commis une série de vols à main armée. Et même s'il avait laissé entendre que cette coïncidence n'en était peut-être pas vraiment une, Ludger savait très bien que ces suppositions ne signifiaient pas que Cardinale avait tué Lydia Francœur. Quand il avait de nouveau questionné Karl sur ce qu'il avait fait ce soir-là pendant que tout le monde s'inquiétait de son absence, quand il avait voulu en savoir davantage sur ce barbu qu'il avait mentionné, Karl avait dit qu'il ne se rappelait plus ce qui s'était passé. Mais il avait fui son regard et cette dérobade n'avait pas échappé à Ludger. Que cela plaise ou non à Karl, il parlerait de Léonard aux enquêteurs. Il soupira avant d'offrir un café à Maud Graham. Il aurait préféré que la Sûreté s'occupe de cette enquête, mais il se rappelait avoir lu le nom de cette enquêtrice lorsqu'elle avait dû arrêter un de ses hommes. Même si cela remontait à plusieurs années, il se souvenait parfaitement de l'avoir plainte : pour rien au monde, il n'aurait voulu avoir une pomme pourrie dans son équipe.

— C'est gentil, j'ai déjà bu trop de café, ce matin.

— Vous avez eu droit à l'expresso de M. Larocque, j'imagine ? Il aime en proposer aux visiteurs. Montrer qu'il a de la classe.

— C'est le cas ?

— Je le suppose. Il soigne son apparence. Mais je ne suis pas une femme.

— Et si vous étiez une femme ?

— Peut-être que j'aimerais le genre carte de mode.

Graham qui avait noté la qualité du veston de Larocque fut intriguée par le ton ironique de Sirois.

— Les résidentes aiment beaucoup M. Larocque ?

Ludger leva les yeux au ciel.

— Ou Mme Tanguay, Mme Francœur ? Catherine, Gina, Émilie ?

— C'est leur patron.

— Un bon patron ?

— Il ne doit pas être trop mauvais, puisque Marie-Louise et Catherine sont ici depuis des années. Elles étaient déjà à la résidence du temps de Hector Larocque, le père.

— Et Lydia ?

— Lydia était ici depuis six ans. Qu'est-ce qui lui est arrivé ? Marie-Louise ne m'a pas donné beaucoup de détails. Je suppose qu'elle ne vous en a pas demandé.

— Effectivement, convint Graham. Je n'aurais pas pu lui en fournir, de toute manière. Nous avons peu d'informations pour le moment.

— Lydia a été étranglée, d'après ce que j'ai lu dans le journal. C'est intime, la strangulation. Passionnel.

— Ou circonstanciel.

— Parce que le meurtrier n'avait pas d'autres moyens à sa portée.

— On ignore tout de lui.

— Il faut donc s'intéresser à elle. Chercher qui pouvait lui en vouloir. Vous ne pensez pas qu'elle s'est trouvée à la mauvaise place au mauvais moment ?

— Peut-être. Dans ce cas, elle aurait pu être tuée parce qu'elle a été témoin d'une chose qu'elle n'aurait pas dû voir. Quoi ? Qu'est-ce qu'elle aurait pu découvrir dans ce parc ?

— Et la plupart du temps, dit Ludger Sirois avec assurance, il y a un lien entre le meurtrier et sa victime.

— Effectivement.

— Je pense qu'un criminel vit tout près du parc. Qu'il est revenu s'installer dans la maison familiale.

— Un criminel ?

— Léonard Cardinale. Vols à main armée avec effraction, meurtre au deuxième degré. Il sort du pénitencier où je l'avais envoyé. J'ai cru le reconnaître au supermarché.

— C'est possible.

Ludger Sirois dévisagea Maud Graham, crut deviner qu'elle savait que Cardinale avait emménagé dans le quartier, qu'elle avait vérifié son alibi comme elle avait dû le faire pour tous les délinquants qui habitaient dans la région, mais qu'elle ne voulait pas lui en dire plus pour le moment.

— C'est moi qui l'avais arrêté, à l'époque. Dans ce temps-là, Cardinale avait une moustache et aujourd'hui il a une barbe, mais je suis certain de l'avoir reconnu.

— On se souvient des assassins, avança Graham en échangeant cette fois un regard de complicité avec Ludger Sirois avant de lui demander de lui relater cette arrestation.

— Je ne sais pas s'il a toujours envie de me tuer comme il l'avait juré quand je l'ai coincé et ça ne m'empêchera pas de dormir. Mais pour en revenir à ce qui s'est passé au parc, si l'alibi de Cardinale est bon et que ce n'est pas lui qui s'en est pris à Lydia Francœur, c'est peut-être le barbu que Karl semblé avoir vu ce soir-là.

— Karl Lemay? dit Graham sans avoir besoin de consulter ses notes. Le prénom orthographié avec un K avait attiré son attention. Le résident qui s'est perdu?

— Perdu! Perdu? protesta Sirois. C'est un peu exagéré. Il est sorti pour dessiner, il s'est éloigné de la résidence, il a eu un peu de difficulté à retrouver son chemin. Cela ne fait pas aussi longtemps que moi qu'il est ici. C'est possible qu'il ait simplement voulu retourner chez lui et se soit trompé. On habitait près d'ici.

— Il était donc désorienté, mais il a tout de même pu se souvenir de ce qu'il avait vu. Que vous a-t-il raconté?

— Qu'un homme avait battu une femme. Un barbu.

— Un barbu? s'enquit Graham en se rappelant qu'on avait prélevé des poils sur la robe de Lydia Francœur et qu'Alain avait bien dit que ce n'étaient pas des cheveux. Où l'a-t-il vu?

— Je suppose que c'était dans le parc où on a trouvé Lydia.

— Vous supposez…

— Écoutez, s'impatienta Sirois, Karl était un peu confus hier quand il m'a reparlé de la soirée. Il avait mal dormi, fait des cauchemars.

— Est-ce qu'il aurait pu avoir rêvé à ce barbu ?

— Il m'a dit qu'un homme maltraitait une femme, répéta Ludger. Karl est un homme brillant, un peintre important, connu, qui…

— C'est lui qui a peint ces toiles ? dit Graham en désignant le mur du studio. On dirait que ces poissons viennent d'être pêchés. Mon conjoint serait heureux de les voir.

— Il aime la pêche ?

— Non, les musées.

— Alors il connaît sûrement Karl.

— Je vais interroger personnellement M. Lemay, promit Graham. Est-ce que vous avez remarqué quelque chose de différent au cours des derniers jours, des dernières semaines dans le comportement de Lydia ? Ou ici, à la résidence ?

— Un détail qui pourrait vous aiguiller vers une piste ? fit Sirois. Non, malheureusement pas. J'y ai bien réfléchi depuis l'annonce du meurtre de Lydia et rien ne me vient à l'esprit. On doit cependant vous avoir dit que les résidents ne la côtoyaient pas beaucoup. Elle travaillait dans son bureau. On la voyait chaque matin à la salle à manger, puis elle disparaissait, on la croisait quand elle quittait la résidence en fin de journée. Toujours souriante, se souvenant du nom de chacun d'entre nous.

Ludger Sirois observa quelques secondes de silence avant de murmurer que plusieurs d'entre eux n'avaient pas la mémoire de Lydia et avaient oublié jusqu'à leur propre nom.

— J'espère que M. Lemay se souviendra de ce qu'il a vu le 27 juillet, fit Graham en prenant congé de Ludger Sirois. Si quelque chose vous revient à l'esprit…

— Je vous appellerai sans faute, mais je connaissais peu Lydia. À part le café du matin… Et encore, elle discutait avec les employés, les infirmières, le médecin quand il était là.

— Et Serge Larocque, je suppose.

— Pas vraiment. Ils se parlaient plutôt dans son bureau.

En refermant la porte derrière Maud Graham, Ludger Sirois éprouva un désagréable sentiment de rejet. Cette femme lui avait certes demandé son avis sur Lydia, sur la vie à la résidence, avait sollicité sa mémoire, mais une enquête avait lieu dans ces murs où il vivait depuis des mois et il n'y participait pas. Était-il si inutile ? Comment apporter des éléments probants à cette enquête, prouver que son flair était intact ?

Il n'aurait pas dû révéler à Maud Graham que Karl avait vu un homme agresser une femme. Il aurait dû suivre sa première idée et garder cette information pour lui, l'analyser, puis servir ses conclusions sur un plateau d'argent à cette enquêtrice.

6

Le 29 juillet, 11 h 45

Serge Larocque hésitait. Devait-il quitter son bureau où il faisait semblant de travailler pour aller discuter avec Marie-Louise Tanguay des enquêteurs qui interrogeaient les résidents, pour savoir s'ils en avaient bientôt fini? Ou devait-il, au contraire, rester devant son ordinateur pour signifier que la vie continuait malgré le drame, qu'il avait une résidence à administrer, qu'il donnait l'exemple en gardant son calme et en agissant comme à l'ordinaire? Il s'étonnait d'avoir pu boire autant de café avec Marie-Louise, Gina et Catherine sans trahir son trouble. Depuis hier matin, il jouait son rôle de directeur attentionné avec assurance, répétait à tous les employés qu'ils ne devaient jamais hésiter à venir frapper à sa porte pour parler du drame s'ils en ressentaient le besoin. C'était valable pour tous les gens qui travaillaient à la résidence des Cèdres, du cuisinier à l'infirmière, de la préposée engagée pour les remplacements de l'été au responsable des activités. Ils étaient là les uns pour les autres, comme une famille. Pour se soutenir. Et pour veiller à ramener le calme auprès de leurs chers résidents que les questions des enquêteurs ne manqueraient pas de bouleverser.

Après avoir fait mine de s'inquiéter de ces interrogatoires, il avait bien évidemment laissé les enquêteurs discuter avec les résidents: tant qu'ils peineraient à en apprendre davantage sur Lydia, ils se détourneraient de lui. Ils n'avaient toujours pas rapporté l'ordinateur de Lydia, était-ce normal ? Quand, après être allé chez Lydia récupérer son ordinateur personnel, il s'était introduit dans la résidence pour vérifier s'il y avait des éléments compromettants dans l'ordinateur qu'elle utilisait au bureau, il n'avait rien décelé d'inquiétant. Mais dans l'état de stress où il était, avait-il pensé à tout ? Il n'avait vu aucun courriel un tant soit peu équivoque le concernant. Lydia semblait avoir utilisé l'ordinateur uniquement pour le travail, commandes, factures, comptabilité, tableaux comparatifs, gestion du personnel, horaires, organigrammes. Il avait néanmoins passé les dossiers en revue rapidement, peut-être trop, craignant à tout moment qu'une des préposées de nuit vienne par un malheureux hasard dans l'aile de l'administration. Ce n'était pas arrivé, heureusement. Il était rentré chez lui et s'était douché longuement, après avoir avalé d'un trait un verre de scotch. Il avait jeté des vêtements sur l'ordinateur personnel de Lydia caché au fond du garde-robe tout en se disant qu'il était ridicule.

Trente-six heures plus tard, il se répétait que personne n'irait récupérer l'ordinateur qu'il avait balancé dans la rivière Saint-Charles et que celui du bureau ne devait pas receler de mauvaises surprises, sinon les enquêteurs seraient revenus l'interroger ce matin au lieu de consacrer leur temps aux résidents. Ceux-ci ne représentaient aucun danger : Lydia n'avait certainement pas fait de confidences à ces vieillards sur leur liaison. Son seul et unique souci venait de sa bande d'amies. Si l'une d'entre elles évoquait leur relation, il dirait qu'effectivement ils avaient flirté, mais que cette histoire ne s'était pas prolongée. Si cette amie prétendait le contraire, il jouerait la surprise ; comment seraient-ils restés amants sans que personne s'en aperçoive à la résidence ? Durant des mois ? Il reparlerait de son désir d'enfant, de son refus catégorique, de leur rupture consensuelle. De l'amitié qu'ils avaient conservée l'un pour l'autre.

Il regarda l'écran de son ordinateur, 11 h 50. Les enquêteurs devraient bientôt cesser d'interroger les résidents pour leur permettre de dîner; devait-il leur offrir de manger avec lui à la salle à manger comme il le faisait deux fois par semaine ou cette proposition leur paraîtrait-elle suspecte? Il fixa ses mains durant quelques secondes, il avait coupé ses ongles après avoir rasé sa barbe, car un d'entre eux s'était brisé pendant qu'il essayait de faire taire Lydia. Ou quand il avait ramassé la pierre. Ou quand il avait ouvert la portière de sa voiture? Ou quand il était rentré chez lui. Ou avant. Ou plus tard. Comment savoir quand cet ongle s'était cassé?

Et si on l'avait retrouvé?

Si des techniciens étaient en train de l'observer au microscope? Il ne pouvait détacher son regard de ses mains, ces mains qui avaient serré trop fort le cou de Lydia Francœur. Elles lui semblaient étrangères, douées d'une vie propre. C'est probablement pour cette raison qu'elles n'avaient pas tremblé devant les enquêteurs. Ses mains n'avaient peur de rien. Ses mains savaient tuer. Découper un orignal sans frémir, tordre un cou. Ses mains lui étaient fidèles. Contrairement à Lydia qui s'était moquée de lui, qui avait dénigré ses projets pour la fondation. Alors que lui ne l'avait jamais humiliée avec son accent si rural. Elle faisait de gros efforts pour s'exprimer correctement, mais elle n'avait pas eu la même éducation que lui. Il lui manquerait toujours un certain vernis. Il ne le lui avait jamais fait remarquer.

Elle n'aurait pas dû le provoquer en se moquant de lui, en parlant d'Antoine. Elle n'était pas dans son état normal, ce soir-là. Si elle n'avait pas bu autant, rien de tout cela ne serait arrivé. Il avait peut-être manqué de contrôle, mais c'est elle qui avait perdu toute réserve en premier, qui s'était mise à dire n'importe quoi. C'est tellement vulgaire, une femme qui boit.

::

Le 29 juillet, début d'après-midi

Après que Marie-Louise Tanguay l'eut présentée à Karl Lemay, Maud Graham constata qu'il ressemblait beaucoup à Ludger Sirois, même si les yeux de l'artiste étaient plus clairs. Et surtout très doux, contrairement à ceux de l'ex-capitaine de la Sûreté qui étaient perpétuellement à l'affût. Sa voix aussi était douce, alors que Sirois s'exprimait avec la fermeté d'un homme habitué à commander. Lemay l'observa un moment comme s'il la jaugeait en tant que modèle. Graham se redressa, rentra le ventre, s'en trouva parfaitement ridicule, tandis qu'il l'invitait à s'avancer dans la pièce. Elle eut une pensée pour Alain ; il aurait aimé voir cette table où s'amoncelaient des dessins qui dissimulaient à moitié les crayons de toutes tailles, le grand cahier à spirale, les petits carnets, le portrait d'une femme, un fusain, sur le chevalet dressé devant la fenêtre. Elle s'immobilisa quelques secondes devant le portrait, nota la précision des traits, la sûreté des lignes et se réjouit pour l'artiste qu'il ne soit pas atteint de la maladie de Parkinson comme Ludger Sirois. Alain lui avait dit qu'Auguste Renoir souffrait terriblement d'arthrite rhumatoïde : à la fin de sa vie, on devait attacher les pinceaux à ses mains à l'aide de bandelettes. Il avait eu la chance d'avoir une famille aimante, un entourage qui l'aidait, qui préparait ses couleurs, mélangeait les huiles, nettoyait les brosses ou les pinceaux. Karl Lemay semblait se débrouiller seul. Elle nota qu'il n'y avait aucun tube de couleur sur la table ni ailleurs. Avait-il renoncé à peindre ?

— C'est compliqué, depuis que je suis ici. Pas assez de place. L'odeur m'étourdirait. Je n'aurais sûrement pas le droit, de toute manière. Question de sécurité.

— De sécurité ? fit-elle en notant que Lemay froissait et défroissait constamment son mouchoir.

Un mouchoir en tissu, comme son père. Ils n'étaient plus très nombreux à en utiliser, aujourd'hui.

— Les produits inflammables comme la térébenthine, répondit Karl. J'ai toujours travaillé avec de la térébenthine. Ça me manque un peu. Mais je dessine, comme je le faisais avant. Dans ma jeunesse.

— Vous viviez où ? s'enquit Graham en remarquant cette fois que Lemay s'exprimait par phrases courtes, avec un débit un peu hachuré. Il avait un accent très léger, et elle n'arrivait pas à deviner d'où il était originaire.

— Loin d'ici. Les *States*. Mais j'habite au Québec depuis des années. Ma mère venait d'ici.

Il y eut un silence qui se prolongea, puis Graham regarda Karl Lemay.

— Vous savez que Mme Francœur est décédée ?

— Mme Francœur ?

— Lydia Francœur.

— Ah ? Lydia, murmura Karl Lemay. Oui, Lydia est morte. Ludger me l'a dit. C'est moi qui aurais dû mourir à sa place.

— Pourquoi ?

Lemay hésita un moment avant de répondre qu'elle était trop jeune. Il s'essuya les yeux. Maud Graham supposa que ces larmes étaient causées par l'émotion, mais elle n'en était pas certaine, se souvenant de sa grand-mère paternelle qui se tamponnait toujours les yeux, comme si elle était gênée en permanence par un corps étranger.

— Vous l'aimiez bien ?

— Elle était toujours en mouvement.

— Vous voulez dire qu'elle était active ?

— Comme une mésange. Elle se posait à la salle à manger, se relevait, s'assoyait. Puis elle repartait parler à quelqu'un. Puis elle se rassoyait. Buvait son café. Riait. Se relevait encore. Partait à l'autre étage. Toujours par les escaliers. Jamais l'ascenseur. Tout le contraire d'un chat.

Maud Graham sourit au peintre avant de citer Jules Renard : « L'idée du calme est dans un chat assis. » Karl Lemay se tamponna de nouveau les yeux tout en souriant. Il se dirigea vers le fond de la pièce, fouilla dans une série de toiles appuyées contre le mur, revint vers Graham et lui tendit un tableau représentant un gros chat gris. Elle eut un hoquet de surprise, le félin était le sosie parfait de son chat Léo qu'elle avait tant aimé.

— J'ai eu un chat gris, dit-elle. Il s'appelait Léo, pareil à celui-ci.

— C'est Turner. Il est mort à dix-neuf ans. Juste avant que je déménage ici. Sinon, je serais resté à la maison.

— Vous habitiez où ?

Karl Lemay hésita quelques secondes avant de répondre que Ludger Sirois vivait tout près de chez lui. Qu'ils se voyaient souvent.

Graham hocha la tête et lui dit qu'elle savait qu'ils étaient amis, tout en se demandant si Lemay avait oublié l'adresse de sa maison. Dans quelle mesure sa mémoire était-elle fiable ? Il se rappelait le nom de son chat, mais ignorait où il avait habité ? Devait-elle insister pour connaître l'adresse, au risque de l'importuner ?

— Vous habitiez la même rue ?

— Ludger aime la pêche, déclara Lemay au lieu de répondre à la question. Il m'a emmené au lac.

— J'ai vu vos tableaux représentant des poissons chez lui. On a envie de les manger.

À l'air ahuri de Lemay, Graham craignait de l'avoir vexé, mais il leva un pouce en l'air en signe d'approbation avant de s'essuyer encore les yeux.

— Vous souvenez-vous quand vous avez vu Lydia pour la dernière fois ?

— Quand elle est partie. J'étais dehors pour dessiner. Elle portait un chemisier violet qui allait bien avec son teint.

Sans le savoir, Karl Lemay venait de lui confirmer ce que Tiffany McEwen avait avancé : Lydia Francœur était bien allée chez elle se changer en quittant la résidence.

— Lui avez-vous parlé ?

— Elle a regardé mon dessin et dit qu'elle le trouvait beau. C'était pour être gentille. Il est raté. Pas assez léger. J'ai pourtant utilisé mes pastels. Les pétales semblaient durs et…

— Des pastels? l'interrompit Graham en revoyant mentalement les objets trouvés sur le scène de crime, le bâton rose, à la texture si sèche.

— Je voulais rendre l'aspect velouté des feuilles, les nuances de rose. C'est très difficile, le pastel. Imprévisible. Traître. Mais j'aime son intimité. Ses textures.

— Pouvez-vous me montrer vos pastels? demanda Maud Graham.

Le vieil homme se dirigea vers la table, souleva les dessins, tira vers lui la boîte de pastels, sourcilla en l'ouvrant. Il manquait un bâton rose entre le fuchsia et le magenta. Il posa les dessins sur une chaise, regarda autour de lui. Où était ce satané bâton?

— Vous cherchez quelque chose?

— Le rose Kennedy. Il devrait être dans la boîte. J'ai remis les bâtons dans la boîte. Sinon, ils n'y seraient pas.

— Vous avez remis les bâtons? fit Graham pour l'encourager à poursuivre.

Quand elle reprenait ainsi les phrases d'un témoin, elle pensait toujours aux psychanalystes; était-ce vrai qu'ils relançaient ainsi leurs patients? En répétant leur phrase sans donner leur opinion, en restant neutres? Elle craignait surtout de brusquer Karl Lemay, devinant que la moindre pression pouvait créer une anxiété qui gâcherait tout. Elle était sûre qu'il avait perdu son bâton de pastel près du corps de Lydia. Comment s'était-il retrouvé là? Quand? Pourquoi était-elle sûre qu'il n'était pas le meurtrier? Trop fragile? Non, la colère décuplait les forces, on avait vu des choses étonnantes, l'adrénaline permettait de tout envisager. Elle n'imaginait cependant pas Lemay en assassin. Mais rien ne l'autorisait à l'écarter d'emblée d'une liste de suspects. Graham devait freiner l'excitation qu'elle ressentait, conserver un ton uni, calme, rassurant.

Karl Lemay avait cessé de fixer la boîte de pastels et déplaçait la pile de dessins pour la déposer sur une chaise, se penchait sur la table, saisissait les crayons, les remettait sur la table, s'immobilisait une seconde avant de s'accroupir sous la table pour chercher le bâton de pastel. Graham l'imita aussitôt, ils arpentèrent la pièce à genoux sans trouver le bâton. Elle se releva, tendit sa main à Karl Lemay pour l'aider à se redresser, sentit qu'il vacillait même s'il serrait ses doigts avec fermeté.

— Peut-être que vous avez perdu le pastel dehors? suggéra-t-elle.

— Il doit être dans la cour. Près des bosquets de fleurs.

— On peut aller voir.

— Dehors?

Karl Lemay saisit sa veste d'un mouvement preste qui surprit Maud Graham. Tout comme le fait qu'il ne verrouillait pas la porte après être sorti. Était-ce un oubli? Il resta quelques secondes sans bouger avant que Graham lui demande s'il avait besoin de ses clés. Il cligna des yeux plusieurs fois, se renfrogna avant de déclarer que c'était inutile, il y avait certainement quelqu'un à l'entrée pour appuyer sur le bouton qui ouvrait la porte centrale.

— Il y a toujours des résidents qui s'installent dans le hall pour voir du monde.

— Vous n'y allez pas?

— Non.

— Ils ne seraient pas de bons sujets pour des portraits? avança Maud Graham.

— Elles parlent trop.

— Qui?

— Les sœurs Lalancette. Elles sont toujours postées dans le hall avec Constance Cloutier. Elles guettent...

— Quoi? Qu'est-ce qu'elles surveillent?

— Comme des chouettes, prêtes à fondre sur une proie.

— Une proie?

— Le moindre événement. Un nouveau résident. Le départ d'un résident. Des visiteurs. Le menu du jour. Les décorations.

Maud Graham et Karl Lemay durent attendre l'ascenseur durant quatre minutes, mais ni l'un ni l'autre ne rompit le silence qu'ils continuèrent d'observer dans la cabine. Ils traversèrent le hall où, comme Lemay l'avait dit, étaient assises deux dames qui se ressemblaient et qui les suivirent du regard jusqu'à ce qu'ils contournent le bâtiment principal pour se rendre dans la cour. Des fleurs se relevaient après avoir été couchées au sol par une averse. Le gazon encore humide brillait par endroits. Karl Lemay se dirigea vers les fleurs, scruta le sol, souleva les fleurs pour vérifier si le pastel était tombé sous les tiges feuillues avant de hausser les épaules.

— J'ai pu le perdre plus loin. En marchant. En revenant. On aurait dû regarder près de la porte d'entrée.

— Où êtes-vous allé?

— Je suis revenu.

— À la résidence?

Karl Lemay évita le regard de Graham en s'agenouillant pour scruter de nouveau les pieds des rosiers, soulevant des feuilles pour mieux chercher.

— Vous m'avez dit que Lydia vous avait complimenté sur vos fleurs avant de s'éloigner de la résidence. Est-ce que vous pourriez l'avoir suivie?

— Pour quelle raison?

— Peut-être qu'elle vous a offert de vous emmener quelque part?

— Mais non, voyons, elle rentrait chez elle.

— Vous dites que vous êtes revenu. Revenu d'où?

Karl Lemay ferma les yeux, tandis que Graham se retenait d'évoquer les Plaines avec lui. Elle ne voulait pas introduire cet élément tant que lui-même n'y ferait pas allusion. Elle revoyait le bâton rose vif dans le sac de plastique répertorié par les techniciens en scène de crime ; quand l'avait-il perdu ? Ludger Sirois affirmait que Lemay avait vu un homme battre une femme. Où ? À quelle heure ? Elle répéta la question doucement.

— Vous reveniez d'où ?

Les cheveux roux de Graham étaient très beaux, songeait Karl Lemay, elle ne devrait pas les attacher. C'est ce qu'il devait lui dire. Il ne pouvait pas lui raconter qu'il ne se souvenait pas où il était allé, elle le répéterait à Marie-Louise Tanguay et on penserait qu'il perdait la tête. La rousse ne le quittait pas des yeux, elle voulait tout savoir. Elle s'était sûrement présentée en arrivant au studio, mais il ne se souvenait pas de son nom. Il savait pourtant que c'était un nom étrange. Il espérait qu'elle ne reste pas trop longtemps avec lui.

— Qu'est-ce que vous avez vu lorsque vous êtes allé vous promener ?

Karl Lemay jeta un coup d'œil à sa droite, puis à sa gauche, épousseta son pantalon, fixa un moment les bosquets parfaitement entretenus comme s'il y cherchait une réponse. Puis il s'immobilisa dans l'allée, se revit dans cette allée, se revit s'en éloignant au plus vite. Il ferma les yeux, les images se succédaient trop vite dans son esprit. Les squelettes, le drapeau rouge, les croix gammées dans le livre que son père regardait si souvent.

— J'ai vu le signe des nazis.

Maud Graham fronça les sourcils : des nazis ? Qu'est-ce que Lemay racontait ?

— Des nazis ?

— Le tatouage d'identification.

— Quel tatouage ?

— En cas d'accident au combat. Pour donner la bonne transfusion. Les soldats étaient tatoués. Pas leurs supérieurs. Himmler, Mengele, Ribbentrop n'étaient pas tatoués. Parce qu'ils n'allaient pas au front.

Que signifiait ce charabia ?

— À l'aisselle, répondit Lemay d'une voix mal assurée.

Il s'était rapproché d'elle comme s'il souhaitait sa protection.

— Qui ?

Le peintre regarda de nouveau autour de lui, Graham nota qu'il triturait un pan de sa chemise dans un rythme de plus en plus frénétique. Il ouvrit la bouche, puis la referma.

— Je ne me rappelle plus, soupira-t-il, vaincu.

— Est-ce que cet homme portait une barbe ? demanda Graham. Avez-vous vu un barbu ?

Lemay secoua aussitôt la tête ; c'était rigoureusement impossible.

— Les nazis étaient toujours rasés de près, les cheveux très courts, sanglés dans leurs uniformes.

Il revit ces tenues d'un brun indéfinissable qui avait parfois des nuances de vert. Le vert des algues séchées au soleil, mortes, décomposées. Il grimaça comme s'il avait goûté cette pourriture.

— Ça ne va pas ?

— Si, finit par dire Karl Lemay. Mais je n'ai pas retrouvé mon bâton. C'est embêtant, je voulais finir le pastel aujourd'hui.

— Je vous rapporterai votre pastel, promit Maud Graham.

Elle voulait discuter avec Joubert de la meilleure stratégie à employer avec Lemay : devait-on l'emmener au poste, lui montrer le bâton, insister pour qu'il dise quand il l'avait perdu ? Il n'avait pas répondu à sa question au sujet du barbu. Parce qu'il ne se souvenait pas d'en avoir parlé à Ludger Sirois ? Parce qu'il ne se rappelait pas l'avoir vu ? Parce qu'il ne voulait pas se remémorer ce moment ? Parce qu'il ne voulait pas en parler ? Pour quel motif ? Pour protéger quelqu'un ? Qui ? Maud Graham était habituée à interroger des témoins ou des suspects qui omettaient volontairement certains éléments ou mentaient carrément. Mais dans le cas d'une personne atteinte de sénilité, comment trier le vrai du faux ? L'intention de la défaillance ? Aline Poirier avait dit que bien des résidents modifiaient la réalité, l'embellissaient ou l'inventaient. Pour avoir lu des articles sur la maladie d'Alzheimer, elle savait que certaines de ses victimes souffraient d'hallucinations ou de paranoïa. Un nazi? Incarnation suprême du mal? Les peurs de M. Lemay s'étaient-elles cristallisées sur quelqu'un? Quelles peurs? Comment rassurer le vieil homme? Se taisait-il par crainte? Quels souvenirs refoulait-il?

Et quel était le lien entre un nazi et la présence de Lemay sur les Plaines? Graham devait gagner sa confiance en lui rendant le bâton rose: peut-être se sentirait-il assez rassuré pour cesser de verrouiller sa mémoire…

— Je vais retrouver votre bâton, promit-elle au vieil homme qui lui adressa un sourire d'une douceur bouleversante.

— Je vous fais confiance. Vous devriez laisser vos cheveux sur vos épaules. C'est rare un aussi beau roux. J'ai peint un renard qui avait le même pelage.

— Il faudra me montrer ça, dit Graham en détachant sa chevelure.

Elle crut un instant que le peintre effleurerait sa tête, mais il se contenta d'observer le mouvement des cheveux qui coulaient sur ses épaules.

— C'est mieux ainsi, décréta-t-il.

::

— On dîne! dit Michel Joubert à Maud Graham alors qu'ils s'assoyaient sur un banc face aux Plaines. Je meurs de faim! J'ai pris jambon et manchego. Toi?

— Poivrons grillés, prosciutto, roquette, tomates séchées. On partage? fit-elle en lui tendant la moitié de son panini.

Ils dévorèrent leurs sandwichs sans dire un mot et Graham apprécia ce moment de calme. Elle aimait cette complicité silencieuse avec Joubert. Elle savait qu'il goûtait autant qu'elle ces instants où toutes les paroles qu'ils avaient entendues durant les interrogatoires restaient en suspens dans leur esprit, flottaient jusqu'à ce qu'ils décident de les ordonner. Elle avait toujours détesté le bavardage et mesurait sa chance d'avoir travaillé avec Rouaix et maintenant avec Joubert. Elle finit tout de même par rompre le silence.

— Je trouve toujours étrange qu'un endroit bucolique serve de cadre à un assassinat.

— Les meurtriers devraient se restreindre à des lieux sordides? la taquina Joubert. Il y a sûrement des êtres raffinés, des esthètes parmi les tueurs.

— Je ne suis pas certaine que notre assassin a choisi ce décor.

— Pas assez isolé. Il a tué parce qu'il s'est emporté. Ou parce que l'occasion s'est présentée.

— J'ai peut-être un témoin, lâcha-t-elle avant d'avaler la dernière bouchée du panini.

— Un témoin digne de confiance?

— C'est là que le bât blesse…

Elle relata son entretien avec Karl Lemay, avoua son incapacité à isoler la vérité des mensonges.

— Je ne sais pas si le dixième de ce qu'il m'a raconté est vrai. Mais il a vraiment l'air de croire qu'il a vu un nazi.

— Comment a-t-il pu savoir que c'est un nazi? Personne ne se baladerait en ville en portant un uniforme nazi. Même pour l'Halloween, c'est vraiment de trop mauvais goût.

— À moins que M. Lemay ait croisé un néonazi? Il m'a parlé d'un tatouage.

— C'est l'été, les skinheads, les néonazis portent des camisoles ou des tee-shirts comme tout le monde. Lemay a pu voir un type avec une croix gammée tatouée sur l'épaule.

— Pas sur l'épaule. À l'aisselle.

— À l'aisselle? Drôle d'endroit, nota Joubert.

— En effet, convint Graham. Mais c'est justement parce que c'est étrange que je serais portée à croire que M. Lemay n'a pas inventé ce détail.

— Tu viens de me dire que tu ne savais pas quoi penser de tout ce qu'il t'a rapporté…

— Toi? Tu as cru tout ce qu'on t'a raconté à la résidence?

Michel Joubert poussa un long soupir avant d'admettre qu'il avait entendu deux ou trois histoires très rocambolesques.

— Et interminables. Certains étaient tellement contents d'avoir un nouvel interlocuteur qu'ils ne me lâchaient pas. Les sœurs Lalancette sont redoutables! Elles prétendent que Lydia Francœur sortait avec un producteur de disques qui allait relancer leur carrière.

— Leur carrière?

— Elles m'ont même montré une affiche datant de 1981 où on annonce leur soirée musicale, fit Joubert. Mais quand j'ai posé des questions précises sur l'ami de Lydia, elles n'avaient rien à me dire de plus que les autres.

Il tira un calepin de la poche de son veston abandonné sur le banc, relut les déclarations d'une vingtaine de résidents et secoua la tête.

— Je n'ai vraiment pas grand-chose. Tout le monde l'aimait. Je suppose que les vingt prochaines personnes que j'interrogerai feront les mêmes commentaires.

— Il faut trouver ce type que voyait Lydia. Retourner chez elle pour tout examiner à nouveau. Et récupérer son ordinateur.

— Pour l'instant, Nguyen a appelé plusieurs centres de réparation sans avoir de réponse positive. C'est bizarre qu'elle n'ait pas apporté directement son ordinateur chez le détaillant.

— Elle a peut-être un ami qui est doué en informatique, suggéra Graham.

— Pourquoi n'est-il pas plutôt allé chez elle pour réparer son ordinateur? Nguyen n'a rien trouvé non plus dans celui du bureau. Elle s'en servait uniquement à des fins administratives. Elle n'avait pas de tablette électronique, peut-être que Lydia Francœur n'était pas trop fan de ces outils. Elle préférait peut-être communiquer par téléphone. Elle avait bien un portable, mais Nguyen nous a confirmé qu'elle n'écrivait pas de textos. Elle a reçu peu de courriels, mais sa liste de contacts téléphoniques est étoffée. Pour la plupart, elle ne s'est pas donné la peine d'entrer l'adresse courriel.

— Une femme paradoxale, déclara Maud Graham. Il paraît que c'était une secrétaire très compétente et on sait qu'elle utilisait sans problème l'ordinateur de la résidence. Mais dans sa vie personnelle, elle était plutôt rétro. Elle privilégiait le bon vieux téléphone et Mme Poirier m'a appris qu'elle faisait du crochet.

— Tu te souviens qu'on a vu des microsillons chez elle, peu de disques compacts.

— Et Tiffany a relevé son goût pour les designers, mais la robe qu'elle portait la nuit du meurtre était de coupe classique. Tout comme ce que nous avons vu chez elle. Ses bijoux sont très sobres. Il n'y a que ses sous-vêtements qui étaient plus fantaisistes. Et chers. Elle voulait vraiment plaire à un homme. Il faut le trouver !

— Peut-être que l'amie avec qui elle soupait aura livré des informations utilisables à McEwen ?

— Et qu'on retrouvera le bijoutier qui a vendu le bracelet de Lydia Francœur ? On y va ?

Graham tenait à retourner sur la scène de crime, espérant la revoir avec un œil neuf.

Elle repensait au bâton rose, voulait savoir à quelle distance exacte du corps il avait été trouvé. Elle plia le sac de papier des sandwichs, chercha des yeux une poubelle, se rappela une enquête à ses débuts où elle avait dû fouiller dans toutes les poubelles des Plaines à la recherche d'un téléphone cellulaire. À l'époque, peu de gens en possédaient. Elle-même n'en aurait pas acheté un sans la présence de Maxime dans sa vie. Elle s'était tant inquiétée pour lui. Et maintenant, il étudiait pour devenir policier. Elle continuerait donc à ne pas dormir la nuit en pensant à tout ce qui pouvait lui arriver. Mais elle était très fière qu'il ait choisi de pratiquer le même métier qu'elle. La veille, il lui avait répété les motifs qui poussent au meurtre : la colère, la jalousie, la peur, l'argent, la vengeance. L'assassin de Lydia Francœur avait été motivé par une ou plusieurs de ces raisons.

— On a vérifié ses comptes bancaires, avait dit Graham à Maxime, je ne pense pas que l'argent soit en cause. Elle était propriétaire de son appartement, oui, mais elle n'était pas si riche. C'est son frère qui hérite. Il était à Montréal au moment du meurtre.

— La jalousie alors, ce grand classique… Son chum pensait qu'elle le trompait?

— Son chum ressemble à un courant d'air. Il n'y avait même pas une brosse à dents à lui chez elle. Il ne dormait pas chez Lydia.

— On dirait qu'il ne voulait rien savoir d'elle. Il n'est pas libre, avait aussitôt décrété Maxime.

— C'est aussi ce que je pense.

Elle semblait pourtant avoir tort de croire à l'amant marié, si Aline Poirier avait raison. Elle se tourna brusquement vers Joubert.

— Aline doit se tromper quand elle dit que ce n'était pas un homme marié. Il reste caché. Sinon il entrerait en contact avec nous, ne serait-ce que pour prouver sa bonne foi, ne pas être soupçonné.

— Pas si c'est lui l'assassin? Marié ou pas, il n'a pas envie de nous rencontrer.

— Il faut trouver ce type! martela Maud Graham. On doit revoir tous les numéros identifiés par Nguyen. Parler à tous les amis de Lydia Francœur. Elle doit bien s'être confiée à quelqu'un.

— Je n'ai jamais raconté mes histoires personnelles, laissa tomber Joubert. J'étais discret. As-tu pensé qu'elle pouvait être amoureuse d'une femme? Mais ne pas pouvoir ou vouloir le dire.

— En 2015? s'étonna Graham.

— Les choses n'ont pas tant changé, fit Joubert.

— Aline Poirier semble bien certaine qu'il s'agit d'un homme.

— Mais Lydia n'a jamais prononcé son nom. Les femmes sont si secrètes?

— J'ai toujours parlé avec Léa, confia Maud Graham. Même si je n'avais pas grand-chose à raconter. Mon histoire avec Yves, puis sans Yves, puis Alain. Je suis une fille simple.

Joubert haussa les sourcils avant de pouffer de rire. Biscuit? Simple?

— On retourne là-bas, fit Graham légèrement vexée, passant devant Joubert, traversant la pelouse pour gagner le bout du parc, atteindre le premier palier où se trouvait un joli kiosque qui devait avoir abrité bien des couples au cours des décennies. Elle-même y était allée avec Yves. Avait refusé d'y retourner avec Alain. Bien séparer les choses.

On avait tendu un cordon de sécurité tout autour de la scène de crime et le jaune criard qui cernait la partie sud du parc jurait avec le classicisme des bosquets de fleurs mauves et roses qui poussaient à côté des fauteuils Adirondack bleus. Quand on s'approchait des grilles, on pouvait distinguer le Saint-Laurent en bas du précipice, on voyait la marina, les bateaux qui flânaient derrière la piscine. Le soleil faisait pâlir le fleuve qui semblait presque blanc, un blanc aveuglant, moucheté çà et là d'embarcations. Tandis que Graham arpentait le sol les yeux baissés, à la recherche d'un indice qui aurait échappé à la vigilance des techniciens, il y avait des gens qui voguaient en toute insouciance vers l'île d'Orléans. Elle les enviait un peu, elle savait bien qu'elle n'arriverait jamais à éprouver de l'insouciance, il aurait fallu pour cela qu'elle renonce à maîtriser sa vie, à s'inquiéter pour les siens.

— C'est certain que Lydia Francœur était ici avec cet homme, affirma-t-elle. Le lieu est trop romantique. On ne vient pas seule à la tombée de la nuit dans ce kiosque. Je rejette l'idée d'un crime gratuit.

— D'autant plus qu'on ne sait pas si on lui a volé quelque chose, dit Joubert.

— Elle avait toujours son bracelet et son argent. Elle a retrouvé l'homme au kiosque, ils ont marché. On a ramassé le pastel près des fauteuils. Peut-être que M. Lemay s'est assis là. S'il ne bougeait pas, s'il était dans la pénombre, le couple ne l'a pas vu. Il faut qu'il se souvienne s'il était là !

— L'ennui, c'est qu'il t'a parlé d'un nazi. Imagines-tu Lydia Francœur, plutôt sophistiquée, rejoindre un genre de skin ?

— Il y a des femmes qui aiment les *bad boys*, répondit Maud sans conviction. Mais je vais reparler avec M. Sirois. Il pourra me dire si c'est une lubie, une obsession chez Karl Lemay.

— Je préfère nos bons vieux interrogatoires avec des criminels, soupira Joubert. On sait qu'ils nous mentent, ils savent qu'on le sait, le jeu est clair.

— J'ai lu sur la maladie d'Alzheimer. Ses victimes essaient de dissimuler leurs pertes cognitives, elles ont honte de se tromper. Alors qu'il faudrait consulter un médecin dès les premiers symptômes, elles ont souvent tendance à se replier sur elles-mêmes pour qu'on ne découvre pas leur état.

— Et comme leur jugement est altéré…

— J'ai peur que mon père en souffre, murmura Graham.

Joubert l'interrogea d'un regard compatissant.

— Il m'a dit qu'il avait voulu s'installer au Brésil, précisa Graham. On n'a jamais entendu parler de ça ! Au Brésil. Il déteste la chaleur.

— On ne sait pas tout de nos parents, argua Joubert. Autre chose t'inquiète ?

— Il y a de l'Alzheimer dans sa famille. C'est possible qu'il…

— Est-ce qu'il présente d'autres signes de confusion ?

Elle haussa les épaules, peut-être qu'elle s'inquiétait pour rien.

— Peut-être, oui, tu es plutôt douée pour ça, répondit Joubert d'un ton à la fois tendre et narquois. Ce ne sont pas tous les vieillards qui deviennent séniles.

— C'est certain que la mère de Nicole a toute sa tête ! J'aimerais bien lui ressembler à son âge.

Elle se rappela ses yeux vifs si attentifs quand elle était retournée saluer Aline Poirier avant de quitter la résidence des Cèdres, désireuse de lui poser une dernière question.

— Pensez-vous que Lydia aurait pu avoir un penchant pour un *bad boy*?

— Un *bad boy*?

— Genre skinhead, néonazi… chaînes et croix gammées…

— Jamais! avait déclaré Aline Poirier avec véhémence. Qu'est-ce que c'est que ce délire? Lydia aimait les hommes bien mis.

— Vous en êtes certaine? avait insisté Graham.

— Elle me parlait parfois des gens qui venaient visiter la résidence pour leurs parents. Elle faisait des commentaires sur les fils. Elle s'attardait toujours à leurs vêtements et s'en trouvait même un peu superficielle, mais elle aimait les beaux tissus, les matières nobles. Elle aurait voulu être designer. Elle m'a déjà dit que si elle avait eu le talent de Karl Lemay pour le dessin, elle n'aurait pas hésité une seconde à se lancer. As-tu vu le portrait qu'il a fait d'elle?

— Non, s'était étonnée Graham. Il ne m'en a pas parlé. Ni personne d'autre. Mme Tanguay semblait dire qu'il s'était rarement entretenu avec elle.

— C'est vrai, avait admis Aline Poirier, Karl Lemay n'aime pas bavarder. Selon Ludger, il l'aurait fait d'après une photo prise à Pâques. Au tout début de l'été, Karl dessinait déjà dans le jardin, il faisait encore froid, personne n'était sorti, sauf lui et moi. Je suis passée derrière lui sans le déranger, mais j'ai eu le temps de reconnaître Lydia. Elle en a été flattée quand je le lui ai dit. Je crois qu'elle aimait beaucoup ce portrait. Tout comme Ludger avec le portrait de son petit-fils. Il l'a confié à l'encadreur de la rue Maguire. Je ne sais pas où il le mettra dans son studio, il n'y a plus beaucoup de place sur les murs. Il a une belle collection d'œuvres de Karl Lemay. Qui doit valoir assez cher.

— Il continue à faire des portraits?

— Ces temps-ci, ce sont plutôt des fleurs. Il s'installe dans la cour. C'est logique.

— Logique?

— Avoir quelqu'un qui pose en face de soi suppose d'échanger avec lui. Au moins un peu. Karl est de plus en plus réservé. Il a dit lui-même qu'il n'aurait plus la patience nécessaire pour un portrait à l'huile.

— Il doit vraiment aimer Ludger Sirois pour avoir dessiné son petit-fils. Un enfant, c'est remuant…

Aline Poirier avait interrompu Graham : Karl avait certes vu le gamin, mais il avait ensuite travaillé d'après des photographies. Il aimait moins travailler de cette façon, mais il voulait faire plaisir à Ludger Sirois.

— Mais il a aussi fait le portrait de Lydia d'après photo, non ?

Aline Poirier s'était humecté les lèvres avec une gorgée de thé en faisant observer que Karl n'avait sûrement pas voulu embarrasser Lydia en lui proposant de poser pour lui.

— Est-ce qu'il aurait pu être secrètement amoureux de Lydia ?

Aline Poirier avait secoué la tête, catégorique.

— Il la regardait comme il regarde tout. Il appréhende le monde en formes, en volumes, en couleurs. À la limite, Karl pourrait voir le vent, le dessiner. Ou des sons. Il a consacré son existence à observer la vie autour de lui. Tout l'intéresse, une mouche ou ma vieille main, un sentier en forêt ou une gamine qui joue au ballon. Je pense aussi que dessiner le protège des conversations. Il est si concentré qu'on n'ose pas l'interrompre dans son travail. J'ai déjà vu une de ses expos et je comprends qu'il ait eu du succès. Il y a une douceur dans ses toiles qui fait du bien à l'âme. Mon Dieu, l'âge me rend sentimentale…

Elle avait fait une moue résignée avant de dire à Maud que le portrait de Lydia lui donnerait probablement une meilleure impression de la victime que toutes les photos qu'elle avait vues d'elle.

— Il rend tout extrêmement vivant.

— J'ai des clichés de Lydia avec ses amies sur une plage. McEwen a rencontré l'une d'entre elles.

— La belle Tiffany ?

— Vous vous souvenez de toute l'équipe ?

— Mon gendre parle souvent de vous. Même s'il est à la retraite.

— Est-ce qu'il s'ennuie ?

— Tu le lui demanderas vendredi. Tu ne dois pas aller souper chez eux ?

— Vous savez tout.

— Non, avait regretté Aline Poirier, j'aurais voulu t'aider davantage. Je vais continuer à chercher le nom de son amoureux. Peut-être qu'un détail me reviendra… Je suis âgée, mais je peux être tes yeux et tes oreilles ici.

::

— Alors ? On rentre au bureau ? dit Joubert en tirant Graham de ses réflexions. Tiffany pourra nous rapporter son entretien avec l'amie de Lydia. Espérons qu'elle a appris quelque chose.

::

Le 29 juillet, fin d'après-midi

De la fenêtre de son bureau, Marie-Louise Tanguay observait Karl Lemay tandis qu'il ouvrait son cahier à dessin et le posait sur ses genoux. Elle espérait que ce geste rituel le calmerait, mais il fixait le parterre d'impatientes devant lui sans se décider à saisir son crayon. Il regarda les fleurs si longtemps que la directrice des soins se demanda si elle devait lui parler. Peut-être n'arrivait-il pas à se concentrer parce qu'il pensait comme elle à Lydia ? Elle avait hâte que cette épuisante journée se termine, hâte de rentrer chez elle, de retrouver ses perruches, de visionner un épisode de sa série télé préférée. Elle espérait oublier un moment la mort de Lydia. Elle n'arrivait toujours pas à y croire, alors que ce drame avait été au cœur de toutes les conversations depuis tant d'heures. Elle n'était pas la seule à vivre avec ce sentiment d'irréalité, Catherine et Gina ressentaient la même chose. Et sûrement Serge Larocque aussi ; il s'enfermait dans son bureau pour travailler, mais en sortait régulièrement pour s'informer du travail des policiers. Comme si les enquêteurs allaient se confier à elle ! « Vous me donnez trop de crédit », avait-elle dit à Serge qui lui avait répété que les policiers comprendraient vite qu'elle était l'âme de la résidence. Elle avait reconnu qu'elle les avait effectivement aidés en leur donnant des informations sur les résidents, mais elle n'était pas allée jusqu'à s'imaginer qu'ils la tiendraient au courant de leurs progrès. Maud Graham lui avait reparlé avant de quitter la résidence, et elle n'avait pas eu l'impression que leurs entretiens avaient été très instructifs. La détective s'était montrée évasive quand elle lui avait demandé si ses rencontres avec les résidents n'avaient pas été trop décevantes. Maud Graham s'était contentée de hausser les épaules avant de dire qu'elle allait saluer Aline Poirier puis s'éclipser.

Est-ce qu'elle devait discuter avec celle-ci pour en apprendre davantage sur les questions que posait la détective ? Qu'est-ce que ça changerait ?

Ce qui pouvait en revanche changer des choses était de savoir si ce qu'elle avait entendu était vrai : un criminel s'était installé près de la rue Maguire. Elle avait saisi quelques bribes de la conversation entre Maud Graham et Ludger Sirois. Sans faire exprès, bien sûr, elle était devant son studio, la porte n'était pas complètement fermée. Ludger la laissait souvent entrouverte, il avait toujours chaud, ne fermait sa fenêtre qu'en plein hiver quand le thermomètre chutait dangereusement. Elle se demandait maintenant comment aborder le sujet sans avoir l'air d'avoir écouté leur entretien… Elle hésita un moment et décida de jouer franc jeu avec Ludger Sirois. Il avait mené des enquêtes durant des années ; si elle inventait un prétexte, il s'en apercevrait. Elle se dirigea d'un pas ferme vers son studio. La porte n'était pas fermée, elle frappa trois petits coups contre le chambranle.

Ludger Sirois n'eut pas l'air surpris de la revoir.

7

Le 30 juillet

— Lydia n'a jamais révélé le nom de son amant, dit Tiffany McEwen à la réunion matinale, c'est étrange, non ? Même pas à son amie.

— Peut-être que ce n'est pas une amie intime, allégua Bouthillier.

— Elles se connaissent pourtant depuis cinq ans. Elles sont parties en vacances avec deux autres filles dans les Caraïbes. Caroline Moutier les a d'ailleurs identifiées sur les photos que nous avons trouvées dans le sac à main de la victime.

— Des copines, insista Maud Graham, pas des amies à qui on dit tout... Je me demande vraiment qui est cet homme.

— Sûrement qu'il n'est pas très *clean*, déclara Nguyen, sinon il se serait manifesté. Lydia Francœur est morte depuis trois jours.

— Il est peut-être à l'extérieur du pays, fit Tiffany.

— Ou très inquiet qu'on découvre qu'il avait une relation avec elle, dit Maud.

— Que t'a raconté Caroline Moutier ? dit Joubert.

— Que Lydia était fébrile quand elles ont soupé ensemble. Comme si elle devait prendre une décision, mais qu'elle était hésitante. Elle n'a cependant rien révélé à sa copine. Caroline Moutier était très intriguée par l'attitude de Lydia.

McEwen jeta un coup d'œil à son calepin pour rapporter fidèlement les paroles de Caroline Moutier : « Elle était à la fois inquiète et détendue, soulagée. » Je lui ai demandé des explications, mais elle n'avait rien à ajouter. Elle m'a dit que Lydia était très secrète et qu'elle la taquinait sur sa nature réservée. « C'est sans doute pour cela qu'on se confiait toutes à elle, elle écoutait bien. » Puis Caroline s'est mise à pleurer avant de me donner les noms de leurs copines. Elle m'a aussi dit que Lydia Francœur aimait son travail, qu'elle parlait des résidents avec beaucoup d'affection.

— Et de ses collègues ?

— Elle semblait s'entendre avec tout le monde.

— Et le bracelet ? demanda Joubert. Des résultats ?

— J'ai fait le tour des bijouteries de Québec sans trouver où il a été acheté, déclara Bouthillier. Je vais agrandir le périmètre de recherche. Mais si c'était un bijou de famille ou qu'il a été acheté dans un *pawn shop*, je n'arriverai à rien.

— Essaie quand même, fit Graham. Toujours pas de témoin miracle qui se serait trouvé aux environs du parc au bon moment ?

— *Nada*, répondit Bouthillier. C'est sûr qu'il était tard et que le Bois-de-Coulonge est grand, mais je m'attendais à recevoir des appels après l'annonce du crime dans les journaux et à la télé. Je n'ai eu que les habituels fêlés qui croient que des extraterrestres ont tué Lydia Francœur. Ou des nains de jardin.

— Des nains de jardin ? s'étouffa Joubert. Je n'avais jamais entendu celle-là…

— Il paraît qu'ils sont très dangereux, qu'ils s'infiltrent partout. J'ai aussi rencontré Cardinale.

— Pour quel motif ? s'étonna Graham. Il y a du nouveau ? On a vérifié et revérifié son alibi. Il était bien chez lui quand Lydia Francœur a été tuée. Avais-tu une bonne raison d'aller le voir ? Seul ?

— Je… je voulais qu'il sache qu'on le surveille, bredouilla Bouthillier. Ma marraine habite dans le même quartier que lui.

Maud Graham faillit reprocher son zèle au jeune enquêteur, mais se rappela qu'elle avait souvent vérifié où s'installaient les criminels libérés après avoir purgé leur peine au pénitencier où elle les avait envoyés. D'un point de vue intellectuel, elle pensait qu'un homme qui avait payé sa dette avait le droit de recommencer sa vie où il le souhaitait, à condition qu'il ne soit plus considéré comme un danger pour la société, mais d'un côté personnel, probablement trop émotif, elle refusait d'imaginer qu'un assassin s'installe dans une rue où vivaient les siens. Sauf si c'était Vivien Joly. Elle songea qu'elle manquait de cohérence. Et qu'elle avait hâte de revoir Joly. Il lui avait dit qu'il avait besoin d'un peu de temps avant de la rencontrer, qu'il devait se réadapter à la liberté, mais il semblait assez calme quand il lui avait téléphoné. Elle revit l'expression angoissée de Cardinale lorsqu'elle l'avait rencontré la première fois; il ne vivait pas si sereinement le retour à la vie sociale. Sans s'en apercevoir, elle fronça les sourcils.

— À quoi penses-tu? s'enquit Michel Joubert. Tu as une idée...

— Pas une idée, une constatation. Cardinale, Lemay et Sirois ont tous vécu dans le même quartier, à quelques rues les uns des autres.

— Et alors?

— Je ne crois pas...

— Aux coïncidences, compléta Tiffany. Oui, on le sait tous!

— Mais Québec n'est pas si grand, dit Nguyen en adressant un clin d'œil de connivence à ses collègues.

— Tu voudrais que Québec soit aussi vaste que Chicago et qu'il y ait plus de meurtres? protesta Graham avant qu'on éclate de rire autour d'elle.

— Toujours aussi chauvine, commenta Joubert. Ça marche à tous les coups.

Graham les dévisagea les uns après les autres avant de déclarer qu'elle préférait rentrer chez elle plutôt que d'entendre des bêtises, mais elle demanda tout de même à McEwen quand elle s'entretiendrait avec les autres amies de la victime.

— J'en ai rencontré deux qui n'avaient rien à m'apprendre. J'attends le retour de vacances d'une certaine Mylène Leblanc. D'après Caroline Moutier, elles se connaissent depuis des années. Peut-être qu'elle en saura plus sur l'amant secret, mais j'en doute.

::

Non, se répéta Serge Larocque, il n'avait pas à s'inquiéter. Marie-Louise avait certainement mis son cri de stupeur sur le compte de la surprise, quand elle lui avait rapporté sa conversation avec Ludger Sirois. Il avait été effaré d'apprendre que Sirois pensait que Karl Lemay avait croisé l'assassin, mais il s'était un peu apaisé lorsque Marie-Louise Tanguay avait déclaré que M. Lemay croyait avoir vu un nazi.

— Un nazi ? avait-il repris.

— Oui… J'ai entendu bien des propos décousus ici, avait admis Marie-Louise Tanguay, mais en quinze ans à la résidence, c'est la première fois que j'entends parler d'un nazi. M. Lemay s'est égaré le soir du meurtre et, avec la révélation de la mort de Lydia, il mêle tout. Un nazi…

— Il en a parlé aux enquêteurs ?

— Probablement, mais que voulez-vous qu'ils fassent d'une telle information ? Il va falloir surveiller M. Lemay de près. Sa fugue, puis ces divagations… Un nazi ! J'ai bien peur qu'il doive changer d'aile à plus ou moins long terme. Pas tout de suite, mais il devra être évalué.

— On ne voudrait surtout pas qu'il fugue de nouveau et qu'il y ait un incident, l'appuya Larocque.

— C'est dommage, j'aime bien le voir dessiner dans le jardin. M. Lemay est un grand artiste. Il a fait un portrait saisissant de Ludger Sirois. Celui-ci pense qu'il pourrait aider la police en dessinant le nazi qu'il a vu quand il a fugué. Un nazi qui pourrait avoir tué Lydia. Il est gentil, M. Sirois, mais il n'est plus capitaine depuis un bon moment. Et là, il veut se mêler de l'enquête. Et c'est un peu ma faute. Je lui ai annoncé la nouvelle en premier, parce que je supposais qu'il n'aurait pas une réaction trop émotive, mais il prend cette histoire trop au sérieux. Il m'a dit qu'il restait en contact avec Maud Graham, qu'elle comptait sur lui. Ça m'étonnerait beaucoup qu'elle se soit engagée ainsi...

— Elle aura voulu être gentille, avait répondu Serge Larocque, en espérant avoir raison.

Mais si Maud Graham voulait un espion à la résidence? Un espion! Voilà qu'il délirait comme Karl Lemay qui voyait des nazis. N'empêche qu'en repensant à la silhouette aperçue au Bois-de-Coulonge, à sa démarche trop lente, le doute s'insinuait en lui. La taille correspondait à celle de Karl Lemay. Et le cri qu'il avait entendu était rauque. Une voix usée? Celle d'un vieillard? Était-il possible que ce soit Lemay qui l'ait vu avec Lydia? Mais si c'était le cas, pourquoi ne l'avait-il pas dénoncé aux enquêteurs? Ça ne tenait pas debout. Il devait étouffer cette paranoïa qui le rongeait. L'ordinateur n'avait pas été retrouvé, tout allait bien.

— Savez-vous que M. Lemay a fait un très beau portrait de Lydia? Je ne l'ai vu qu'une fois, mais je me souviens qu'il était très réussi. Je n'ai pas encore osé lui en reparler, mais je vais le faire. On pourrait l'encadrer pour rendre hommage à Lydia.

— L'encadrer? avait dit Serge Larocque en tentant de respirer normalement: si Lemay avait réalisé un portrait de mémoire, il pouvait aussi faire le sien...

— On ne l'accrocherait pas dans l'entrée, avait suggéré Marie-Louise Tanguay, mais dans la bibliothèque que Lydia avait mise sur pied.

— C'est une excellente idée! Heureusement que vous êtes là.

Même si l'idée de voir un portrait de Lydia Francœur le révulsait, le ton de Serge Larocque était sincère. Il avait vraiment besoin de la directrice des soins pour gérer la crise. Et le tenir informé de tout ce qu'elle entendait. Il ne s'attendait pas à ce qu'elle le surprenne à nouveau, mais quand elle avait évoqué la présence d'un criminel à quelques rues de la résidence, il l'avait fixée avec un intérêt redoublé.

— Un criminel, vous en êtes certaine? Qu'est-ce que Ludger Sirois vous a dit sur lui?

— Qu'il l'a arrêté. Il paraît que ce type s'est introduit à l'époque dans des dizaines de résidences et que cela a fini par mal tourner, qu'il a tué un homme. Il est resté plusieurs années au pénitencier, mais il est sorti maintenant. Et il pense qu'il est retourné vivre dans son quartier.

— Dans son quartier? avait frémi Larocque.

— Oui, avait affirmé Marie-Louise Tanguay. Il l'a croisé quand il est allé chez Roset.

— Il est sûr que c'est lui?

Marie-Louise Tanguay avait hoché la tête.

— M. Sirois en a parlé à Maud Graham qui ne l'a pas détrompé. Et il a appelé un de ces anciens voisins qui lui a confirmé que le criminel s'est installé dans la maison de son enfance. Il paraît que la demeure est restée vide après la mort de la mère de cet individu, en mars dernier. Tout le monde se demandait qui viendrait habiter la maison. Ça ne plaît pas beaucoup aux anciens voisins de M. Sirois de savoir qu'un assassin vit à côté de chez eux.

— Cela ne m'enchanterait pas non plus, avait balbutié Larocque. Comment s'appelle-t-il?

Marie-Louise Tanguay avait froncé les sourcils, pincé les lèvres, s'était étonnée d'hésiter, d'avoir à chercher ce nom.

— Voyons, M. Sirois me l'a dit. Je devrais m'en souvenir… Si je commence à ressembler à nos résidents…

— C'est l'émotion, avec tout ce que vous avez vécu depuis mercredi, l'avait aussitôt rassurée Larocque. Un nom étranger?

— Léonard! Comme Léonard de Vinci.

— De Vinci? avait répété Larocque qui savait déjà que Marie-Louise le corrigerait.

— Non, non, Cardinale. Son nom, c'est Cardinale. J'en suis sûre!

Serge Larocque avait fermé les yeux quelques secondes. Léonard Cardinale était bien de retour.

— Qu'est-ce qu'il y a, Serge, vous êtes tout pâle…

— C'est la chaleur. C'est un drôle de nom, Cardinale. Vous êtes certaine que c'est ça?

— Oui, oui, fit Marie-Louise Tanguay en poussant un soupir de soulagement en constatant que sa mémoire était intacte. J'aurais dû m'en souvenir tout de suite, j'ai pensé à l'oiseau. Léonard Cardinale.

Elle fit une pause avant de confier à Serge Larocque qu'elle avait cru qu'il pouvait être responsable de la mort de Lydia.

— M. Sirois aussi y a pensé. Mais on aurait déjà arrêté cet assassin, si c'était lui! Les policiers ont vérifié son alibi.

— Vraiment?

— D'après ce que m'a rapporté M. Sirois. Je suppose que cette Maud Graham lui en a raconté un peu plus qu'à nous parce qu'il a travaillé à la Sûreté du Québec. Entre collègues…

Serge Larocque avait essuyé les gouttes de sueur à ses tempes avant de déclarer qu'il réclamerait des explications aux enquêteurs.

— C'est inadmissible qu'on ne m'ait pas prévenu de l'arrivée d'un criminel si près d'ici. Ils savent pourtant que mon rôle est de protéger nos résidents! Je dois être au courant de ce qui se passe aux alentours!

Il s'était demandé s'il ne devait pas pousser plus loin son indignation, s'en servir comme motif pour reparler à Maud Graham et tâter le terrain, pour savoir comment avançait l'enquête. Et se renseigner sur la présence de Léonard Cardinale. D'un autre côté, c'était risqué. Elle ne l'avait pas interrogé de nouveau,

l'avait salué poliment quand elle était revenue à la résidence…
Non. Il n'essaierait pas d'entrer en contact avec elle. Il se
contenterait de ce qu'il pouvait tirer de Marie-Louise. Il devait
aussi manifester de l'intérêt pour ce portrait de Lydia, tout en
évitant de s'approcher de Karl Lemay. Il avait croisé celui-ci en
face de l'ascenseur sans qu'il ait une quelconque réaction en le
voyant, mais Larocque gardait en tête que la mémoire de plusieurs résidents fonctionnait avec une logique imprévisible. S'il
le reconnaissait?

Il avait parlé d'un nazi. Ça ne collait pas. Il n'avait rien d'un
skinhead.

Il se répéta qu'il devait se calmer, que rien n'indiquait qu'il
était menacé.

— Vous avez bien fait de couper votre barbe, avait dit Marie-
Louise Tanguay.

— Vous croyez?

Tandis qu'elle acquiesçait en souriant, il lui avait souri à son
tour, songeant que si c'était bien Karl Lemay qui s'était malen-
contreusement trouvé au Bois-de-Coulonge, ce dernier avait vu
un barbu. Rien à voir avec sa nouvelle image.

— Ce sont les yeux. Il a rendu le regard de Lydia à la perfec-
tion. On dirait qu'elle s'apprête à nous parler. Il paraît que c'est
le plus difficile à faire dans un portrait. Les yeux. Ils révèlent tout.
Peut-être que Ludger Sirois a raison et que les policiers devraient
inciter M. Lemay à faire un portrait-robot de l'homme qu'il a vu.
Enfin, s'il a vraiment vu quelqu'un. Comment démêler le vrai du
faux dans tout ce qu'on entend ici? Mais ça ne coûte rien de parler du portrait aux enquêteurs.

— Il ne faudrait pas bouleverser davantage M. Lemay. C'est
un artiste, il est très sensible, avait rappelé Larocque en pensant
qu'il délaisserait les verres de contact pour un petit moment et
porterait de nouveau ses lunettes.

Est-ce que Karl Lemay allait se souvenir de lui ou pas?

Le vieil homme avait parlé d'un nazi. Un nazi ! Maud Graham ne croirait jamais pareille fable.

— On aurait bien besoin d'un peu de calme, maintenant, avait déclaré Marie-Louise Tanguay. Après la fugue de M. Lemay, le départ en catastrophe pour l'hôpital de Julianne Manceau et la mort de Lydia, il me semble que cela fait des jours et des jours que notre routine est bouleversée. Ce n'est pas bon. Ni pour les résidents ni pour nous.

— Vous avez raison, comme toujours... Essayez de savoir si les enquêteurs comptent revenir nous déranger. On leur a dit tout ce qu'on savait, non ?

— Évidemment. Je vais retarder mes vacances.

— Non, nous allons nous débrouiller. Partez en paix. Vous méritez vraiment cette pause.

L'absence de Marie-Louise Tanguay à partir du lundi compliquerait peut-être la routine quotidienne, mais Larocque tenait à demeurer à ses yeux l'incarnation du patron qui prend à cœur le bien-être des ses employés.

— Je vais y penser, avait dit Marie-Louise Tanguay. Avec ce criminel qui traîne dans le quartier... Je vais voir ce que je peux trouver à son sujet sur Internet. Et j'espère que les policiers vous prendront au sérieux quand vous leur en parlerez !

— Oui. D'un autre côté, je n'ai pas trop envie de les voir revenir ici. Cela perturbe nos résidents. Vous le savez mieux que moi, ils sont facilement impressionnables.

— Oui. Et c'est pour cette raison que je vais rester la semaine prochaine.

— Vraiment ? Vous êtes la fée de la résidence, mais je ne veux pas vous épuiser. Vous être trop précieuse pour moi, pour nous tous.

Marie-Louise Tanguay avait rougi avant de promettre qu'elle ne partirait qu'après l'enterrement de Lydia. Il fallait gérer tout ça au mieux.

Serge Larocque s'était rangé à ses arguments, soulagé qu'elle soit à la résidence pour les prochains jours. Il n'avait pas la tête à s'occuper d'un enterrement avec la nouvelle qu'il venait d'apprendre. N'avait-il pas assez d'inquiétudes à cause de cette maudite enquête sans avoir à se soucier de Léonard Cardinale ? Mais voilà qu'il était dans les parages. Quelles étaient ses intentions ? Il fallait absolument qu'il discute avec ses voisins, sans se rendre sur place évidemment. Il ne voulait surtout pas que Cardinale le revoie. Ni qu'il apprenne qu'il s'informait à son sujet.

Larocque pensa subitement à Estelle Lantier qui lui avait dit qu'elle songeait à s'installer à la résidence. Sous prétexte d'avoir de ses nouvelles, il saurait la faire parler de Léonard. Il était idiot de le craindre autant. C'était cette damnée enquête qui le rendait paranoïaque. En y réfléchissant bien, quel serait l'intérêt de Léonard de s'en prendre à lui après tant d'années, quand il venait de retrouver sa liberté ? Il devait souhaiter l'éviter autant que lui. Oui. Sûrement. C'était logique.

Il prendrait un somnifère, ce soir, c'était décidé. Après une bonne nuit de sommeil, il verrait les choses plus posément. De toute façon, à l'époque, Léonard se serait inévitablement fait arrêter. Son téléphone anonyme au poste de police avait seulement accéléré les choses. Et même s'il avait eu des doutes, Léonard n'aurait jamais pu prouver qu'il avait appelé les policiers pour le dénoncer. Il faisait encore noir quand il l'avait vu. Et il devait être à moitié gelé. Ça ne l'aidait pas à avoir le sens des réalités. Cardinale s'imaginait faire le casse du siècle, alors qu'il n'était qu'un petit délinquant sans envergure. Sans stature. Il n'avait jamais eu de classe et n'en avait certainement pas acquis entre les murs du pénitencier.

Si Larocque n'avait pas du tout envie de le revoir, il se demandait néanmoins à quoi ressemblait Cardinale aujourd'hui.

::

Le 31 juillet, en début soirée

— André va crever de chaleur, dit Maud Graham à Nicole en arrivant chez les Rouaix.

— Il est fier de ses filets de porc sur le barbecue, répondit celle-ci en rangeant au réfrigérateur les bouteilles de vin blanc qu'avaient apportées Alain et Maud. Moi, j'ai fait une soupe froide. Installez-vous dans le jardin. Pierre-Ange et Laura sont déjà là. J'ai profité des conseils de Laura pour notre cour.

— Je devrais abuser d'elle, moi aussi, fit Maud. La nôtre n'a jamais été aussi décevante. Je ne sais plus quoi planter.

— Laura saura t'aider.

Maud Graham acquiesça, même si elle n'était pas certaine de demander son avis à la nouvelle compagne de Pierre-Yves Provencher. Elle s'était imaginée en train de discuter de bosquets et de plantations avec Vivien Joly dont elle se rappelait le magnifique jardin. Ce havre fleuri qui lui avait tant manqué durant son incarcération. Le couple qui avait acheté sa maison avait bien tenté de conserver le parterre tel qu'il était, mais avec deux enfants en bas âge, ils n'avaient pas assez de temps à lui consacrer. Et maintenant, après quelques semaines en maison de transition, Joly habitait dans une tour. « Provisoirement, avait-il dit à Maud Graham. Le temps de reprendre en main mon existence. Rien ne ressemblera plus jamais à ce que je vivais auparavant. Je dois concevoir ma vie autrement. Me persuader que je suis un retraité, pas seulement un ex-détenu. » Il avait sûrement raison. Mais comment y parviendrait-il ? Maud se rappela la lassitude doublée d'angoisse dans le regard de Cardinale quand Joubert et elle avaient frappé à sa porte pour vérifier son alibi pour le 27 juillet. Il devait pourtant savoir qu'il n'avait rien à craindre puisque son agent de probation était chez lui en fin de soirée. Il y était resté jusqu'à 23 h. Certes, il était possible que Cardinale soit ensuite sorti pour se rendre au Bois-de-Coulonge, mais le laps de temps était très serré. Les jeunes avaient découvert le corps à 23 h 25. Il aurait fallu que Cardinale tue Lydia entre 23 h 10 et 23 h 20. On devait tout envisager, mais Graham ne croyait pas à la présence de Cardinale sur les lieux du crime : comment aurait-il pu savoir que Lydia se trouvait au Bois-de-Coulonge ? Et où précisément dans cet endroit si vaste ? À moins qu'ils aient convenu d'un rendez-vous… Mais lorsque Graham et Joubert s'étaient présentés chez lui, Cardinale leur avait dit tout de suite qu'il savait pourquoi ils voulaient le voir, qu'il avait entendu la nouvelle, mais qu'il n'avait aucun lien avec la victime. Il ne l'avait jamais rencontrée, ne lui avait jamais parlé. Même si Cardinale ne pouvait prouver ce qu'il avançait, Graham était portée à le croire. Il lui paraissait trop incongru que cet homme soit parti assassiner une femme quelques minutes après la visite de son agent de probation. Et dans un endroit public. S'il existait un contentieux entre Lydia et lui, assez grave pour qu'il souhaite qu'elle disparaisse, il ne s'y serait pas pris d'une manière aussi aléatoire. Si peu de temps pour l'exécuter et trop de témoins potentiels : ça ne rimait à rien. L'étranglement, contrairement au meurtre par balle ou même à l'arme blanche, trahissait un acte spontané, celui d'un assassin ivre de pouvoir ou fou de colère, de peur, enragé au point de vouloir faire taire sa victime. Cardinale quittant sa demeure, se rendant au pas de course au parc, repérant Lydia et passant à l'action ? Non. Lydia Francœur connaissait son meurtrier. C'était son amant qu'il fallait interroger. Retrouver.

En dégustant sa première gorgée de sauvignon, elle repensa à Vivien Joly qui avait quitté la maison de transition deux semaines avant Cardinale. Pourrait-il lui parler de Cardinale ? Avait-elle le droit de l'interroger à son sujet ? Et si elle ne croyait pas en la culpabilité de Cardinale, pourquoi souhaitait-elle en savoir plus sur lui ? Pour être bien certaine qu'il ne connaissait pas Lydia Francœur ? Qu'il n'était pas ce *bad boy* dont elle aurait pu s'éprendre ? Nguyen avait vérifié : elle n'avait jamais écrit à

Cardinale et ne l'avait jamais visité au pénitencier. Mais si elle l'avait rencontré récemment ? Au moment de son arrivée dans le quartier ? Elle appellerait Vivien Joly demain. Ça ne coûtait rien d'avoir son avis et, même si elle savait que son patron n'aurait pas apprécié de savoir qu'elle conservait des liens avec Joly, elle ne changerait pas d'attitude.

Graham but une seconde gorgée de vin, croisa le regard réjoui d'Alain.

— Il goûte la poire ! s'enthousiasma-t-il. C'est étonnant !

Elle huma le vin, perçut le parfum du fruit, trempa de nouveau ses lèvres, hocha la tête.

— C'est vraiment bon.

— Parfait avec ma salade au bleu, approuva à son tour Nicole qui venait de la déposer sur la table.

Les pacanes rôties caramélisées luisaient au soleil et Graham ne put résister à l'envie d'en voler une tout en se rappelant qu'une amande nature valait dix calories. C'était plus fort qu'elle, elle ne pouvait s'empêcher de tout calculer. Malgré le pacte établi avec Alain : pas question de diète les week-ends. Elle fixa un moment le bol de chips, avança sa main, retint son geste, renonça aux croustilles en songeant au plateau de fromages qu'elle avait vu dans la cuisine et attrapa un bâtonnet de céleri qu'elle mâcha sans enthousiasme.

— Arrête ! dit Alain en lui tendant le bol de chips. Je t'entends penser. C'est vendredi, on relaxe. Tu n'es pas obligée de manger du céleri.

— Je relaxe. Sers-moi encore de ce délicieux sauvignon, dit-elle pour changer de sujet.

Elle était heureuse qu'Alain souhaite qu'elle se détende, mais il aurait beau lui répéter chaque jour qu'il l'aimait telle qu'elle était, elle restait persuadée qu'il ne dirait pas la même chose si elle se laissait aller et prenait dix kilos. Elle ne pouvait pas se permettre de baisser sa garde, elle devait être vigilante, et c'était encore plus difficile avec l'arrivée des premiers symptômes de la ménopause : quand une bouffée de chaleur la réveillait la nuit, elle n'avait envie que d'une seule chose, s'empiffrer de glace à la fraise. Et lorsqu'un inexplicable sentiment de tristesse l'envahissait soudainement, elle aurait tout donné pour un sac de chips barbecue qui aurait pu colmater ces émotions trop perturbantes. Elle avait toujours été victime de ces fringales lorsqu'une enquête stagnait, mais il lui semblait que ce désir de tout dévorer revenait à la charge de plus en plus fréquemment. Elle avait même lu le menu affiché à la résidence des Cèdres avec intérêt ! C'était la faute d'Aline Poirier qui lui avait dit que les repas qu'on leur servait étaient très corrects. Elle se demanda si Lydia Francœur était à l'aise avec ses rondeurs ou si elle se coiffait, se maquillait avec soin, se vernissait les ongles, s'habillait avec recherche pour améliorer l'image qu'elle avait d'elle-même. Si elle luttait constamment pour ne pas engraisser. Si elle restait avec cet amant qui ne la comblait pas parce qu'elle avait peur de la solitude. Si elle était cet ange d'amabilité parce qu'elle voulait qu'on l'aime.

— Maman était très contente de te voir, dit Nicole.

— Je pensais justement à elle, s'exclama Maud. Elle semble s'être accoutumée à sa nouvelle vie.

— Tu le crois vraiment ?

Graham décela une note d'anxiété dans la voix de Nicole qui s'expliqua : sa mère ne se plaignait jamais.

— Elle s'intéresse aux gens. Elle a pu beaucoup m'en raconter sur eux. Elle ne s'isole pas.

— Tant mieux, parce que si elle n'était pas heureuse à la résidence des Cèdres, elle ne nous le dirait pas.

— La résidence des Cèdres ? fit Laura. Notre père y a habité durant cinq ans. Tout s'est bien passé. Le directeur était très présent. Hector Larocque. Tout un personnage ! Il supervisait tout, des menus de la semaine aux boîtes à fleurs extérieures. Je le sais parce que c'est moi qui m'en occupais, à l'époque.

— Ce n'est plus le cas maintenant? s'enquit Graham.

— Quand notre père est décédé, j'avais moins envie de retourner à la résidence, j'ai recommandé un de mes collègues. Il faut dire aussi que le fils de M. Larocque m'énervait un peu. Il vérifiait et revérifiait le prix de chaque arbuste, chaque plante, suggérait des bégonias au lieu des impatientes pour économiser quelques dollars, alors qu'il ne semblait pas se préoccuper du budget quand il était question de ses complets. Un vrai paon! Son père, lui, me faisait totalement confiance…

— Un paon? s'esclaffa Nicole. C'est exactement ce que maman m'a dit. Mais l'important, c'est qu'il soit compétent et que les résidents soient bien traités.

— La directrice des soins a l'air de prendre à cœur leur bien-être, affirma Graham. Elle s'inquiétait vraiment des bouleversements causés par le meurtre de Lydia Francœur et de toutes nos questions. J'ai dû être ferme pour qu'elle ne nous accompagne pas chez chacun des résidents qu'on devait interroger.

— Je me souviens d'elle, dit Laura, une femme très dévouée. Notre père l'appréciait beaucoup.

— Et Lydia Francœur?

— Je l'ai peu connue. Notre père est mort quelque temps après son arrivée. Mais il l'aimait beaucoup. Elle prenait son café dans la grande salle tous les matins. Je me souviens qu'elle s'habillait avec goût. Pas comme moi qui suis si…

— Tu ne peux tout de même pas porter des talons hauts pour bêcher les jardins, protesta Provencher. Tu es très bien comme tu es.

Laura offrit un sourire rayonnant à Pierre-Ange qui le lui rendit. Était-il enfin amoureux? Maud se rendit compte qu'elle aimait bien Laura, même si elle la connaissait peu. Sa simplicité lui plaisait tout comme sa passion pour son métier. Une femme bien dans sa peau. Elle semblait avoir de bonnes relations avec sa famille. Graham avait noté que Laura employait toujours l'adjectif *notre* quand elle parlait de son père, un *notre* qui laissait deviner l'importance de sa fratrie. Elle savait qu'elle avait trois frères et l'enviait. Elle aurait voulu en avoir aussi, persuadée qu'elle se serait mieux entendue avec des garçons qu'avec sa cadette.

— Où en êtes-vous ? s'intéressa Provencher.

— Encore assez loin d'une solution, soupira Graham en plongeant machinalement sa main dans le bol de chips.

— Crois-tu que c'est un meurtre gratuit ? demanda Rouaix.

— Tu es à la retraite, protesta Nicole.

— Je sais, mais…

— Nicole a raison, approuva Alain qui redoutait que Maud passe la soirée à ressasser cette enquête.

— On a peut-être un témoin, poursuivit Graham. Mais il a des pertes de mémoire… Il a raconté à un des résidents qu'il avait vu un homme agresser une femme au parc, mais quand je l'ai questionné, il m'a dit qu'il ne se souvenait de rien.

— Troubles cognitifs ? s'informa Nicole.

Graham hocha la tête avant de préciser qu'elle ne croyait pas que le témoin avait tout oublié. Elle était sûre d'avoir lu de l'effroi dans son regard clair.

— De quoi peut-il avoir peur ?

— Que le criminel s'en prenne à lui ? avança Nicole. Certaines personnes présentent des symptômes de paranoïa quand ils sont atteints d'Alzheimer ou de démence sénile.

— Ou il redoute quelqu'un à la résidence, dit Laura. Notre père avait une voisine qui le craignait, alors que c'était le plus doux des hommes. Elle était persuadée que c'était son propre père. On imagine son enfance… Elle se rendait régulièrement dans la chambre d'une autre résidente pour dormir.

— C'est possible ? s'étonna Alain.

— Tout est possible dans une maison de retraite. Notre père a trouvé le dentier d'un de ses voisins sur sa table de chevet. On lui a souvent « emprunté » ses pantoufles. Heureusement, le personnel les a toujours récupérées. On a eu de la chance que papa s'amuse de ces petits désordres au lieu de s'en formaliser.

— Que faisait-il avant de prendre sa retraite? questionna Pierre-Ange Provencher.

— Pompier. Il a toujours dit qu'être au cœur des ruines lui rappelait l'importance de la vie, sa fragilité.

— Un sage. Comme ta mère, dit Graham en se tournant vers Nicole qui lui sourit avant de verser les dernières gouttes de sauvignon dans le verre de son mari.

— Je vais chercher du carburant, annonça celui-ci.

— Il y a sa jumelle dans le réfrigérateur, sourit Alain. Je me doutais que le Rebelle vous plairait.

Tandis que Rouaix revenait avec l'autre bouteille de sauvignon, Graham observait ses amis rassemblés autour de cette table baignée des lueurs mordorées du crépuscule. Elle eut la conscience aiguë qu'elle devait jouir de ce moment, le garder précieusement au fond de son âme pour l'évoquer plus tard. Quand elle serait vieille. Quand ce serait à son tour de vivre dans une résidence. Elle secoua la tête, elle refusait d'y penser maintenant. Elle peinait déjà à imaginer ses parents dans un tel établissement, même si elle avait été un peu rassurée par la sérénité d'Aline Poirier. Peut-être que celle-ci pourrait parler à ses parents, leur montrer les bons côtés d'une location en résidence. Ne plus avoir à s'occuper de rien, être en sécurité, voilà qui n'était pas négligeable, non? Non. Ni son père ni sa mère n'accepteraient de vendre la maison. Elle replongea la main dans le bol de chips, en mangea une dizaine avant d'interroger Nicole.

— Est-ce que ta mère avait son cabinet de psychologue chez elle ou travaillait-elle à l'extérieur?

— À l'extérieur, elle était trop contente de sortir de la maison. Elle partageait un bureau avec une collègue dans le Vieux-Québec. Elle s'y rendait à pied, beau temps, mauvais temps. C'est injuste qu'elle souffre d'ostéoporose. Elle aimait tant marcher...

— Elle est peut-être diminuée physiquement, mais son esprit demeure très aiguisé, l'assura Graham.

— Je ne sais pas ce qui est le mieux, dit Pierre-Ange Provencher. Être conscient de tout ou l'inverse. Est-ce qu'on tient à se souvenir de nos enquêtes ?

— Je peux te jurer que Ludger Sirois est content d'évoquer ses affaires.

— Ludger Sirois ? s'étonna Provencher. Il vit dans cette résidence ? Je l'ai connu à mes débuts. Tenace, observateur, fiable. Un homme honnête. Très famille. Il a dû travailler dans les bureaux, après avoir été blessé par balle. Comment va-t-il ?

— Il semble avoir toute sa tête. Malheureusement, ce n'est pas lui, notre témoin. Je ne sais pas si on parviendra à faire parler M. Lemay. Ni si je dois croire ce qu'il racontera. Il m'a dit qu'il avait vu le signe d'un nazi, le soir du meurtre.

— Un nazi ? À Québec…

L'exclamation de Provencher, son expression signifiaient clairement qu'il doutait de la santé mentale de son témoin.

— Si tu me dis que M. Sirois est fiable, continua Graham, je pourrai peut-être y arriver grâce à lui. Il est très proche du témoin.

— Il a toujours su rassurer les gens, se souvint Provencher. Il était doué pour les interrogatoires. C'est le genre d'homme auquel on s'identifie facilement. Il pourrait être notre voisin. Celui avec qui on ferait un barbecue.

— Comme moi ? le taquina Rouaix.

— Oui, dit Graham. Tu es… tu étais tellement efficace avec nos témoins. Toi, tu réussirais à obtenir des révélations de M. Lemay.

— Tu es aussi bonne que moi. C'est Provencher qui a raison. Reparle à Ludger Sirois, conseilla Rouaix.

Il s'efforçait de dissimuler l'intérêt qu'il sentait croître en lui pour cette affaire. Un témoin amnésique, quel défi ! Il crut sentir le regard de Nicole dans son dos. Il se répéta qu'il était à la retraite. Pour de bon. Pour toujours. La finalité de ce mot le fit frémir. Il retourna vers le barbecue, déplaça les filets de porc afin qu'ils soient cuits uniformément. Peut-être qu'il suivrait des cours de cuisine.

— Mon témoin ressemble beaucoup à Ludger Sirois, reprit Graham. On dirait des frères.

— Tout le contraire de Serge Larocque et de son frère qui, lui, tient de leur père, déclara Laura. Tout le contraire aussi pour le caractère. Antoine est discret, observateur, une force tranquille, qui se soucie peu du regard des autres. Tandis que Serge Larocque est toujours en représentation.

— Tu ne l'as vraiment pas aimé, nota Provencher.

— Effectivement, convint Laura, je trouvais qu'il abusait de la gentillesse de Marie-Louise Tanguay. Un manipulateur narcissique. Comme mon ex. J'ai déjà donné.

— Son frère Antoine a aussi travaillé à la résidence des Cèdres ?

— Non, mais il aimait ce que j'y faisais et il m'a engagée pour que je m'occupe de son terrain quand il s'est installé à la pointe de Sainte-Foy. Un beau contrat. Il y a une grande cour bien orientée, tout le soleil qu'il faut pour les hydrangées et les pivoines.

— Toi et tes pivoines, fit Provencher. Tu en mettrais partout.

Laura éclata de rire, reconnut qu'elle adorait ces fleurs, à la fois joyeuses et gracieuses.

— Quand elles s'inclinent sous la pluie, elles me rappellent les tutus des danseuses de Degas. Et aussi ma grand-mère, à la campagne, qui avait toute une haie de pivoines.

Graham se rappela l'ébauche du pastel de Karl Lemay, le bâton rose qu'elle avait promis de lui remettre. Que dirait-il quand elle lui révélerait où elle l'avait trouvé ?

L'odeur des filets de porc caramélisés aux épices la tira de ses pensées. Elle saliva en regardant Rouaix découper les viandes avec soin, découvrant le cœur rose des filets.

— Je me demande comment on a pu manger si longtemps notre porc archicuit, dit Provencher. Alors que c'est si bon quand c'est moelleux.

— On avait peur des maladies, répondit Nicole. Il me semble qu'on avait peur d'un tas de choses infondées avant.

— C'est pareil aujourd'hui, avança Alain. Pensez aux réactions face à l'immigration. On craint ce qui nous est étranger, ce qu'on ne connaît pas.

Ou ce qu'on connaît trop bien, songea Graham en buvant une gorgée de Saint-Joseph, ce qui s'est imprimé de façon indélébile dans la conscience telle une marque au fer rouge. Comment Karl Lemay avait-il pu être en contact avec des nazis? Quand? Peut-être délirait-il, comme le croyait Provencher, mais cet élément était trop inusité pour ne pas être significatif. Et il y avait ce bâton de pastel qu'elle avait promis de rendre à l'artiste. Elle se souvint tout à coup du salon de Cardinale, des dessins sur la table en bois verni, elle avait reconnu le pont de Québec et le pont Jacques-Cartier. Ainsi qu'un beau chien. Le style s'approchait un peu de celui de Karl Lemay. Est-ce que cela signifiait que Cardinale avait du talent? Graham n'avait aucune compétence pour en juger. Elle accompagnait Alain une fois par année dans un musée, s'était rendue à l'exposition de photos de l'amoureux de Tiffany McEwen, aimait beaucoup les paysages de Marc-Aurèle Fortin qu'elle trouvait apaisants et où elle avait envie de vivre, les jours où elle était confrontée de trop près à la cruauté du monde. Elle admirait aussi les oiseaux d'Audubon, même si elle avait appris qu'ils étaient tués pour servir de modèles, mais ses goûts personnels ne lui permettaient pas d'évaluer le talent d'un artiste. Tiffany McEwen serait mieux qualifiée qu'elle pour cette tâche. Elle allait voir des expositions chaque semaine avec Émile qui l'avait introduite dans son cercle d'amis : des photographes, des peintres, des sculpteurs.

Tiffany ! C'était avec elle qu'il fallait retourner voir Karl Lemay pour parler du bâton de pastel. Tiffany qui aurait sûrement réagi si Graham avait évoqué sa rencontre avec le peintre en donnant ses nom et prénom au lieu de l'appeler M. Lemay. Elle se rendait compte qu'elle avait aussi parlé de M. Sirois, de Mme Poirier. Parce qu'elle s'était juré de ne jamais s'adresser à une personne âgée en utilisant son prénom, comme elle l'avait entendu trop souvent dans des hôpitaux. Elle détestait cette fausse familiarité qui lui semblait irrespectueuse. Elle avait aimé que Marie-Louise Tanguay appelle les résidents par leurs noms propres.

::

Le 1er août, à l'aube

Ludger Sirois regardait les phares des voitures qui étaient de moins en moins visibles avec le lever du jour. Depuis combien de temps était-il assis devant cette fenêtre à observer l'activité de la rue ? Il était étonné de constater qu'il y avait beaucoup plus de mouvement qu'il ne l'avait imaginé, mais c'était l'été, après tout, et les gens voulaient profiter de la douceur du temps. Même la nuit. Et les maîtres qui promenaient leur chien en laisse durant le jour pouvaient leur permettre de s'ébattre en toute liberté à quatre heures du matin. Quant aux joggeurs, ils devaient jouir de l'air plus pur et du plaisir d'entendre leurs pas battre l'asphalte. Tout était si différent la nuit. Si calme. Surtout après ces derniers jours où un climat d'anxiété avait pollué l'ambiance à la résidence des Cèdres. L'assassinat de Lydia avait plongé tout le monde dans un gouffre d'inquiétude et de doute, avait accru la confusion de plusieurs résidents. Marie-Louise Tanguay lui avait dit de ne pas hésiter à prendre un somnifère, mais était-ce vraiment nécessaire de dormir quelques heures de plus ? Dans quel but ? Il prenait déjà des comprimés pour contrôler sa pression et un antidépresseur. Lorsqu'il le lui avait prescrit, le Dr Hébert lui avait dit que bien des résidents y avaient recours. Vieillir n'était facile pour personne. Personne n'avait envie de quitter sa maison pour vivre dans une chambre, personne ne souhaitait être dépendant d'un préposé pour se déplacer, personne ne voulait avoir ce sentiment pénible que tout vous échappe. Prendre des antidépresseurs n'était pas un aveu de faiblesse, mais un signe de bon sens. Un signe que Ludger Sirois préférait être de meilleure humeur, profiter des visites mensuelles de sa fille et des loisirs qui s'offraient encore à lui. Il prenait donc chaque soir les gélules rouge brique. Comme son ami Karl. Avaient-ils imaginé un jour avoir un pilulier sur leur table de chevet? Quand il demeurait rue William, c'étaient des rapports de police qui traînaient à côté de son lit. Des affaires à régler ou des *cold case* qui continuaient à l'intriguer. Il enviait Karl de pouvoir demeurer peintre jusqu'à la fin de ses jours, alors que lui n'était plus qu'un ex-enquêteur.

Ludger Sirois vit les premiers rayons de soleil courir sous les branches si basses des pins, crut deviner les mouvements furtifs des écureuils, se rappela ceux qu'avait dessinés Karl en arrivant à la résidence des Cèdres. Il s'éloigna de la fenêtre, hésita. Allait-il s'allonger sur le lit de Karl ou retourner à son studio où Karl s'était endormi? Il était trop tôt pour le réveiller, mais ce serait tout de même mieux si Karl regagnait son propre studio avant que la rumeur matinale anime la résidence. Pour éviter d'attirer l'attention. Que des employés ou des infirmières se posent trop de questions à leur sujet. Vu leur âge, on n'imaginerait sûrement pas une relation homosexuelle entre eux. On mettrait plutôt ces visites nocturnes sur le compte de la confusion. Le plus simple serait évidemment qu'ils échangent leur studio, mais Karl soutenait qu'ils dérangeraient tout le monde. Si chaque résident voulait ensuite les imiter? Marie-Louise Tanguay leur en voudrait, avec raison. Peut-être, mais en attendant, Karl dormait chez lui... tandis que lui ne dormait pas. Il en parlerait avec sa fille quand elle viendrait le voir. Elle et son gendre pourraient les aider à déménager leurs quelques effets personnels d'un studio à l'autre. Ce n'était pas aussi compliqué que l'imaginait Karl qui avait toujours peur de gêner, de déplaire, d'attirer l'attention. Il était étonnant que cette attitude si réservée n'ait pas trop nui à sa carrière.

En s'appuyant sur la table, Ludger Sirois fit tomber un cahier à dessin. Il pesta en s'agenouillant lentement pour le ramasser, ainsi que les feuilles de papier kraft qui protégeaient les dessins au pastel, crut un instant que son dos lui jouerait des tours et qu'il resterait indéfiniment dans cette posture, mais il réussit à se redresser, à déposer le cahier sur la table. Il l'ouvrit, soucieux de replacer les papiers entre les pastels, alluma la lampe pour s'en acquitter correctement. De la poudre rose sur plusieurs papiers lui indiqua de glisser ceux-ci sur les dessins des pétunias. Karl en avait fait une dizaine et, même si Ludger n'aimait pas particulièrement les fleurs, il songea avec émotion au parterre que sa femme entretenait avec tant de fierté. Il n'aurait pu dire le nom d'aucune des fleurs qu'elle plantait, mais il se souvenait d'elle quand elle frottait ses ongles avec une petite brosse pour les débarrasser de la terre à la fin d'un après-midi dans leur jardin. Il se rappelait le contentement qui l'habitait, son regard à la fois joyeux et paisible. Il avait replacé tous les papiers, mais il continua à tourner lentement les pages du cahier, reconnaissant les balançoires au fond du jardin de la résidence, devinant les silhouettes des sœurs Lalancette qui devaient y passer la moitié de leurs journées, puis le saule pleureur qu'il avait été question de couper. Ludger s'étonna comme toujours du talent de son ami : comment parvenait-il à donner l'impression que le vent agitait les branches du saule ? Il tourna une autre page, suspendit son geste en découvrant une série d'esquisses de Lydia Francœur. Elles étaient récentes, différentes du portrait qu'il avait fait quelques mois auparavant, ce portrait où Lydia avait les cheveux plus courts. Sur les esquisses, sa chevelure était remontée en un chignon défait qui flottait autour de son visage rond. Ludger émit un petit sifflement en admirant les dessins : Karl souffrait peut-être de certaines absences, mais il fallait quand même qu'il ait une fichue mémoire pour réaliser ces esquisses sans modèle. Peut-être qu'il les avait faites justement pour honorer le souvenir de la disparue avant qu'il s'efface de son esprit ? Que ses traits s'estompent et sombrent dans l'oubli ? Ludger arrivait à la fin du cahier quand il découvrit des esquisses d'un profil d'homme. Qui portait une barbe. En fouillant dans la poche de sa chemise pour prendre ses lunettes, il sentit son pouls s'accélérer. Il connaissait évidemment cet homme. C'était le directeur de la résidence des Cèdres.

En quoi avait-il pu intéresser Karl ? Pourquoi Serge Larocque avait-il retenu son attention ? Parce qu'il aurait pu lui servir de modèle pour un tableau ? Mais Karl ne peignait plus. Et lorsqu'ils avaient parlé du directeur, au moment où Karl avait emménagé à la résidence, ils s'étaient un peu moqués de l'importance que Serge Larocque attachait à son apparence, des pochettes de son veston assorties à ses cravates et de ses mains manucurées. Karl avait jugé son visage trop lisse et ils n'en avaient pas reparlé depuis. Il est vrai qu'ils le voyaient rarement, les bureaux de la direction étant situés dans une aile éloignée de la leur.

Il examina de nouveau les esquisses. Il n'y avait pas d'erreur possible, c'était bien Serge Larocque. Et sa barbe soigneusement taillée en collier. Ce dessin était récent, puisqu'il faisait suite aux esquisses de Lydia Francœur.

Ludger Sirois se répétait qu'il ne fallait pas échafauder un tas d'hypothèses, qu'il devait d'abord discuter avec Karl de ces esquisses avant d'élaborer un scénario. Mais il avait ressenti ce frisson qu'il connaissait si bien, le frisson qui accompagnait la découverte d'un indice capital. Ces esquisses étaient incongrues.

Il tourna la page et découvrit une image de Catherine qui flattait une biche : le visage de l'infirmière, appuyé tendrement contre celui de cette biche gracile, montrait qu'elles partageaient le même regard si doux. Ludger tourna une page, puis une autre. Jusqu'à la dernière, des études pour un arbre. Si Karl avait dessiné Lydia, Catherine et Serge Larocque, pourquoi n'avait-il pas aussi dessiné Marie-Louise et Gina qui faisaient partie du personnel? Ludger referma doucement le cahier, le remit sur la table en se disant qu'il l'apporterait avec lui en regagnant son studio. Il faillit faire tomber le pilulier en déposant le cahier, le replaça sur la table de chevet, regarda sa montre, décida de s'allonger un peu pour réfléchir à tout ce qu'il venait de découvrir et à la meilleure attitude à adopter pour favoriser les confidences de Karl. Cette fois-ci, il n'accepterait pas de réponses vagues. Il exigerait ces détails précis qui lui feraient découvrir la vérité.

Il prouverait à cette Maud Graham qu'il était toujours un excellent enquêteur.

::

— Que puis-je vous dire à propos de Léonard Cardinale? fit Vivien Joly en répétant la question que venait de lui poser Maud Graham.

— Tout ce qui vous vient à l'esprit. J'ai lu son dossier, je sais qu'il a étudié en prison, qu'il a fini son cégep. L'avez-vous aidé?

— Oui et non. Cardinale a suivi un cours en administration. Les chiffres, ce n'est pas vraiment mon domaine. Mais je lui ai donné un coup de main pour ses autres cours.

Vivien Joly se tut, n'osant demander à son interlocutrice pourquoi elle voulait son avis sur ce compagnon de détention.

— Il n'a rien fait de condamnable, dit Graham en rompant ce silence chargé de questions.

— Mais vous vous intéressez néanmoins à lui, objecta Vivien Joly. Est-ce qu'il y a un lien avec le meurtre du Bois-de-Coulonge.

— Son alibi le met à l'abri de toute accusation, répondit Graham.

— Vous voulez pourtant en savoir plus sur Cardinale.

— Je ne sais pas pourquoi, avoua Maud Graham.

— Parce qu'il pourrait être un coupable idéal.

— Non, je vous l'ai dit, on a vérifié ses allées et venues.

— Vous pensez quand même qu'il a quelque chose à voir avec ce crime.

— Non. Mais je devrai le rencontrer, je veux en savoir plus sur lui.

Elle observa à son tour quelques secondes de silence, avant de préciser à Vivien Joly qu'il n'était évidemment pas obligé de lui parler de Cardinale.

— C'est un homme intelligent. Mais qui manque de jugement.

— De jugement ?

— De gros bon sens. C'est ce qui m'inquiète le plus pour lui. Je ne sais pas comment il pourra s'adapter. C'était bien qu'il doive respecter une certaine routine, qu'il soit encadré. Il est rempli de paradoxes.

— Pouvez-vous me donner des exemples ?

— Il est à la fois usé et juvénile. Vieux et toujours adolescent. Il y a une partie de son cerveau qui fonctionne logiquement, qui perçoit des situations dans leur ensemble, ce qui lui a permis d'étudier facilement. Il a obtenu les meilleures notes…

— Mais ?

— Il peut raisonner, mais il ne raisonne pas toujours. Il est trop impulsif. Et il prend ses rêves pour des réalités. Même s'il prétend le contraire. En maison de transition, il nous parlait de ce qu'il ferait lorsqu'il serait vraiment libre, qu'il deviendrait peintre. Il ne semblait pas mesurer les difficultés qui l'attendaient. Rien ne ressemble à ce que nous avons quitté, lorsque les portes du pénitencier se sont refermées derrière nous. Le bruit, les odeurs, la solitude et son contraire.

— Son contraire ?

— Les foules. Je panique dans les centres commerciaux. Je ne sais pas pourquoi les gens y vont. Ils s'assoient sur un banc et pianotent sur leur téléphone. Les cellulaires existaient avant ma condamnation, mais c'est différent aujourd'hui. Tout le monde y est branché en permanence. Les gens créent leur propre isolement. S'ils savaient ce qu'est vraiment l'isolement…

Vivien Joly poussa un long soupir avant de reprendre :

— La mère de Cardinale est décédée il y a quelques mois. Elle le visitait régulièrement, lui apportait des livres, des crayons, du papier à dessin. Il se sentira bien seul.

— Il dessine ?

— Oui. Il est doué. Mais de là à croire qu'il exposera dans une galerie...

— C'est ce qu'il espère ?

— Oui. Il s'est souvent vanté d'avoir eu le peintre Karl Lemay comme voisin. Il paraît qu'il lui aurait dit quand il était jeune qu'il avait du talent. Sauf que le talent ne suffit pas pour réussir. Vous êtes certaine qu'il n'est pas mêlé à ce... qui s'est passé au parc ?

— On a vérifié son alibi, répéta Graham. S'il était un suspect, je ne vous aurais pas appelé. Je n'aurais d'ailleurs pas dû vous téléphoner.

— Mais vous faites rarement les choses comme tout le monde, conclut Vivien Joly.

Maud Graham crut déceler une note plus joyeuse dans la voix de Joly et lui dit qu'elle le rappellerait. Juste pour voir comment il s'accoutumait à sa nouvelle vie.

— C'est fou, mais je me sens inutile. Au pénitencier, j'aidais les gars à finir leur secondaire. Je pense que je vais faire du bénévolat. Si on accepte les services d'un ex-détenu.

— Si je peux vous aider en quoi que ce soit, n'hésitez pas.

— Vous en avez déjà fait beaucoup, assura Vivien Joly avant de couper la communication.

Graham reposa le téléphone en songeant qu'elle aurait dû insister pour le rencontrer, pour juger en personne de son moral. Elle n'avait pas osé lui demander s'il avait revu d'anciens amis, redoutant qu'il lui dise qu'il n'avait rejoint personne ou que personne n'avait répondu à ses appels.

8

Le 1ᵉʳ août, en après-midi

En sortant de la douche, Serge Larocque soupira en repensant à sa matinée, à l'arrivée des deux enquêtrices au début de la journée. Il les avait vues se pointer avec découragement. Un samedi! Elles ne s'arrêtaient jamais? Déjà qu'il n'avait pu se rendormir après avoir rêvé que Cardinale s'était introduit chez lui pour le tuer... Maudites policières, elles voulaient encore discuter avec Karl Lemay. «Pour éclaircir des détails qui nous paraissent confus», avait dit Maud Graham à Marie-Louise lorsque celle-ci les avait accueillies. Il avait hésité à quitter son bureau pour les rejoindre, mais c'était le seul moyen de savoir si la détective nourrissait des doutes à son égard. Il craignait de la revoir, mais se répétait qu'elle serait venue directement l'interroger si elle le soupçonnait de quoi que ce soit. D'un autre côté, pourquoi désirait-elle entendre à nouveau le vieux peintre? Lui avait-il téléphoné? Il fallait qu'il sache! Et il devait évoquer la présence de Léonard dans le quartier, sinon Marie-Louise Tanguay s'étonnerait de son silence. Et témoigner d'une crainte légitime lui permettrait peut-être d'obtenir plus d'informations. Il était sorti de son bureau, s'était dirigé vers les deux femmes, avait tendu la main à Maud Graham tandis qu'elle lui présentait sa collègue. Qu'il aurait pu trouver belle dans d'autres circonstances.

— Elles veulent voir M. Lemay, avait expliqué Marie-Louise Tanguay, mais il a été malade ce matin. Rien de grave, juste un étourdissement, il doit rester couché. C'est un grand émotif. Tout ce qui s'est passé cette semaine doit l'atteindre plus qu'il ne le pense. Il faudrait revenir plus tard. Je peux lui faire un message, si vous voulez.

— Non, non, ce n'est pas urgent, avait répondu Maud Graham. Il m'a raconté quelque chose d'un peu curieux et je voulais vérifier si j'avais bien compris son histoire…

— Le nazi? avait demandé Marie-Louise Tanguay.

— En effet. Il vous en a parlé aussi?

— Il en a discuté avec M. Sirois.

— C'est triste à dire, avait fait Serge Larocque, mais j'ai peur… nous avons peur qu'il ait développé des troubles cognitifs. On a prévu une évaluation.

— On a des résidents qui sont parfois paranoïaques, avait ajouté Marie-Louise Tanguay. Si vous saviez ce qu'ils peuvent nous raconter… On a même eu une dame qui a fait venir la police ici, persuadée qu'on lui avait volé ses bijoux.

— Est-ce que, par hasard, M. Lemay vous aurait aussi appelée? s'était informé Serge Larocque.

— Non, non, avait dit Maud Graham en secouant la tête. Absolument pas. Mais dans une enquête, on doit tout vérifier. Tous les points qui nous semblent un peu bizarres.

— Ce n'est pas toujours évident, avait soupiré Tiffany McEwen.

— Il faudra revenir plus tard, avait fait Marie-Louise Tanguay. Si vous voulez, je peux vous appeler quand M. Lemay se sentira mieux.

— Ce serait gentil.

— Ça tombe bien que vous soyez revenues, avait dit Serge Larocque. Je voudrais des détails sur la présence d'un criminel près de la résidence.

Il avait fait une pause avant de mentir en affirmant qu'il avait laissé un message au poste de police.

— Personne ne m'a rappelé, s'était-il plaint.

— C'est quand même étrange qu'un tueur s'installe dans notre coin et que Lydia soit assassinée peu de temps après, avait poursuivi Marie-Louise Tanguay. Vous ne trouvez pas ? M. Sirois nous a parlé d'un certain Cardinale.

— L'enquête suit son cours. On a rencontré M. Cardinale. Il a un alibi.

— On aimerait que vous nous teniez au courant des développements, reprit Serge Larocque.

— Ce n'est pas la procédure à suivre, avait répondu Maud Graham, mais je peux vous assurer que M. Cardinale a été interrogé officiellement dans le cadre de notre enquête.

— Vous êtes certaine qu'il avait un alibi ? Vous pouvez vous tromper, avait insisté Marie-Louise Tanguay.

— On ne peut pas en dire plus. Sachez toutefois que nous avons la situation bien en main.

La blonde qui accompagnait Maud Graham avait donné sa carte à Marie-Louise Tanguay en la remerciant à l'avance de les prévenir dès qu'elles pourraient s'entretenir avec Karl Lemay. Puis elles avaient quitté la résidence et Larocque avait poussé un soupir de soulagement.

— J'aurais aimé en savoir plus, avait avoué Marie-Louise Tanguay. Mais c'est une bonne chose de connaître ces policières, avec un meurtrier dans les parages. Je suis contente d'avoir leurs numéros personnels. On ne sait jamais ce qui peut arriver. D'un autre côté, je doute qu'on les revoie quand elles auront parlé à M. Lemay. C'est clair qu'elles commencent à comprendre qu'elles perdent leur temps ici. Un nazi ! Franchement ! Je ne sais pas pourquoi il a raconté cette histoire. Habituellement, il ne parle pas beaucoup. Et il n'aime pas qu'on envahisse son espace. Mais Maud Graham est restée longtemps avec lui quand elle l'a rencontré. C'est très curieux.

Serge Larocque s'était fait la même réflexion ; entendre Marie-Louise Tanguay l'exprimer nettement lui confirmait qu'il avait raison de s'inquiéter des déclarations du peintre.

— Pensez-vous que M. Lemay a pu téléphoner au poste et que ces policières n'ont pas voulu nous le dire ?

— Non, non, il n'était pas assez en forme pour cela, avait dit Marie-Louise Tanguay en balayant cette suggestion du revers de la main. Heureusement, il se trouvait dans la chambre de M. Sirois quand il s'est senti étourdi. M. Sirois a aidé Catherine à le ramener à son studio.

— Et maintenant ?

— Il se repose. Le médecin le verra cet après-midi.

— Ils sont vraiment très liés, ces deux vieux…

— Oui, avait dit Marie-Louise, c'est une belle amitié. Je me demande cependant si toutes ces affaires criminelles qu'évoque M. Sirois sont une bonne chose pour M. Lemay. S'il est en train de développer une forme de paranoïa, des récits de meurtres et de violences ne peuvent qu'aggraver son état. Je devrais en parler avec M. Sirois. Peut-être que cette histoire de nazi est tirée d'un de ses récits…

— Il a élucidé plusieurs affaires ?

— À l'entendre, il était brillant. Et il aurait procédé à de nombreuses arrestations, échappé à de graves dangers. Surtout quand il raconte tout ça devant un nouveau public. Personne n'ignore qu'il a été blessé lors d'une opération délicate.

Marie-Louise avait souri en pensant au vieil homme : elle ne doutait pas qu'il avait mené une belle carrière, mais imaginait mal qu'il ait été si souvent menacé. Il était comme plusieurs résidents, désireux d'avoir plus d'attention.

— On fait ce qu'on peut pour les écouter, mais nous ne sommes pas…

— Assez nombreux, l'avait coupée Serge Larocque, je sais. Cela devrait changer d'ici quelques mois.

— Vraiment?

Il avait acquiescé avant d'expliquer à Marie-Louise Tanguay qu'il était possible que la résidence des Cèdres fasse partie l'année suivante d'une chaîne de résidences haut de gamme. Où il y aurait plus de préposés. Plus d'infirmières.

— Vous êtes comme votre père qui avait toujours des projets! Qui souhaitait toujours le mieux pour la résidence.

En regagnant son bureau, Serge Larocque souriait encore en repensant au compliment de Marie-Louise Tanguay. C'est elle qui avait raison : il voulait que la résidence des Cèdres soit la meilleure de la province. Les événements récents, la présence de ces enquêteurs dans son établissement l'avaient détourné de son projet de fondation. Il devait toutefois recommencer à y penser, à élaborer des stratégies pour réussir à recevoir l'argent dont il avait besoin. Il fallait qu'il arrive à se concentrer, à se calmer, mais cette visite des policières l'avait perturbé et il se demandait si elles avaient perçu son trouble, même s'il était certain de leur avoir souri, de leur avoir donné une franche poignée de main. Il avait soupiré de nouveau, l'important était qu'elles soient reparties. Même s'il n'avait rien appris à propos de Léonard...

Et si Karl Lemay les avait réellement appelées? avait-il songé dix secondes plus tard. S'il l'avait reconnu? Au bout d'une semaine? Il n'avait rien révélé aux enquêteurs jusqu'à maintenant et il s'y décidait subitement ce matin-là. Y avait-il un lien avec les étourdissements dont il avait souffert? Marie-Louise Tanguay avait dit qu'il était très sensible. Si seulement ces émotions pouvaient entraîner une crise cardiaque ou un AVC!

Peut-être que Serge Larocque n'aurait pas repensé à cette éventualité s'il n'avait pas croisé Karl Lemay, à l'heure du dîner, alors qu'il quittait la résidence en empruntant une sortie de secours, comme il le faisait depuis une semaine pour éviter de rencontrer le peintre. Il était persuadé que celui-ci oublierait qu'il l'avait aperçu au Bois-de-Coulonge s'il ne le voyait pas durant un bon moment. Ou qu'il le confondrait encore davantage avec ce nazi imaginaire. Mais Karl Lemay était sorti pour dessiner des fleurs dans la cour et il avait dû le saluer, ne pouvant lui tourner le dos sans que cela paraisse trop étrange. Ludger Sirois et Aline Poirier étaient assis dans la balançoire, tout près de l'artiste, et auraient pu remarquer son manège. Il avait donc ralenti à la hauteur de Karl Lemay, lui avait souri, mais ce dernier ne lui avait pas rendu son sourire. Il l'avait dévisagé avec une expression à la fois stupéfaite et inquiète. Comme celle qu'affichaient souvent les personnes souffrant d'Alzheimer quand elles s'efforçaient désespérément de se rappeler un nom, une personne. Ou était-ce l'expression de celui qui se souvenait d'un événement angoissant ? Il avait souhaité une bonne journée au vieux peintre après avoir jeté un coup d'œil à son dessin et s'était dirigé vers le stationnement, mais il avait l'impression que le vieillard avait continué à le fixer jusqu'à ce qu'il disparaisse de son champ de vision. Il ne s'était évidemment pas retourné pour vérifier.

Il avait dû s'y reprendre à deux fois pour insérer la clé dans le contact de sa voiture.

Après sa douche, en revêtant son polo de coton bleu, Serge Larocque pensait encore à Karl Lemay, à son attitude indéchiffrable. Représentait-il vraiment une menace ? Sa façon de le regarder si intensément lui avait déplu, on aurait dit qu'il tentait d'imprimer ses traits dans sa mémoire. Pour les reproduire ? Marie-Louise n'avait-elle pas dit que le vieil homme avait parfaitement rendu l'expression de Lydia ?

S'il révélait aux enquêteurs qu'il s'était souvenu de son regard ? Qu'il se rappelait l'avoir vu près du kiosque du parc du Bois-de-Coulonge ? Les enquêteurs se jetteraient sur cette piste ! Cette Maud Graham avait trouvé étranges les propos de Karl Lemay, mais elle n'avait pas balayé cette histoire de nazi qui lui fournissait un prétexte pour revenir fouiner à la résidence des Cèdres. Si seulement Karl Lemay s'était vraiment égaré au lieu d'aboutir au parc, si seulement il n'avait pas rôdé autour du kiosque, si seulement il avait eu un malaise. Ou s'il avait fait une chute. S'il avait pu débouler jusqu'au port... Hélas, non, il y avait des barrières de sécurité qui permettaient de voir le fleuve, la marina, le boulevard Champlain, mais qui empêchaient les curieux de descendre plus bas, de perdre pied et de plonger sur les rochers, de s'y fracasser le crâne. Il y avait chaque année des reportages sur des vieillards confus, retrouvés morts gelés loin de leur résidence. Il fallait qu'on soit en juillet ! Et que des gamines ramènent Lemay aux Cèdres. Si seulement il avait erré toute la nuit, si seulement il s'était endormi dans un coin pour ne plus se réveiller ! Si seulement il était mort !

En glissant son portefeuille dans la poche de son veston de lin gris perle, Serge Larocque se demanda combien de résidents étaient décédés d'une crise cardiaque au cours des derniers mois. C'était un décès bien naturel pour ces personnes âgées. Et même une mort bienfaisante, qui leur évitait d'agoniser durant des semaines dans un lit d'hôpital. N'avait-il pas entendu plus d'une fois un résident affirmer qu'il voulait partir vite ? N'avoir surtout pas à changer d'aile, à finir ses jours complètement dépendant des préposés pour se lever, se coucher, s'habiller, manger, aller aux toilettes ? Lui-même souhaitait mourir d'un arrêt cardiaque. Ne pas souffrir comme son père. Une bonne crise cardiaque, oui, c'est ce qu'il lui fallait. Il vérifierait la liste des médicaments que prenait Karl Lemay quand il reviendrait de son lunch d'affaires.

::

— Vos fleurs sont tellement belles qu'on pourrait respirer leur parfum, dit Aline Poirier à Karl Lemay en passant derrière lui, alors que Catherine venait de l'aider à quitter la balançoire pour regagner son fauteuil roulant. Est-ce qu'il y a des plantes qui sont plus faciles à dessiner que d'autres ?

— Les arums, répondit le peintre avant de corriger le pétale d'une pensée qu'il avait croquée durant l'après-midi.

— C'est vrai que c'est beau, approuva Catherine en admirant le pastel. Ça doit être plus compliqué de dessiner une personne. Il paraît que vous avez fait le portrait de Lydia? J'aimerais bien le…

— Un… un autre jour, répondit le peintre. Là, je…

— C'est correct, M. Lemay, je ne veux pas vous brusquer. C'est seulement que Lydia nous manque. Je n'y crois pas encore!

— Je suppose qu'il y aura des navettes, après-demain, pour nous emmener au service funéraire? avança Aline Poirier. Je tiens à y aller.

— Marie-Louise a tout organisé. Elle a même retardé son départ en vacances pour assister aux funérailles.

— Et M. Larocque? s'informa Ludger Sirois.

— Quoi, M. Larocque?

— Il viendra?

— Évidemment, répondit Catherine. Il semble un peu distant quand on ne le connaît pas, mais il était attaché à Lydia. Il comptait tellement sur elle!

Aline Poirier eut envie d'expliquer à la jeune préposée qu'avoir de l'affection pour une personne et avoir besoin de quelqu'un étaient deux choses totalement différentes. Pas incompatibles, mais différentes. M. Larocque se reposait vraisemblablement sur Lydia pour le travail, appréciait ses compétences, mais cela signifiait-il qu'il lui était attaché? En tout cas, Lydia Francœur ne lui avait jamais parlé de Serge Larocque. Pas un seul mot. Ni pour s'en plaindre, ni pour se réjouir de travailler pour lui. Alors qu'Aline Poirier pensait déceler une note d'admiration dans la voix de Catherine, une note qui trahissait son intérêt pour le directeur. Aline Poirier aurait-elle été sensible à l'apparence de Serge Larocque, si elle avait eu l'âge de la préposée? C'est vrai qu'il était bel homme, mais il manquait de charme. Il lui paraissait sté-réotypé, comme s'il cherchait à ressembler aux mannequins des magazines. Elle avait toujours préféré les visages moins parfaits, qui avaient plus de caractère.

— J'ai vu M. Larocque, tantôt. Il était loin, mais il me semble qu'il a quelque chose de changé? Avec mes vieux yeux, je ne suis pas sûre de…

— Il a coupé sa barbe, fit Catherine. Ça lui va mieux, non?

— Il l'a rasée récemment? demanda Ludger Sirois en sentant son pouls s'accélérer.

— Je ne sais pas, la semaine dernière, répondit Catherine. Je trouve que ça le rajeunit.

— On ne le voit pas assez souvent pour en juger, dit Sirois en pariant intérieurement que Larocque s'était rasé au moment de la mort de Lydia. Notre directeur est toujours dans son bureau. Avant, on le croisait plus souvent.

— Il est débordé avec tout ce qui est arrivé.

— Il n'a pas encore trouvé quelqu'un pour remplacer Lydia?

Catherine secoua la tête, avant de dire qu'elle espérait qu'il engagerait bientôt une secrétaire, car elle attendait toujours une livraison de produits d'entretien.

— La propreté, c'est capital à la résidence!

— C'est très bien tenu, l'assura Ludger Sirois.

Il observa Karl qui se tenait immobile dans l'allée, son cahier sous le bras. Il n'avait pratiquement pas dit un mot depuis son étourdissement, mais Ludger avait cru qu'il prenait du mieux quand il avait décidé d'aller dessiner dehors et que ce serait l'occasion de l'interroger à propos des esquisses représentant Serge Larocque. Hélas, il y avait eu un constant va-et-vient autour de la balançoire. Puis Aline Poirier était arrivée pour s'y installer et lire son roman, et il n'avait pas pu questionner son ami. Il devrait attendre après le souper. Karl suivait maintenant Catherine et Aline. Ludger leur emboîta le pas, maudissant sa propre lenteur avant de songer qu'il avait tout de même la chance de pouvoir se déplacer avec sa canne, contrairement à Aline Poirier. Ils gagnaient l'entrée principale et Aline notait que les sœurs Lalancette n'avaient pas quitté leur poste d'observation de tout l'après-midi, quand Ludger Sirois poussa un cri de surprise en manquant d'échapper sa canne: Léonard Cardinale était assis sur les marches du perron. Avait-il la berlue? Mais non, c'était bien lui! Comment pouvait-il avoir le culot de se présenter à la résidence? Cardinale s'était levé en voyant arriver Karl Lemay, mais demeurait immobile sans cesser de le fixer. Ludger comprit qu'il ne l'avait pas remarqué. Ou pas reconnu. Avait-il tant changé depuis qu'il l'avait arrêté? Non, il ne quittait pas Karl des yeux. Karl qui avait porté une main à son cœur, qui s'était appuyé sur Catherine comme s'il avait de nouveau un étourdissement, mais qui s'avançait vers Cardinale, tendait les mains vers lui dans un geste amical.

— C'est toi? Leonardo?

— Vous me reconnaissez?

— J'ai fait ton portrait. On n'oublie jamais un regard. Qu'est-ce que tu fabriques ici?

— Je… je voulais seulement vous saluer. Ma mère m'a souvent parlé de vous et je…

— Et ça s'arrêtera là, déclara Ludger Sirois d'une voix forte. Comment peux-tu te permettre de venir nous déranger? Je sais qui tu es! Tu vas t'en retourner d'où tu viens!

— Ludger! s'écria Karl. Tais-toi!

— Je vais chercher M. Larocque, dit Catherine.

— On ne veut pas de cet individu ici! vociféra Ludger Sirois en levant sa canne.

— Non, dit aussitôt le peintre. Arrête…

— Je ferais mieux de partir, dit Léonard Cardinale. Je tenais seulement à…

— Tu ne me reconnais pas? dit Ludger Sirois en s'approchant de lui, tremblant de colère. Tu ne te souviens même pas de moi? Tu avais dit que tu me tuerais!

Cardinale plissa les yeux. Le soleil l'empêchait de bien voir son interlocuteur à contre-jour, mais il reconnaissait cette voix! Il n'aurait pu l'oublier! Il recula, buta sur un banc au pied du perron, trébucha. Karl Lemay s'empressa de l'aider à garder son équilibre.

— Vous pourriez peut-être vous expliquer calmement à l'intérieur, dit Aline Poirier.

Elle avait noté que des résidents étaient sortis du hall d'entrée, attirés par le ton de la discussion. Les sœurs Lalancette poussaient des couinements effrayés et Catherine cherchait à les calmer sans y parvenir.

— Il n'y a rien à expliquer, répondit Karl Lemay. J'ai un visiteur.

— Je ne pense pas que les repris de justice sont bienvenus à la résidence des Cèdres, fit Ludger Sirois.

— Je vais y aller, monsieur Lemay, dit Léonard Cardinale.

Il devait s'éloigner pour reprendre ses esprits. Il n'arrivait pas à croire que c'était bien l'homme qui l'avait envoyé au pénitencier qui se tenait à côté de lui, prêt à le frapper avec sa canne. Il sentit des regards derrière son dos qui lui rappelèrent cette sensation d'être constamment épié qui l'avait accompagné durant toute la durée de sa peine. Il avait l'impression d'étouffer. Il devrait s'y prendre autrement s'il voulait revoir son ancien voisin. L'essentiel, c'est que le vieux Lemay l'avait reconnu, lui avait souri.

— Mais Leonardo...

— Je vous appellerai, promit Cardinale à Karl Lemay. L'important, pour moi, c'est de savoir que vous allez bien.

— Reste! J'ai le droit de voir qui je veux.

— Je vous promets de vous appeler. De toute manière, c'est l'heure de votre souper.

— Tu me le jures?

— Sur la tête de ma mère.

Ludger Sirois haussa les épaules, donna un coup de canne en direction de Léonard Cardinale avant de se frayer un chemin entre les résidents qui n'avaient rien compris à l'altercation et qui en parleraient durant tout le souper. Il se dirigea vers la salle à manger, tandis que Karl Lemay s'avançait vers l'ascenseur pour regagner son studio, bouleversé par ce qui venait d'arriver. Aline Poirier faillit le suivre, mais décida d'attendre et s'assit à la place qui lui avait été attribuée, devant Ludger Sirois qui attendit que le service commence sans proférer un seul son. Il était tellement en colère qu'il renversa sa première cuillerée de soupe aux légumes. Aline Poirier échangea avec lui un regard qui se voulait apaisant. Ludger se força à lui adresser un signe de tête, mais ne dit pas un mot avant la fin du repas. Il lui sut gré de ne pas le questionner, d'alimenter la conversation avec les deux autres résidentes qui s'étaient assises à la même table. Il capta des bribes des propos. Il était question des chants choisis pour le service funéraire de Lydia, de l'église où se déroulerait la cérémonie. Ce bourdonnement de voix finit par le calmer un peu et il salua Aline Poirier avec une sorte de déférence quand il quitta la table.

— Si vous avez envie de parler, lui dit-elle, je…

— Je ne saurais pas par où commencer. C'est trop loin.

— C'est peut-être loin, mais vous n'avez pas le recul nécessaire.

Une ébauche de sourire éclaira son visage tandis qu'elle s'excusait de jouer à la psychologue.

— Déformation professionnelle.

— Dans ce cas, vous me comprendrez, reprit Ludger. Ce type qui est venu voir Karl est un criminel. Il n'a pas sa place ici. Je ne peux pas croire qu'il se soit présenté à la résidence ! Je devrais le signaler aux autorités.

— Accompagnez-moi jusqu'à ma chambre, fit Aline Poirier. Vous me raconterez tout.

— Vous deviez être bonne dans votre domaine.

— Vous ne pouvez pas rester fâché. Ce n'est pas bon pour vous. Ni pour M. Lemay.

Ludger faillit protester, mais se contenta de soupirer. Aline Poirier avait raison et sa façon de le regarder lui rappelait celle de sa femme lorsqu'il rentrait à la maison, à la fois ouverte et soucieuse.

— Je pense que vous êtes surtout inquiet, continua-t-elle. Vous devez avoir vos raisons.

Elle n'ajouta pas qu'il était également blessé que Cardinale l'ait d'abord ignoré : « Tu ne m'as *même* pas reconnu », avait-il crié. Est-ce que Ludger Sirois avait conclu qu'il avait tant vieilli qu'il en était méconnaissable ou était-il furieux que Cardinale l'ait oublié, alors qu'il avait procédé à son arrestation ? Comme s'il était interchangeable avec un autre policier ? Un numéro parmi tant d'autres, sans visage, sans importance. Lui qui racontait avec tant de plaisir toutes ces histoires sur lesquelles il avait enquêté. Il lui avait probablement déjà narré cette arrestation, mais elle ne s'en souvenait plus, sans toutefois s'en inquiéter. Elle ne se sentait pas menacée par l'amnésie, se rappelant la lucidité de sa mère au même âge. Le temps se contentait d'user son corps. Ce qui était bien suffisant, songea-t-elle en sortant difficilement de l'ascenseur, pendant que Ludger Sirois évoquait le passé criminel de Cardinale, sa condamnation, sa libération et son retour récent dans le quartier, dans la maison de ses parents. Qui avaient été les voisins de Karl. Sirois avoua s'être déjà disputé avec lui au sujet de Cardinale.

— On ne s'était jamais engueulés avant que ce maudit-là revienne par ici, s'enflamma-t-il. Comme si on avait besoin de ça ! On a bien assez du meurtre de Lydia et de...

Ludger Sirois se tut, surpris d'avoir oublié ses doutes sur Serge Larocque durant plus d'une heure. Fallait-il qu'il soit bouleversé !

— C'est la faute de Cardinale ! Vous avez vu ? Karl s'est appuyé sur Catherine, comme s'il allait perdre connaissance. Il aurait pu faire une crise cardiaque. Cardinale l'a trop troublé. Il est pourtant suffisamment perdu...

— Vous trouvez qu'il est plus confus qu'avant?

— Je ne sais pas.

— Ou vous ne voulez pas savoir?

— Vous auriez été aussi bonne dans mon domaine, fit Sirois tandis qu'Aline Poirier ouvrait la porte de son studio.

Après quelques secondes de silence, Ludger Sirois admit qu'il n'arrivait pas à évaluer l'état de Karl.

— Ce n'est peut-être pas à vous de le faire, répondit-elle en sachant que ce n'était pas ce que l'ancien enquêteur voulait entendre.

— Il m'a sauvé la vie. Je me serais noyé sans lui! Je dois m'en occuper! C'est pour ça que je ne veux pas que Cardinale rapplique ici! On ne sait pas ce qu'il a en tête.

— Il a vraiment menacé de vous tuer?

— Ce n'était pas le premier ni le dernier, crâna Ludger Sirois. Ça ne m'empêche pas de dormir.

— Qu'est-ce qui vous en empêche alors? tenta Aline Poirier.

Ludger Sirois la dévisagea: comment savait-elle qu'il faisait de l'insomnie?

Elle eut un sourire mi-figue mi-raisin.

— La moitié des résidents dorment mal ou avec des somnifères. Moi-même, je me réveille plusieurs fois par nuit. Comme vous, si j'ai bien compris.

— Karl m'a raconté qu'il avait vu un nazi et ce genre de délire me trouble…

— Un nazi? s'écria Aline Poirier. Un nazi?

— Il paraît qu'on tatouait les soldats qui partaient au front, continua Sirois. Leur groupe sanguin sous l'aisselle. Pour pouvoir leur donner la bonne transfusion en cas de bless…

— Sous l'aisselle, le coupa Aline Poirier en blêmissant. En êtes-vous certain?

Ludger Sirois fut alerté par le ton anormalement grave d'Aline Poirier, son corps qui se raidissait subitement.

— C'est ce qu'affirme Karl. Je ne sais pas où il a pris cette idée.

— Il… il a vraiment vu ce tatouage, balbutia Aline Poirier. Et je l'ai vu aussi.

— Quoi?

— M. Schmidt a ce tatouage sous l'aisselle. Il va à la piscine en même temps que moi, pour sa physiothérapie. Mais Karl l'a vu quand M. Schmidt est tombé de la balançoire. Sa chemise s'est déchirée. Karl est parti en courant. Sur le coup, je n'ai pas compris pourquoi. J'ai plutôt alerté un préposé pour qu'il s'occupe de M. Schmidt. Mais c'est le soir où Karl a fugué…

Ludger Sirois secoua la tête devant l'énormité de cette révélation, soupira en même temps que son interlocutrice. Ils se dévisagèrent un long moment avant qu'il dise que cela prouvait au moins que Karl n'était pas aussi confus qu'il l'avait cru. Qu'il ne délirait pas complètement.

— Qu'est-ce qu'on fait avec cette nouvelle? murmura Aline Poirier. C'est… c'est trop gros.

— Je pensais que Schmidt était un anglophone.

— Moi aussi. Je croyais qu'il avait vécu à Montréal, qu'il avait grandi dans les deux langues. Il parle correctement français. Du moins, le peu que j'ai entendu. Mais, en fait, il chante mieux qu'il ne parle. C'est un vrai mélomane.

— Un nazi, un nazi ici! Je n'en reviens pas! Je comprends que Karl ait paniqué. C'est une de ses obsessions. Son père vénérait Hitler. Il en a toujours eu peur. Ou honte.

— Il faut qu'on en parle à Maud Graham, décréta Aline Poirier. Elle saura ce qu'il faut faire. Nous, on ne peut ni ne doit prendre aucune décision. On ne peut pas accuser cet homme de… De quoi au juste? On ne sait rien de lui.

— Si c'est un criminel nazi qui a pu se cacher tout ce temps au Québec…

— Mais on l'ignore.

Aline Poirier sentait que Ludger Sirois était tenté par une confrontation avec Eric Schmidt, mais elle devait le convaincre de garder le silence dans l'immédiat.

— Avec votre expérience au sein de la Sûreté, vous savez mieux que moi qu'on ne peut blâmer quelqu'un sans preuve. Nous nuirions à l'enquête en agissant inconsidérément. Ce n'est pas ce que vous souhaitez, n'est-ce pas? Il peut y avoir, il doit y avoir une explication.

— Comme quoi?

— Je l'ignore, admit Aline Poirier. C'est pour cette raison que je vais téléphoner à Maud Graham. Je ne la dérangerai pas ce soir, mais on pourrait s'entretenir avec elle ensemble, demain matin, d'accord? Je pense qu'on doit digérer cette nouvelle. On a eu une grosse semaine…

— À qui le dites-vous! La fugue de Karl, un meurtre, Cardinale qui réapparaît et maintenant un nazi et…

L'image de Serge Larocque s'imposa à l'esprit de Ludger Sirois, mais trop d'idées se bousculaient en même temps dans son cerveau. Il devait retourner à son studio pour réfléchir calmement. Mais auparavant il irait voir Karl.

— Je dois lui dire que je sais qu'il ne me mentait pas.

— Peut-être qu'il a aussi raison au sujet de Cardinale, osa Aline Poirier. Cet homme était jeune quand il a commis ce meurtre. Il a pu se réhabiliter. Il semblait heureux de revoir M. Lemay.

— Je ne changerai pas d'avis au sujet de Cardinale. Mais je ne vais pas en reparler ce soir avec Karl. Je ne veux pas me disputer de nouveau. Juste lui dire que je le crois. Vous voulez vraiment appeler Maud Graham?

— Je ne doute pas de vos talents d'enquêteur, le rassura Aline Poirier. Vous avez fait une belle carrière. Mais vous n'avez plus de pouvoir légal ni de moyens pour découvrir ce qui se cache derrière tout ça. Et moi non plus. Ce que nous avons, c'est un Parkinson et une mobilité réduite. Nous n'irons pas bien loin…

Ludger Sirois haussa les épaules. Il devait se rendre à l'évidence : Aline Poirier avait raison. Son épouse lui aurait dit la même chose. Il le lui avoua.

— Je prends ça pour un compliment, fit Aline Poirier. Maud Graham aura besoin de votre collaboration, de vos observations, de votre mémoire. Nous avons la chance tous les deux de ne pas être séniles. C'est déjà beaucoup.

— Je pense que Karl sait aussi quelque chose à propos du meurtre de Lydia. J'ai une hypothèse...

— Qu'est-ce que vous me racontez ?

— Je vais aller voir Karl, dit Ludger. Je vous expliquerai ma théorie plus tard. L'important, pour le moment, c'est de ne pas rester fâchés...

— En effet, convint Aline malgré son envie d'en savoir plus immédiatement.

Comment le peintre pouvait-il avoir des informations sur l'assassinat de Lydia Francœur ? C'était difficilement concevable... S'il avait su quoi que ce soit, il aurait dû en parler avec Maud Graham. Et qu'aurait-il bien pu savoir ? Est-ce que Ludger n'exagérait pas un peu pour avoir l'impression de participer à une enquête ?

— Vous devriez peut-être attendre à demain pour évoquer précisément M. Schmidt avec Karl, conseilla-t-elle après quelques secondes de réflexion. Pour éviter de le bouleverser. À cause de ses étourdissements. Ce serait préférable qu'il ait pris du repos.

— Oui, approuva Ludger Sirois. Ce qui m'ennuie, c'est qu'on dirait que Karl a oublié que Schmidt est tatoué. Il m'a parlé d'un nazi, la semaine dernière, mais il n'a pas établi de lien avec Eric Schmidt. Nous l'avons croisé à plus d'une reprise à la salle à manger sans que Karl réagisse.

— Il peut avoir refoulé ce souvenir. Ou l'avoir carrément oublié.

— Il faut pourtant que je lui dise que je le crois !

— Ce n'est pas nécessaire d'entrer dans les détails. Contentez-vous de vous réconcilier.

— Je vais lui proposer d'aller s'asseoir dehors. Il fait encore chaud.

— C'est une belle soirée malgré tout, fit Aline Poirier. L'air est doux.

— J'ai quand même de la difficulté à imaginer un nazi ici, confessa Ludger Poirier. *Sirois*

— Ce n'était peut-être pas un choix pour Eric Schmidt. Il ne devait pas avoir vingt ans quand il est parti au front. Est-ce que les jeunes Allemands avaient vraiment le choix de s'enrôler ou non ?

— Il y avait quand même pas mal de monde dans la Gestapo.

Il y eut un moment de silence où ils revirent tous deux les terribles images d'Hitler soulevant les foules sous les drapeaux où trônait la sinistre croix gammée.

— Rien ne nous permet de croire que M. Schmidt adhérait au parti, à la Gestapo, insista Aline Poirier. Et même si c'était vrai, je ne suis pas du tout certaine qu'on saura la vérité. Schmidt n'a pas l'air conscient de tout ce qui se passe.

— Il fait peut-être semblant d'être sénile. Peut-être depuis des années. S'il simule l'amnésie… Vous avez dit qu'il se souvient des paroles de toutes les chansons.

— Ce n'est pas de notre ressort, répéta Aline Poirier. Et s'il ment à longueur de journée, je ne l'envie pas. Allez retrouver Karl. On reparlera de tout ceci demain. Sauf si cela vous inquiète trop… je peux demander à mon gendre de venir nous voir maintenant. Juste pour avoir son avis.

— Non, attendons à demain. On ne changera rien à la situation ce soir.

Il s'éloigna pour gagner le studio de Karl en se disant qu'il aurait pu parler de Serge Larocque à Aline Poirier, mais elle aurait tout de suite appelé cette Maud Graham, et Ludger espérait obtenir des révélations de Karl pour les lui servir sur un plateau. De toute façon, comme l'avait si bien dit Aline Poirier, la situation n'évoluerait pas dans la soirée. Et la nuit portait souvent conseil.

::

Une goutte de sueur tomba sur le comptoir de la cuisine. Serge Larocque s'essuya le front du revers de la main, il avait besoin d'une bière. Non, d'un scotch. Un scotch lui remettrait les idées en place. Tout s'était parfaitement déroulé à la résidence, encore mieux qu'il ne l'avait espéré, mais un sentiment d'irréalité continuait à l'habiter. Il sentait de nouveau la désagréable sensation du gant de caoutchouc contre sa peau tandis qu'il manipulait les capsules de 150 mg de venlafaxine. Il avait dû les vider afin de les remplir ensuite avec la poudre des comprimés de digoxine finement broyés. Il tremblait un peu, avait eu peur d'écraser les capsules rouge brique qu'il devait trafiquer, mais il avait réussi à en remplir suffisamment pour s'assurer du décès de Karl Lemay. Il avait rangé les comprimés trafiqués dans la poche de sa veste en lin. Et maintenant, il tâtait cette poche, s'assurait qu'il n'y avait plus aucune trace des capsules, décidait de mettre la veste au lavage pour plus de précautions. Il était ridicule de s'inquiéter autant, alors que son plan avait si bien fonctionné. Pourquoi en aurait-il été autrement? Il était un organisateur né, habitué à planifier, à prendre des décisions, à agir. Il était retourné à la résidence à treize heures trente, s'était enfermé dans son bureau jusqu'à la fin de l'après-midi, avait consulté la liste des médicaments prescrits au peintre. Il avait poussé un soupir de satisfaction en constatant qu'il ne recevait pas de la pharmacie un kit de médicaments scellé comme nombre de résidents, mais qu'il gérait lui-même son pilulier. Puis Larocque s'était glissé dans le bureau de Marie-Louise pour vérifier si Karl Lemay descendait prendre son souper à la salle à manger comme il le faisait régulièrement. C'était le détail qui pouvait tout faire échouer : si le vieux peintre décidait de rester dans sa chambre, s'il se sentait encore étourdi. Heureusement, il s'était dirigé vers la salle à manger d'un pas lent et Serge Larocque s'était emparé du passe-partout, avait gagné les étages supérieurs, était entré dans le studio de Karl Lemay et avait échangé les capsules d'Effexor de son pilulier avec celles qu'il avait trafiquées. Il n'était pas resté plus de trois minutes dans le studio, mais il avait eu le temps de jeter un coup d'œil aux dessins laissés sur la table : il n'apparaissait sur aucun d'entre eux. Des fleurs, que des fleurs.

Il but le scotch en deux gorgées, faillit s'étouffer, mais se resservit un autre verre. Il savourerait celui-là. Il l'avait bien mérité. Il avait fait ce qu'il devait faire pour protéger la résidence des Cèdres qui avait besoin de lui, de son esprit novateur, de son énergie pour offrir les meilleurs services au Québec.

Il sortit sur le balcon de son appartement, se laissa tomber sur le transat en regardant distraitement les gens, six étages plus bas, qui revenaient probablement d'un spectacle dans le Vieux-Québec. Il se rappela avoir suivi Lydia sur les Plaines pour entendre Paul McCartney. Cela lui semblait si loin, si loin. C'était navrant qu'elle ait tout gâché entre eux. Le problème avec Lydia, c'est qu'elle était prompte à critiquer, mais ne se remettait pas trop souvent en question : comment avait-elle pu le traiter de *loser* alors qu'elle n'avait jamais fait preuve d'ambition dans sa vie ? Lui, il avait des projets. Et il les réaliserait. Il s'associerait à Michael Todd. Ils seraient les propriétaires d'une chaîne de résidences huppées d'ici cinq ans. Son frère Antoine aurait honte d'avoir douté de lui. Et s'il cherchait à revenir dans ses bonnes grâces, il devrait ramer un bon bout de temps. Serge n'avait oublié aucun de ses humiliants sermons sur le sens des affaires et des responsabilités qui, selon Antoine, lui échappait. Un trou de cul, son aîné était un trou de cul sans envergure.

Le scotch exhalait une odeur fauve, une odeur de tourbe et d'écurie. En fermant les yeux, Serge Larocque rêva à la Jaguar qu'il s'offrirait bientôt. Il imaginait les sièges et le volant recouverts de cuir d'un brun chaud qui s'accorderait au bois verni du tableau de bord. La tête que ferait Antoine quand il le verrait conduire une telle splendeur...

La seule ombre au tableau était la présence de Léonard Cardinale dans le quartier. Pourquoi s'était-il installé chez sa mère? Juste parce qu'il n'avait pas d'autre endroit où aller? Ou avait-il des projets qui le concernaient? Il ne pouvait pas l'agresser sans retourner illico au pénitencier. Il devait avoir des comptes à rendre à un agent de probation, un couvre-feu, être surveillé. Et puis il n'avait aucune preuve de sa trahison. Aucune.

Et Léonard ne savait pas où il habitait. Il avait bien fait de quitter le quartier, il était beaucoup mieux en face du bassin Louise.

Si Léonard voulait lui faire la surprise de sa visite, il se trouverait nez à nez avec Antoine. Larocque sourit à cette image. Son scotch lui parut soudainement encore plus suave, plus velouté, plus riche. Il se détendait lentement. Avait même envie de sortir, d'aller prendre un verre sur une terrasse. Il lui semblait qu'il y avait une éternité qu'il n'était pas sorti de chez lui. S'il allait traîner un peu sur la rue Saint-Jean?

::

La cuisine était dans la pénombre, mais Léonard Cardinale ne se décidait pas à allumer le plafonnier. Il s'était préparé un sandwich en revenant de la résidence des Cèdres, mais n'en avait grignoté que la moitié, se remémorant en boucle ce nom qu'avait proféré l'employée de la résidence: Larocque. Ça ne pouvait être que Serge Larocque! Et il travaillait à la résidence des Cèdres. C'était plausible, Mme Lantier lui avait dit qu'il avait étudié en même temps que leur fille pour devenir infirmier, qu'il travaillait à Montréal quand son père avait eu son AVC, mais qu'il était revenu depuis.

À quoi ressemblait-il aujourd'hui? Il n'avait sûrement pas autant changé que lui. Il n'aurait jamais imaginé qu'il deviendrait infirmier. Il lui semblait qu'un minimum d'empathie était nécessaire pour choisir ce boulot. Dans ses souvenirs du secondaire, Larocque s'était toujours intéressé à sa petite personne. Et à ceux qui pourraient lui être utiles. Infirmier? Il avait dû tenter de devenir médecin pour le prestige de cette profession, échouer et se résigner à demeurer dans le domaine de la santé en étant infirmier. Léonard eut une pensée bienveillante à l'égard de Simon, qui travaillait à l'infirmerie du pénitencier, qui lui avait fait des points de suture à plus d'une reprise. Qui lui avait répété que se battre trop souvent nuisait à son dossier. Voulait-il vraiment allonger sa peine? Comme ces visites à l'infirmerie lui paraissaient loin. Dans une autre vie. Presque irréelles. Et pourtant omniprésentes dans ses rêves. Le pénitencier ferait toujours partie de lui. Grâce à la trahison de Serge Larocque. Maintenant infirmier. Cardinale aurait été curieux de savoir ce qu'en pensait M. Lemay. Il avait eu un choc en le revoyant. Il s'était préparé à retrouver un homme vieilli, mais il lui avait paru si frêle! Son regard cependant était toujours le même, à la fois doux et attentif. En revanche, l'autre, le policier, s'était vraiment ratatiné, avait beaucoup maigri. Si Ludger Sirois ne l'avait pas apostrophé, il ne l'aurait jamais reconnu.

Celui-ci l'avait tout de suite identifié. Parce qu'il n'oubliait jamais le visage d'un homme qu'il avait arrêté, malgré les années? Ou parce qu'il avait été averti de sa mise en liberté conditionnelle? Il n'avait pas semblé aussi surpris que M. Lemay de le revoir. Est-ce que son agent de probation et lui se connaissaient?

Chose certaine, il ne retournerait pas à la résidence des Cèdres. Il reverrait M. Lemay ailleurs.

Quant à Serge Larocque, il devait réfléchir à ce qu'il représentait pour lui aujourd'hui. Avait-il ce même sourire bouffi d'arrogance ? Cardinale serra les poings en repensant à la satisfaction qu'il avait lue sur le visage de Larocque quand ils s'étaient croisés au lever du jour, vingt ans plus tôt. Larocque avait continué son chemin comme s'il n'avait pas remarqué son chandail ensanglanté, mais Cardinale savait bien qu'il avait tout vu. S'il avait été arrêté quelques minutes plus tard, c'était parce que Larocque s'était arrêté au casse-croûte pour téléphoner aux policiers.

Infirmier ? Vraiment ? Léonard savait qu'il devait rayer le souvenir de cette trahison, oublier Larocque et ses désirs de vengeance, mais il n'y arrivait pas. Il ne ressentait qu'une rage arctique quand il pensait à lui, au mépris qu'il lui avait toujours témoigné. Tout ça parce que son père était un simple garagiste, alors que le père de Larocque était un homme d'affaires prospère. Lui pouvait critiquer son père, et même le détester, mais personne d'autre n'avait le droit de le mépriser ! Imaginer Larocque travaillant à la résidence des Cèdres, à quelques rues de la maison, lui brûlait les entrailles.

::

Ludger Sirois avait mal au dos quand il s'allongea sur le lit de Karl, mais cela valait la peine de s'être promené avec Karl autour de la résidence ; il s'était excusé d'avoir réagi trop promptement vis-à-vis de Léonard Cardinale. Il avait mis la violence de sa réaction sur le compte de la surprise, de l'émotion.

— On a vécu une semaine bien étrange, avait-il dit.

— Le père de Léonard était pareil au mien, avait répondu Karl. Il le battait. Léonard me l'avait dit.

Ludger avait failli rétorquer que les enfants maltraités ne devenaient pas tous des délinquants, des meurtriers, mais il s'était contenté de hocher la tête, attendant que Karl précise son propos. Ce dernier évoqua plutôt la demande de Marie-Louise Tanguay.

— Elle voudrait encadrer le portrait que j'ai fait de Lydia et le mettre dans la bibliothèque.

— Quel portrait? s'était aussitôt intéressé Ludger Sirois, ravi que son ami aborde de lui-même le sujet des esquisses. Celui que tu as fait au début de l'été ou ceux de cette semaine?

— Lydia mériterait une huile, pas juste un dessin au crayon.

Il avait fait une pause avant de dire que l'odeur de son atelier lui manquait.

— L'huile, la térébenthine, les vernis, la laque, l'encre, les pigments que je broyais. Léonard venait me regarder travailler. J'aimais ces odeurs, celles des papiers, des toiles neuves, les pastels…

— Mais tu dessines encore avec des pastels. Tes fleurs, aujourd'hui, tu…

— La rousse a promis de retrouver mon crayon Kennedy, l'avait coupé Karl.

— Ton crayon Kennedy?

— Rose Kennedy, à cause du tailleur de Jackie. Je ne sais pas si Maud Graham est une bonne policière. Qu'est-ce que tu en penses?

— Probablement que oui, avait marmonné Ludger après un moment de silence qu'avait noté Karl Lemay.

— Tu es jaloux d'elle?

— Jaloux?

— Tu voudrais être à sa place pour mener l'enquête?

Ludger s'était immobilisé, embarrassé par la justesse de cette réflexion tout en étant soulagé que Karl le devine aussi bien. S'il avait parfois des épisodes plus confus, leur amitié éclairait encore de larges pans de son esprit et il l'avait percé à jour.

— Oui, j'aimerais pouvoir participer à l'enquête, avait admis Sirois. Trouver qui a tué Lydia. La plupart du temps, la victime connaît son meurtrier. C'est quelqu'un de son entourage. Et on fait partie de son entourage. Tu n'as pas envie qu'on arrête son assassin?

— Oui, évidemment.

— C'est pour ça que tu as dessiné Serge Larocque?

— Le directeur?

Le ton incertain du peintre avait agacé l'ancien policier: Karl avait-il déjà oublié qu'il avait fait des esquisses de Larocque ou cherchait-il à gagner du temps pour inventer une réponse?

— Regarde-moi dans les yeux, Karl. Est-ce que tu l'as vu avec Lydia?

— Oui. Au début de l'été. Au Bois-de-Coulonge.

— Mais tu étais aussi au Bois-de-Coulonge la semaine dernière, avait avancé Ludger Sirois en sachant pourtant qu'il avait tort de suggérer la réponse qu'il voulait entendre.

— Peut-être.

— Le soir où tu es rentré tard, avait précisé Ludger Sirois.

— C'est... c'est possible. J'y suis allé tellement souvent pour dessiner! C'est peut-être là que j'ai perdu mon crayon.

— Tu en as besoin pour faire tes portraits?

— Mais non, l'avait corrigé Karl, je ne fais plus de portraits au pastel, juste au plomb ou au fusain. Et le rose Kennedy est trop soutenu pour la peau, pour les joues. Même pour les lèvres, à moins qu'elles soient teintes. Catherine a un rouge à lèvres de cette couleur. Savais-tu qu'il paraît que Léonard de Vinci a broyé des pétales de coquelicot dans de l'huile pour peindre la bouche de la Joconde? C'est peut-être ce qui lui a donné cet air si évanescent, si mystérieux. Les pigments sont photosensibles, pâlissent avec les années. Je me demande comment était Mona Lisa quand elle posait pour de Vinci. Il y a tant de couches de peinture sur ce tableau qu'il est très difficile à radiographier. Ce tableau demeure une énigme.

— Ce n'est pas moi qui résoudrai ce mystère, avait repris Ludger Sirois. Pour ton pastel, Maud Graham a vraiment promis de le retrouver? C'est ce qu'elle t'a dit?

— Elle a dit qu'elle me rapporterait mon bâton, mais elle doit l'avoir oublié.

— Est-ce qu'elle t'a demandé de réaliser un portrait-robot?

— Un portrait-robot?

— De l'agresseur de Lydia.

— Non.

— Et de Serge Larocque?

— Il avait encore sa barbe quand il était avec Lydia, avait répondu le peintre.

— Quand?

— Avant.

— Avant quoi? avait insisté Sirois.

— Avant qu'elle meure.

Avant qu'elle meure ou avant que Larocque la tue? avait eu envie de crier Sirois, exaspéré. Mais il avait plutôt demandé si Larocque pouvait être le nazi dont il lui avait parlé. Karl Lemay avait eu l'air ahuri, puis alarmé.

— C'est impossible, voyons, il est trop jeune. Tu sais bien qu'il est trop jeune. La guerre remonte à plus de soixante ans. Tu comprends? Les nazis sont de notre âge, et même plus vieux que nous.

Ludger Sirois avait hoché la tête, deviné que c'était au tour de Karl de s'inquiéter de sa mémoire, de son jugement.

— Tu m'as parlé d'un nazi, d'un barbu que tu aurais vu au parc, de Serge Larocque avec Lydia. Je suis un peu mêlé dans tout ça.

Combien de fois Ludger avait-il dit cette phrase aux suspects qu'il interrogeait? Il prenait un ton humble pour demander qu'on lui explique à nouveau le déroulement d'un événement, guettant dans le récit le détail qui différerait d'une première version, le détail qui ressemblerait à un indice.

— Moi aussi, je suis mêlé, avait laissé tomber Karl.

— J'ai vu tes esquisses de Serge Larocque dans ton autre cahier. Je voulais t'en parler ce matin, mais tu n'allais pas bien après le déjeuner.

— Il s'est coupé la barbe, avait répété le peintre.

— Oui, je sais. Mais tu l'as dessiné avec sa barbe.

— Il l'avait quand il était avec Lydia.

— Au parc, c'est ça ? Tu les as vus ensemble.

— Oui, ils étaient loin de moi, du côté des anciennes écuries, mais Lydia portait sa robe vermillon. Dans le soleil, on aurait dit un gigantesque pavot planté là. Sais-tu qu'il n'y a que les pavots blancs qui contiennent de l'opium ?

Ludger Sirois avait acquiescé en s'efforçant de sourire, même si c'était bien la dixième fois que son ami lui parlait des fameux pavots blancs. Et même si Karl se rappelait avoir vu Lydia et Serge Larocque par une belle journée ensoleillée, alors qu'il aurait dû lui dire qu'il les avait aperçus le soir à la lumière d'un lampadaire. Il semblait avoir oublié cet épisode. Était-il sur place ou non ?

Chose certaine, Maud Graham n'arriverait sûrement pas à faire mieux que lui pour ranimer les souvenirs de Karl. Soit ils avaient disparu totalement, soit ils étaient enfouis si profondément qu'ils ne remonteraient jamais à la surface de sa mémoire.

— Il la tenait serrée contre lui, avait ajouté le peintre.

— Contre lui ?

L'expression tendue de Karl l'avait aussitôt mis sur le qui-vive. Il avait retenu son souffle tandis que Karl lui disait que Larocque avait dû étouffer Lydia.

— Étouffer ? Comment ?

— Je… je pense qu'il la serrait trop fort, elle se débattait. Elle a couru.

— Pour lui échapper ? Il l'a rattrapée ?

— Oui.

— Qu'est-ce qui s'est passé ensuite ?

— Elle est tombée. Elle n'a plus bougé.

— Tombée ? Comment ?

La respiration de Karl s'était faite plus courte. Il avait frotté avec frénésie un pan de sa chemise bleue tout en secouant la tête comme s'il voulait chasser les images qui surgissaient à son esprit. Quand il avait fermé les yeux, Ludger avait eu peur qu'il soit victime d'un étourdissement, avait glissé un bras sous le sien.

— Je veux rentrer, avait bredouillé Karl.

— Oui, on a eu une grosse journée.

— J'aurais dû dénoncer Tonio Cardinale.

— Tonio Cardinale ?

— Léonard m'avait fait comprendre que son père le battait. J'en avais parlé à sa mère, mais elle a dit que Léonard exagérait. Qu'il ne s'entendait pas avec son père, qu'il le trouvait trop sévère. Elle avait admis qu'il l'était, mais elle était certaine que Tonio n'avait jamais levé la main sur leur fils. Peut-être qu'elle s'est trompée.

— Et si c'était elle qui était violente ?

— Loraine ? Oh non ! C'était une femme…

Karl Lemay se rappela Loraine Cardinale telle qu'il l'avait vue la première fois, appuyée sur la voiture de son mari. Belle. Si belle. Trop belle.

— Une femme ?

— Ça n'a pas d'importance, Tonio Cardinale est mort quand Léonard était adolescent. J'aurais dû chercher à l'aider, mais j'ai eu peur que ce soit pire si je m'en mêlais.

Il s'était tu avant d'avouer à Ludger Sirois qu'il avait eu cette liaison avec Loraine. Qui avait bien sûr tout compliqué. Il n'aimait pas penser à ce secret, à ses conséquences.

— Si j'avais défendu Léonard, il n'aurait peut-être pas mal tourné.

— Ça n'aurait probablement pas changé grand-chose. Les violences familiales, c'était toujours compliqué. On ne savait pas par quel bout les prendre. On haïssait ça.

— Vous étiez aussi lâches que moi, avait laissé tomber Karl Lemay.

— On n'était pas assez formés, pas outillés, avait tenté d'expliquer Ludger Sirois. Sans plainte, c'était difficile d'intervenir.

Il avait gardé le silence quelques secondes avant de reconnaître qu'il s'était souvent senti impuissant quand il remontait dans sa voiture de patrouille après avoir discuté avec des victimes de violence conjugale qui niaient leur situation.

— Je me sentais coupable de ne rien faire. D'un autre côté, je ne pouvais pas les forcer à signer une plainte. Mais je savais que je reviendrais dans ces maisons-là. J'avais toujours peur que ce soit pour constater un meurtre. Et là, même si je sais que ce n'est pas son mari qui l'a tuée, je voudrais savoir qui est responsable de la mort de Lydia Francœur. Tu m'as dit qu'elle s'était débattue. Pour échapper à qui ?

— Moi, j'essayais toujours d'échapper à mon père. Mais je n'étais pas aussi doué que les renards. Penses-tu que la rousse va me rapporter mon bâton ?

— Oui, je suis sûr que oui. Maud Graham a l'air d'être une femme qui tient ses promesses.

À minuit, tandis que Ludger Sirois écoutait distraitement les bruits de la tuyauterie de la salle de bain, moins forts que ceux de son studio, il regardait les ombres sur les murs auxquelles il était maintenant habitué après ces dernières nuits dans le studio de Karl. Quand il lui avait suggéré d'apporter sa brosse à dents, sa robe de chambre et son pilulier dans son studio, il s'était dit que cela simplifierait les choses en attendant un vrai réaménagement, mais il découvrait qu'il aimait de plus en plus d'avoir une vue sur les rues avoisinantes, sur l'entrée de la résidence. Il avait l'impression de participer davantage à la vie quotidienne. Et Karl pouvait contempler à loisir les bois qu'il aimait tant. Il espéra que cela apaiserait son ami qui s'était beaucoup agité ces dernières heures. Sa conversation avec lui l'avait épuisé. S'il avait été moins las, il aurait pris la peine de tout noter comme il le faisait autrefois lorsqu'il enquêtait.

Tout mettre à plat. Démontrer ce qu'il savait à Maud Graham. C'est ce qu'il ferait dès qu'il se réveillerait. Ludger étira le bras pour saisir le verre d'eau, prit une gélule dans le pilulier, douta que l'anti-dépresseur serve à quelque chose pour son humeur : l'attitude de Karl le troublait de plus en plus, l'attristait, ranimait son sentiment d'impuissance devant la vieillesse. Celle de son ami, de ceux qui les entouraient, et la sienne. Il avait hâte que sa fille vienne le visiter. Claudine lui avait promis de lui emmener son petit-fils. Il espérait aussi qu'elle et son mari pourraient s'occuper de déménager les meubles de leurs studios respectifs. « On n'a pas tant d'affaires que ça, avait-il répété à Karl. Tu pourras dessiner les arbres chaque fois que ça te tentera. Moi, j'aime mieux regarder ce qui se passe dans les rues. C'est un bon *deal*. »

9

Le 2 août, le matin

— Il ne bougeait plus, dit Catherine à Marie-Louise Tanguay à qui elle avait téléphoné pour lui annoncer le décès de Ludger Sirois. Je sais bien qu'en principe vous êtes en vacances, mais comme vous êtes restée pour les funérailles de Lydia…

— Qu'est-ce qui est arrivé?

— M. Sirois était en travers du lit, la bouche ouverte. C'était clair qu'il était mort durant la nuit. Je l'ai touché quand même et je n'ai pas trouvé de pouls. J'ai appelé le Dr Hébert pour qu'il vienne constater le décès. Ça ressemble à une crise cardiaque. C'est bizarre…

— À cet âge-là, c'est normal, la coupa Marie-Louise Tanguay. C'est peut-être mieux que de traîner à l'hôpital.

— Non, ce qui est bizarre, c'est que M. Sirois dormait dans la chambre de M. Lemay. Et M. Lemay est dans la chambre de M. Sirois, j'ai vérifié. Mais je ne l'ai pas réveillé.

— Qu'est-ce que tu me racontes?

— On dirait qu'ils ont échangé leurs chambres.

— Bon, on éclaircira ça tout à l'heure. Tu m'attends avant d'apprendre la mort de M. Sirois à M. Lemay.

— C'est pour ça que je vous ai appelée si tôt. Et il faut prévenir M. Larocque.

— Je... je m'en occupe. Je ne peux pas croire qu'on a un autre décès cette semaine!

— Les planètes sont mal alignées dans le ciel, répondit Catherine.

— On reste discrètes vis-à-vis des résidents tant qu'on n'aura pas parlé à M. Larocque. Où est M. Sirois?

— On a pu transporter son corps avant que tout le monde se réveille.

— Bon, c'est toujours ça de pris, soupira Marie-Louise Tanguay.

Elle reposa le téléphone et se dirigea d'un pas hésitant vers la cuisinette de son appartement. Elle devait boire un café avant de partir pour la résidence. Qu'elle arrive dix minutes plus tard ne changerait rien. Il fallait qu'elle assimile la nouvelle. Ludger Sirois? Elle était persuadée que Mme Turmel ou M. Taschereau ou M. Tremblay partiraient avant lui. Elle songea qu'elle devrait probablement téléphoner à la fille de M. Sirois. Habituellement, c'était Lydia qui s'en chargeait. M. Larocque père lui avait confié cette tâche et son fils n'y avait rien changé. Mais Lydia... Mon Dieu, Lydia serait enterrée demain! Marie-Louise Tanguay saisit une dosette de café, la coinça dans l'appareil qu'elle avait reçu en cadeau pour ses cinquante ans et se pencha pour respirer l'arôme réconfortant. Elle devait se concentrer sur ce moment privilégié, y puiser l'énergie dont elle aurait besoin pour la journée. Dire qu'elle aurait pu être au bord de la mer en Floride. Elle se souvint que Ludger Sirois lui avait raconté un voyage de pêche là-bas. Ludger Sirois! La dernière gorgée de café lui sembla amère. Comment M. Lemay réagirait-il au départ de M. Sirois?

::

Serge Larocque était assis dans sa voiture sans se décider à la faire démarrer, comme s'il ignorait comment s'y prendre, comme si elle lui était étrangère, comme si cela n'avait aucun sens qu'il soit là. Plus rien n'avait de sens aujourd'hui! Comment était-il possible que Ludger Sirois soit mort à la place de Karl Lemay? Il avait fait répéter Marie-Louise Tanguay à trois reprises: était-elle certaine que M. Sirois était décédé?

— Oui, c'est sûr qu'il avait l'air en forme malgré son début de Parkinson, mais bon, ce sont des choses qui...

— Qui arrivent dans une résidence pour personnes âgées, avait enchaîné Serge Larocque, subitement conscient d'avoir manifesté trop de surprise à l'annonce de la nouvelle.

— C'est sûr que nous n'avions pas besoin de ça cette semaine, avait continué Marie-Louise Tanguay. On a eu de la chance que le Dr Hébert puisse venir immédiatement. C'est son jour de congé, après tout. Mais Catherine a préféré l'appeler plutôt que de rejoindre le service de garde.

— Vous pensez à tout, avait dit Serge Larocque, en remerciant de nouveau Marie-Louise Tanguay d'avoir retardé son départ pour les États-Unis.

— J'ai même pensé à appeler la police.

— La police?

Qu'est-ce qui avait pris à cette conne d'appeler la police? Larocque s'était senti blêmir. La police!

— Les deux enquêtrices devaient revenir aujourd'hui pour jaser avec M. Lemay, avait expliqué Marie-Louise Tanguay. Je leur ai dit qu'il ne serait sûrement pas en état de faire la conversation quand il aurait appris la mort de M. Sirois, qu'elles feraient mieux de revenir un autre jour.

— C'est... c'est ce que je disais, vous pensez à tout, avait balbutié Larocque en portant la main à son front où perlait la sueur.

Malgré le soulagement qu'il éprouvait en songeant que Maud Graham ne les importunerait pas aujourd'hui, une vague nausée l'envahissait et il avait écourté l'appel en promettant d'arriver le plus rapidement possible à la résidence.

Il était pourtant là, devant son immeuble, toujours nauséeux. Il devait y avoir une erreur: ce n'était pas Sirois qui devait crever, mais ce damné peintre ! Il tripota le bouton qui réglait la climatisation de la voiture, dirigea les bouches d'aération vers lui, pesta en constatant le peu de fraîcheur qui s'en échappait.

— Maudit char pourri ! hurla-t-il en tapant des deux poings sur le tableau de bord.

C'est une Jaguar qu'il aurait dû conduire, pas cette Mazda qui fonctionnait à moitié. Il se décida enfin à démarrer, se répéta le discours qu'il tiendrait à Marie-Louise Tanguay, au Dr Hébert, aux infirmières, aux préposés. L'important, dirait-il, était de s'assurer du bien-être des résidents qui seraient sûrement émus par ce deuxième décès à survenir en si peu de temps. Il chargerait Lydia de… Lydia… Il divaguait, Lydia était morte, ce n'est pas elle qui préviendrait Claudine Sirois du départ de son père. Devait-il s'acquitter de cette tâche ou la confier à Marie-Louise Tanguay ? Il se rappelait que Claudine Sirois habitait à Montréal, elle n'arriverait pas à Québec avant quelques heures. Quelques heures durant lesquelles il essaierait de comprendre pourquoi Karl Lemay dormait dans la chambre de Ludger Sirois. Il ne pourrait évidemment pas l'interroger personnellement. Marie-Louise Tanguay devrait s'arranger pour obtenir des réponses. Qui ne changeraient rien au fait que Karl Lemay était toujours vivant. Tout ce qu'on pouvait espérer, c'est que Marie-Louise Tanguay ait raison et que la perte de son meilleur ami bouleverse le peintre au plus haut point. Qu'il perde ses repères, qu'il soit de plus en plus confus, qu'il délire et que son discours soit si décousu que les policiers renoncent à le prendre en considération.

Parce qu'il ne pouvait pas y avoir un autre décès par crise cardiaque dans les prochains jours. Ni celui de Karl Lemay, ni celui de la vieille Laprade. Quand donc serait-il débarrassé de ces deux-là ? Quand pourrait-il hériter ?

::

Aline Poirier referma la porte de son studio dans un état de totale stupéfaction : une crise cardiaque avait emporté Ludger Sirois durant la nuit. Elle fit rouler son fauteuil jusqu'à la fenêtre, regarda les branches de l'orme agitées par un vent du nord et songea qu'il pleuvrait probablement dans la journée. Karl n'irait pas dessiner dans le jardin, aujourd'hui. Marie-Louise Tanguay avait dit que le décès de M. Sirois l'avait tellement choqué qu'il s'était effondré en entendant la nouvelle. Heureusement, le Dr Hébert qui l'accompagnait l'avait aidée à soutenir M. Lemay, à le coucher et il lui avait administré un anxiolytique.

— Je ne lui ai même pas demandé ce qu'il faisait dans la chambre de M. Sirois au lieu d'être dans la sienne, avait dit Marie-Louise Tanguay à Aline Poirier. Il était trop bouleversé pour répondre à quoi que ce soit. Je suis inquiète pour lui.

— Ce sera très difficile, avait dit Aline Poirier.

Elle se rappelait la peine, immense, qu'elle avait éprouvée en perdant son amie Ghislaine, dix ans plus tôt. Pas une journée ne s'était écoulée sans qu'elle ait une pensée pour sa « presque sœur ». Elle avait gardé le silence quelques secondes avant de poser la main sur celle de Marie-Louise Tanguay :

— Vous ne deviez pas vous imaginer faire de nouveau le tour de tous les résidents pour annoncer un décès. Et avec l'enterrement de Lydia demain...

— C'est une bien mauvaise surprise, ce matin. M. Larocque avait peine à me croire. C'est trop dans la même semaine !

— J'avais pourtant l'impression que Ludger Sirois était en forme, avait repris Aline Poirier. Son Parkinson le contrariait et sa jambe le faisait souffrir, même s'il ne se plaignait pas. Mais, à notre âge, la notion de forme est très relative...

Marie-Louise Tanguay s'était contentée de soupirer avant de prendre congé. Et maintenant Aline Poirier continuait à regarder l'orme sans le voir, incapable de se persuader de la mort de Ludger Sirois. Avait-il été troublé de revoir Léonard Cardinale au point de faire une crise cardiaque? Des heures plus tard? Il semblait bien plus en colère que bouleversé quand il lui avait parlé de ce criminel. Et surtout embêté de s'être disputé avec Karl Lemay. Elle eut un sourire triste en songeant qu'il s'était heureusement réconcilié avec le peintre avant de se coucher pour ne plus se relever. Aline Poirier n'avait pas été surprise outre mesure d'apprendre que Karl avait dormi dans la chambre de Ludger. Ce dernier lui avait confié que Karl l'avait réveillé plus fréquemment au cours des dernières semaines et qu'ils allaient échanger leurs studios quand sa fille Claudine pourrait leur donner un coup de main pour déménager leurs affaires.

Aline Poirier avait alors demandé à Ludger Sirois ce que pensait le Dr Hébert de ces visites nocturnes, mais il avait éludé la question en affirmant qu'ils ne dérangeraient personne en effectuant ce petit échange qui permettrait à Karl de contempler le boisé aussi souvent qu'il le désirerait. Elle avait expliqué à Ludger Sirois qu'elle comprenait le lien d'amitié qui l'unissait à Karl, mais que ce n'était pas son rôle de surprotéger le peintre et qu'il pouvait même être dangereux de dissimuler ses signes de confusion au médecin ou à l'infirmière.

— On ne nuit à personne, avait répété Ludger Sirois.

— Vous m'avez dit que Karl était plutôt en forme quand il a emménagé à la résidence, mais la situation semble s'être récemment dégradée. Depuis sa fugue…

— Il n'a pas eu de diagnostic d'Alzheimer, s'était entêté Ludger Sirois.

— Mais si c'est le cas, il pourra probablement recevoir une médication plus appropriée.

— Les pilules n'ont pas donné grand-chose avec Arlette Vézina.

— L'état de Karl sera sûrement réévalué, l'avait prévenu Aline Poirier. À cause de sa fugue. C'est parce que c'est l'été et qu'il y a du mouvement à cause des vacances des employés que ça n'a pas encore été fait.

— On verra dans le temps comme dans le temps, avait répondu Ludger Sirois sur un ton qui avait dissuadé Aline Poirier de s'entêter à le convaincre d'être plus franc avec les autorités médicales.

Qui était-elle, au fond, pour juger de ce qui était bon ou non pour Karl Lemay? Pour mesurer la progression des troubles cognitifs? Elle ressemblait peut-être à Ludger Sirois qui refusait d'être un vrai retraité. « Psy un jour, psy toujours », la taquinait sa fille Nicole. Et elle avait raison, elle ne pouvait s'empêcher d'étudier ses semblables. Et d'essayer de les aider. Comment pourrait-elle y parvenir avec Karl Lemay qui serait anéanti par la perte de son meilleur ami? Elle observa le vol d'une corneille en ruminant un sentiment d'impuissance. Après un long moment, elle finit par réagir en composant le numéro de téléphone de Maud Graham. N'avait-elle pas dit à Ludger Sirois qu'elle la mettrait au courant aujourd'hui de leur découverte au sujet d'Eric Schmidt?

::

Alain Gagnon interrogea Maud Graham du regard en la voyant poser le téléphone d'un geste nerveux, s'éloigner de la cuisine pour se diriger vers le salon et saisir son sac à main.

— Aline Poirier veut me voir. Ludger Sirois est décédé cette nuit. Et elle a quelque chose à me dire à propos du nazi.

— L'ex de la Sûreté? s'étonna Alain. Celui qui t'avait parlé de Léonard Cardinale?

— Exactement. Et il paraît que Cardinale s'est présenté hier soir à la résidence des Cèdres pour voir le vieux peintre.

— Pure coïncidence?

Graham répondit par une moue avant d'ajouter que Ludger Sirois avait fait une crise cardiaque.

— C'est normal que des gens âgés décèdent, dit Alain Gagnon.

— Oui, mais si c'était une conséquence de la visite de Cardinale?

— Vous ne pourrez pas le tenir responsable de cette mort.

— C'est tout de même une drôle de coïncidence, s'entêta Maud.

Alain eut un geste d'acquiescement.

— Et toi, tu es allergique aux coïncidences.

— Oui. J'appelle Joubert. Et McEwen, Nguyen. Je sais bien que c'est dimanche, mais…

— File voir Mme Poirier. Et le médecin. Et ton vieux peintre.

— Pour moi, un meurtre et une mort subite dans la même semaine entre gens qui se connaissent, ça appelle toute ma vigilance. Aline Poirier m'a dit que M. Lemay était content de voir Cardinale. Qu'il l'a reconnu immédiatement. J'ai cru comprendre qu'il ne l'avait pourtant pas revu depuis des années.

— Sa mémoire serait donc capricieuse? supposa Alain. Il se souvient de Cardinale dont il n'a pas entendu parler depuis des lustres, mais pas du type qu'il aurait vu dans le parc la semaine dernière?

— Je vais vérifier tout ça.

Elle téléphona à Michel Joubert, lui donna rendez-vous à la résidence des Cèdres, embrassa Alain et promit de l'appeler avant qu'il reparte pour Montréal. Elle sortit par la cour pour couper trois roses qu'elle emballa dans du papier de soie vert, puis s'assit dans sa voiture en songeant que Ludger Sirois n'était pas beaucoup plus âgé que son père.

::

Tout brûlait, les champs, la maison des Marcus, la grange. Le feu dévorait même la rivière, les saules qui la bordaient, les quenouilles, les roches. Le feu avalait tout, mais la voix de Walter Spencer dominait le souffle des flammes, leur sinistre crépitement. Il répétait que les nègres comprendraient la leçon, qu'ils ne viendraient plus souiller leur contrée. Il riait, riait si fort que Karl avait l'impression que ses tympans allaient exploser même s'il pressait ses mains sur ses oreilles. Ses mains bleues comme le bleu des yeux de Ludger.

Karl Lemay se réveilla en gémissant, fixa ses mains marquées de taches de vieillesse, la table de chevet, le verre d'eau, le pilulier, son nouveau cahier, ses crayons. Deux étaient tombés sur le sol. Il sortit de son lit pour les ramasser, s'agenouilla et, alors qu'il en faisait rouler un vers lui, le souvenir de la mort de Ludger lui revint si violemment qu'il se recroquevilla comme si on le rouait de coups. Il pensa à son père qui le battait, à ses poings qui lui coupaient le souffle comme maintenant. Il essayait de respirer, mais n'y arrivait pas. Il était comme ces truites dans leur dernier sursaut, ces truites que Ludger décrochait de l'hameçon d'un geste preste avant de les jeter dans la glacière, avant de dire qu'ils étaient les meilleurs pêcheurs et qu'ils méritaient bien une bière.

— Ludger! Ce n'était pas possible qu'il soit mort. C'est Lydia qui était morte, pas Ludger!

Karl Lemay sentit le sang recommencer à circuler plus lentement vers son cœur, mais oui! Il s'était trompé! C'était Lydia! Il était certain que Lydia était morte. Il se souvenait même qu'elle serait enterrée demain. Pour la première fois depuis des mois, Karl Lemay se réjouit d'avoir fait une erreur. Il prit une longue inspiration, déposa les crayons sur la table avant de se relever lentement, tremblant encore d'avoir imaginé que Ludger était mort. C'était la faute de ses maudites pilules. Il dirait au médecin qu'elles ne l'aidaient pas du tout, bien au contraire. Le docteur... le docteur... Qu'est-ce que c'est déjà, son nom? Le docteur...

Karl s'assit sur son lit, se dit que ce n'était pas important de ne pas se rappeler le nom du médecin. Il s'en souviendrait plus tard. Il irait boire un café avec Ludger et le nom du médecin lui reviendrait. Ou Ludger le lui dirait. Il vacilla en se dirigeant vers la fenêtre pour repousser les rideaux, s'appuya contre la table de chevet, la fit tomber, tenta d'empêcher sa chute et tomba lui aussi. Il resta quelques secondes sans bouger, se demandant ce qu'il faisait au sol, puis il entendit quelqu'un l'appeler, reconnut

Catherine qui le dévisageait avec inquiétude tout en l'aidant à se redresser.

— Il fallait m'appeler, M. Lemay. Je serais venue vous aider.

— Il... il... je... Ludger... je dois...

Catherine fit asseoir le peintre sur son lit, prit ses mains dans les siennes et lui dit doucement qu'il ne pourrait pas voir son ami aujourd'hui. Qu'il devait se reposer.

— Ludger est malade?

Catherine secoua la tête avant de lui rappeler que Ludger Sirois était décédé. Elle vit blêmir Karl Lemay, crut un instant qu'il s'évanouirait, fut surprise de la force avec laquelle il la repoussa en criant qu'elle se trompait. C'était Lydia qui était morte. Pas Ludger! C'était impossible.

C'était Lydia. Personne d'autre! Elle avait été tuée! Il le savait!

Ses cris se muèrent en couinements si douloureux que Catherine prit le vieil homme dans ses bras pour le bercer, espérant lui apporter un certain réconfort. Tout en le serrant contre elle, elle regardait autour d'elle, s'étonnait qu'il n'y ait qu'un seul dessin sur les murs du studio, une aquarelle représentant un gros chat gris.

— J'ai une minette toute blanche, confia-t-elle à Karl Lemay.

Puis elle se tut, ne sachant plus quoi dire. Elle aurait pu parler de Ludger Sirois, affirmer qu'il lui manquerait aussi, qu'elle aimait sa politesse, mais elle n'osait pas prononcer son nom de peur que le vieux peintre s'agite à nouveau.

::

— Je ne connaissais pas M. Sirois depuis longtemps, expliqua Aline Poirier à Maud Graham et Michel Joubert, mais sa mort me surprend et m'attriste. Surtout pour M. Lemay, ce sera terrible pour lui.

— On espérait l'interroger aujourd'hui, commença Graham.

— Oublie ça. Il est sûrement sous calmants. C'était son meilleur ami. Son presque frère. Ils avaient même fini par se ressembler physiquement avec leurs belles tignasses. Je crois que M. Lemay se moque de son apparence, mais Ludger Sirois était fier d'avoir encore autant de cheveux. J'ai peur que le choc de son décès accélère l'apparition des troubles cognitifs chez M. Lemay.

Graham soupira: si Karl Lemay était trop troublé, elle n'arriverait pas à démêler le vrai du faux dans les réponses qu'il lui donnerait. Déjà, cette étrange histoire de nazi…

— Elle est vraie, l'interrompit Aline Poirier. Je voulais t'en parler.

— Vraie? s'écria Joubert.

— J'ai vu le tatouage à l'aisselle d'Eric Schmidt. J'ai appris qu'on tatouait le groupe sanguin des soldats qui partaient à la boucherie, afin de pouvoir les transfuser plus facilement s'ils étaient blessés. Schmidt devait avoir seize ou dix-sept ans quand on l'a envoyé au front. Cela ne veut pas dire qu'il adhérait à l'idéologie nazie ni qu'il faisait partie de la Gestapo. Ludger a… avait tendance à voir le pire, mais on ne sait rien de M. Schmidt. En revanche, cela prouve que Karl Lemay a dit la vérité. Même s'il n'a pas du tout réagi en voyant Schmidt à la salle à manger. Je crois qu'il a été bouleversé quand il a vu le tatouage, mais qu'il a ensuite oublié où il l'avait vu.

— C'est possible que ses souvenirs soient ainsi morcelés?

— Tout est possible. Il était vraiment choqué.

Aline Poirier précisa dans quel contexte Karl Lemay avait identifié le tatouage, sa fuite, sa fugue.

— Mais quel est le lien entre ce nazi et la mort de Lydia?

— Je n'en ai aucune idée, avoua Aline Poirier. Mais Ludger était persuadé que Karl avait relié ce nazi au meurtre. Il avait peur de ce qu'il avait vu. Sauf que M. Schmidt n'a certainement pas tué Lydia. J'ignore quelle était la théorie de M. Sirois. Il prétendait avoir établi des liens.

— Une théorie? Des liens? fit Joubert.

— Il n'a pas eu envie de nous en parler ? maugréa Graham.

— Ludger Sirois devait tout me raconter aujourd'hui, déplora Aline Poirier. J'aurais dû insister pour en savoir plus. On voulait vous voir au sujet de M. Schmidt. Ludger Sirois allait vous exposer ses hypothèses.

— Karl Lemay m'a parlé d'un barbu qu'il aurait vu au Bois-de-Coulonge, dit Graham. Est-ce que cela évoque quelque chose pour vous ? Ludger Sirois aurait-il aussi fait allusion à un barbu ?

— Ni l'un ni l'autre n'ont mentionné ce barbu devant moi.

— Est-ce qu'un homme dans l'entourage de Lydia était barbu ? tenta Michel Joubert.

— J'aimais bien Lydia, mais nous n'étions pas intimes. Je ne connaissais pas ses amis. Ni ses ennemis.

— M. Sirois vous a vraiment dit que Karl Lemay avait pu voir le criminel ?

— Oui.

— Il faut qu'il nous parle, répéta Graham.

— Vous devrez revenir pour ça.

— Vous avez dit tantôt que la mort de M. Sirois vous avait surprise, reprit Joubert. Pour quel motif ?

— Il m'a déjà dit qu'il avait le cœur solide, expliqua Aline Poirier, qu'il avait fait des marathons, qu'il n'aurait pas la chance de mourir rapidement d'une crise cardiaque. D'un autre côté, il s'est mis dans tous ses états en voyant Léonard Cardinale. Il s'est disputé à son sujet avec M. Lemay. Il m'a raconté plus tard qu'il s'inquiétait pour lui, qu'il était naïf face à ce Cardinale…

— Vous avez l'air d'avoir des doutes.

Aline se frictionna les mains, son arthrite la faisait souffrir.

— Tout est possible, finit-elle par répondre. J'espère que ce type n'a pas de mauvaises intentions en ce qui concerne M. Lemay. M. Sirois ne sera plus là pour le protéger.

— Vous êtes attachée à cet homme ? devina Joubert.

— C'est peut-être l'artiste qui m'émeut, réfléchit Aline Poirier. Il cherche la vérité.

— La vérité? releva aussitôt Graham. À propos de...

— Pas de votre enquête. À propos de l'existence, de l'essence des êtres. C'est la quête de toute sa vie. Il a tenté de traduire ce qu'il percevait du monde et des pauvres humains que nous sommes. J'aime vraiment ce qu'il fait. Ses personnages sont des gens qui nous ressemblent. Ses femmes ne sont pas des beautés de magazine, elles sont naturelles. Il m'a déjà dit que c'était la différence qui créait la vérité, le détail qui fait qu'une personne n'est à nulle autre pareille. Le charme de l'imperfection. Il ne maquille pas ses modèles, il nous les offre avec authenticité. Et il se met ainsi à nu, lui aussi. C'est pourquoi il est si vulnérable. Si secret.

Un silence empreint de respect flotta durant quelques secondes, puis Graham dit à la vieille dame d'une voix douce que M. Lemay serait sûrement heureux de savoir ce qu'elle pensait de lui. Celle-ci se contenta de sourire.

— J'aimerais que vous m'appeliez quand M. Lemay sera en mesure de nous parler.

Aline Poirier protesta : elle n'était pas assez proche du peintre pour oser frapper chez lui. Et il ne quitterait probablement pas son studio de la journée.

— Déjà qu'il ne vient pas toujours souper avec nous... Il faut... il fallait que Ludger Sirois insiste pour qu'il descende à la salle à manger. C'est Marie-Louise Tanguay qui pourrait vous informer de son état.

— Mais elle sera débordée, avec l'enterrement de Lydia Francœur, rétorqua Joubert. Elle pourrait nous oublier. Je suppose que vous irez aux funérailles?

— Oui, comme la plupart d'entre nous, sauf les cas trop lourds. Je ne sais pas si M. Lemay nous accompagnera...

— Pensez-vous que M. Sirois a parlé à quelqu'un d'autre de ses soupçons? demanda Maud Graham.

Aline Poirier haussa les épaules.

— J'en doute. Il avait failli tout me dire, puis il s'est ravisé. Je pense qu'il voulait vérifier quelque chose auprès de Karl. Mais nous étions troublés en pensant à M. Schmidt. Cette histoire est tout de même incroyable. Qu'allez-vous faire?

— Nous ferons des recherches sur M. Schmidt, dit Joubert. Si c'est un criminel de guerre...

— Je me demande si son fils le sait, reprit Aline Poirier. Paul Schmidt semble très fier de son père. Il paraît qu'il a réussi dans les affaires...

— Nous... nous rencontrerons son fils. Vous m'appelez si vous voyez M. Lemay, si vous pensez qu'il est assez bien pour nous parler? insista Graham.

— Si le choc du décès de Ludger n'a pas augmenté sa confusion, rappela Aline Poirier. Ne t'attends pas à un miracle. Et rappelle à ma fille qu'elle doit prendre des vacances, je l'ai trouvée amaigrie quand elle est venue me voir avant-hier. Je sais pourtant qu'André mitonne de bons petits plats. Elle travaille trop à l'hôpital.

— Je ferai le message, promit Maud Graham.

— Encore merci pour les roses, ce n'était pas nécessaire. Mais cela me fait plaisir.

Maud Graham lui effleura la main doucement avant de refermer la porte du studio et de se tourner vers Joubert.

— Nicole a de la chance de lui ressembler.

— À quoi pensais-tu quand tu lui as dit qu'on verrait le fils de M. Schmidt? Je t'ai senti hésiter...

— J'élaborais une hypothèse. Si Schmidt est vraiment un nazi, je suppose qu'il l'a toujours caché. Si Karl Lemay a tout découvert, il a pu en parler à Lydia. Lydia qui a dû poser des questions. Qui ont pu gêner considérablement le fils d'Eric Schmidt.

— Il aurait voulu se débarrasser d'elle?

Graham grimaça.

— C'est tiré par les cheveux. Je suis ridicule. Et la scène de crime ne colle pas. Le kiosque du Bois-de-Coulonge est un lieu trop romantique. C'est l'amant.

— On n'en a aucune nouvelle, se lamenta Joubert. C'est à se demander s'il existe vraiment.

Il s'effaça pour laisser le passage à un résident en fauteuil roulant avant de faire remarquer à Graham que les amies de Lydia Francœur n'avaient jamais vu ce fameux amant, qu'elles ignoraient jusqu'à son nom.

— On est tous persuadés que c'est sûrement un homme marié, mais si Lydia avait tout inventé?

— Dans quel but? s'étonna Graham.

— Pour montrer qu'elle plaisait autant que ses amies qui sont toutes en couple? Souviens-toi des photos que nous avons vues chez elle dans son album. Elle était grosse quand elle était plus jeune, s'habillait pour gommer ses formes. Je l'imagine bien en fille à qui toutes les copines racontent leurs histoires d'amour, la meilleure amie de tout le monde, mais personne pour l'emmener au bal. Elle a changé, mis beaucoup de soin et d'argent pour ses vêtements, s'est obligée à s'entraîner, s'est fait épiler, s'est verni les ongles, s'est acheté tout un tas de trucs pour se coiffer, mais au fond elle restait la gamine mal dans sa peau. Tout le monde nous a vanté son extrême gentillesse, son travail impeccable. Elle voulait être aimée à tout prix.

— Mais si l'amant n'existe pas, qui l'a tuée?

Graham allait dire qu'elle commençait à en avoir vraiment marre de cette enquête lorsqu'elle vit le directeur sortir de son bureau. Il parut surpris de la reconnaître, mais lissa aussitôt ses cheveux, passa une main sur son menton en affichant un sourire qui se voulait chaleureux, et Graham repensa à la description de Laura qui l'avait comparé à un paon. Il semblait soucieux de son image en permanence. Elle était certaine qu'il utilisait de la crème à bronzer, qu'il allait dans un salon l'hiver pour conserver ce teint doré.

— J'ignorais que vous étiez revenus, dit-il. Mme Tanguay m'a pourtant assuré qu'elle vous avait avertis que ce serait difficile aujourd'hui de discuter avec nos résidents. On a eu un décès, comme vous le savez.

Maud Graham hocha la tête avant d'annoncer à Serge Larocque qu'elle était venue rencontrer le Dr Hébert.

— Cette histoire de nazi que m'a racontée M. Lemay me paraît vraiment extravagante, mais nous devons vérifier tout ce qu'on nous dit. Cependant, si le Dr Hébert qui connaît l'état mental de M. Lemay nous confirme qu'il a tendance à fabuler, nous ne serons peut-être pas obligés de l'importuner avec nos questions. On pourra s'arrêter là.

Graham perçut un soulagement chez Larocque, un relâchement de ses épaules.

— Le Dr Hébert est absent jusqu'à midi. Mais je peux communiquer avec lui et le prier de vous appeler pour vous éviter de vous déplacer.

— On l'apprécierait vraiment, fit Joubert.

— Il faudra aussi qu'on lui parle de M. Sirois, ajouta Maud Graham.

— M. Sirois?

— On se demande si c'est le choc d'avoir vu Cardinale qui l'a emporté, répondit Graham en notant que Larocque se crispait de nouveau. Il a été si bouleversé…

— C'est… c'est certain.

— C'est toujours comme ça, dans une enquête, affirma Graham. Des tas de choses à vérifier même si elles semblent évidentes. Mais, cette fois-ci, j'avoue que c'est plus compliqué.

— Vraiment?

— C'est difficile pour nous de savoir ce qu'il faut retenir dans tout ce que nous ont raconté vos résidents à propos de Lydia, avoua Joubert. On nous a même dit qu'elle était une espionne…

Serge Larocque leva les sourcils avant d'émettre un petit rire. Qu'aurait donc pu espionner Lydia Francœur dans une résidence pour personnes âgées?

— En effet, c'est peu crédible, convint Joubert. Mais on doit continuer à chercher des informations sur Mme Francœur.

— Je vais demander au Dr Hébert de vous téléphoner, promit Serge Larocque. On peut faire autre chose pour vous?

— Oui, on doit s'entretenir avec M. Schmidt.

— M. Schmidt? dit Marie-Louise Tanguay qui venait de les rejoindre.

L'étonnement se lisait sur son visage, comme sur celui de Serge Larocque.

— M. Schmidt n'est pas vraiment avec nous, expliqua-t-il. Il ne parle quasiment pas. Il est en bonne forme physique, mais son esprit…

— N'est plus ce qu'il était, dit Marie-Louise Tanguay. Et il a très peu connu Lydia, il vient d'arriver à la résidence.

— Est-il de Québec?

— Il a vécu longtemps à Ottawa. Mais son fils s'est installé à l'île d'Orléans et voilà… Avez-vous du nouveau?

Graham et Joubert s'immobilisèrent durant quelques secondes, puis celui-ci répondit que l'enquête suivait son cours.

— Mais nous vous informerons dès que nous le pourrons, ajouta Maud Graham.

— Ce sont les funérailles de Lydia demain, déclara Marie-Louise Tanguay sur un ton de reproche, et son assassin court toujours. Ce n'est pas normal!

— Voyons, Marie-Louise, la reprit Larocque, ces policiers font leur travail.

Il passa de nouveau sa main sur son menton avant d'adresser un sourire d'excuse aux enquêteurs.

Maud Graham le rassura; elle comprenait l'impatience des proches de la victime.

— On fait tout ce qu'on peut pour découvrir ce qui s'est passé. Nous reviendrons après la cérémonie pour discuter avec M. Schmidt. ·

— Vous perdrez votre temps, les prévint Marie-Louise Tanguay.

En sortant de la résidence, Graham prit une longue inspiration, fixa le bosquet d'hydrangées bleues, celles qu'elle n'avait jamais réussi à faire fleurir dans sa cour, songea qu'elle manquait d'efficacité en tout. Comment parviendrait-elle à tenir les promesses qu'elle venait de faire?

— Je n'ai pas les idées plus claires que les résidents, commença-t-elle.

Joubert, qui l'écoutait tout en prenant les messages de son portable, leva la main pour l'interrompre:

— Bouthillier! Bouthillier a retracé la bijouterie où a été acheté le bracelet de Lydia.

Tout en voyant le visage de Graham s'éclairer, il composa le numéro de son collègue qui avait enfin trouvé où avait été acheté le bijou. Bouthillier avait montré les photos du bracelet et le vendeur était formel: un homme barbu dans la quarantaine avait fait l'acquisition d'un collier et d'un bracelet en argent, sertis de turquoise au début de l'année. Il avait écrit à la main le reçu de la transaction, le client avait payé en liquide. Il avait une copie du reçu dans ses dossiers, mais le nom du client n'était pas inscrit.

— Quoi?

— C'est une bijouterie plutôt modeste, dit Bouthillier. Deux personnes y travaillent, le propriétaire et son épouse. Des Mexicains. On aurait eu la trace de la transaction si l'homme avait payé avec une carte de crédit. En revanche, M. Morelos est certain qu'il était barbu. Et qu'il pourrait le reconnaître s'il le revoyait.

— Vraiment? Après des mois? Il avait un signe particulier? espéra Michel Joubert.

— Non, il ressemblait à son cousin.

— Il faut qu'il rencontre notre dessinateur.

— Jean-Luc Émond est en vacances, rappela Bouthillier. Mais il rentre dans deux jours. Il pourrait voir M. Morelos pour établir un portrait-robot.

Après que Michel Joubert lui eut répété cet échange, Maud Graham sourit : l'amant secret était bien réel. Et on saurait bientôt à quoi il ressemblait.

— Ce serait idéal s'il était dans nos fichiers, mais je ne rêve pas en couleurs. On va devoir montrer son portrait à tous ceux qu'on a déjà interrogés. Les voisins de Lydia, ses amies, les résidents, les employés du Savini. Peut-être que quelqu'un l'aura vue en compagnie de l'homme invisible. Où est Jean-Luc Émond ?

— À la pêche, en plein bois. Oublie-le, tu ne peux pas le faire revenir plus tôt.

Maud Graham se renfrogna, marmonna qu'on avait perdu suffisamment de temps.

— Arrête de chialer, on a enfin une piste, dit Joubert. Tu dois avoir faim. Tu es grognon quand tu as faim.

— Tu n'es pas gêné de me dire ça !

— C'est Grégoire qui me l'a fait remarquer, continua Joubert avec malice. Où veux-tu qu'on s'arrête ?

Elle haussa les épaules, avant de proposer de se rendre jusqu'au marché.

— J'achèterai des fruits pour toute l'équipe. C'est mérité, personne ne s'est plaint que je gâche un dimanche...

— Seulement des fruits ? la taquina Joubert.

— On verra sur place.

Alors que Joubert empruntait le boulevard Charest pour gagner le Vieux-Port, Graham pensait à Émile. L'amoureux de Tiffany McEwen, n'était-il pas un artiste ? Ne pourrait-il pas rencontrer le bijoutier pour réaliser le portrait-robot ?

Dès qu'elle eut déposé les paniers de framboises et de bleuets sur la table de la salle de réunion, ainsi qu'une tarte aux pêches, elle soumit son idée à Tiffany.

— Émile est photographe, pas peintre.

— Mais il dessine aussi. Ou peut-être un de ses amis peintres ?

— C'est dommage que M. Lemay soit trop éprouvé, nota McEwen en envoyant un texto à son amoureux, on aurait pu le lui demander. Il a fait de sublimes portraits.

— On ne pourra pas lui parler aujourd'hui, en tout cas, se plaignit Graham. C'est son meilleur ami qui est décédé cette nuit à la résidence des Cèdres.

— Il était malade ? s'enquit Nguyen qui s'était barbouillé le menton de framboises.

— Comme tous les résidents, il avait ses problèmes de santé, répondit Michel Joubert, il souffrait du Parkinson et il boitait, conséquence d'une balle reçue lors d'une opération. C'est un ex-capitaine de la SQ.

— Mais il avait dit à Aline Poirier qu'il avait un cœur de jeune homme, précisa Graham tout en fixant Nguyen qui s'en aperçut.

— Pourquoi me regardes-tu comme ça ?

Graham secoua la tête. Une idée avait germé dans son esprit en voyant son collègue s'essuyer le menton, mais elle s'était évanouie. Comme une étoile filante, brillante et fantomatique. Agaçante. Elle chercherait à s'en souvenir avec la même obstination que celle qui l'habitait lorsqu'elle tentait de se rappeler le nom d'une personne. Elle avait ainsi cherché vainement celui d'un acteur durant tout un après-midi avant de se résigner à consulter Internet pour chasser cette obsession. Elle avait l'impression que cela lui arrivait plus fréquemment depuis le début de l'année et elle détestait avoir la sensation que les choses lui échappaient. Et ce sentiment d'être prise en faute. Elle pensa à son père qui perdait peut-être ses repères et elle frémit pour lui. Et pour elle. Lui ressemblerait-elle ? Elle dévisagea de nouveau Nguyen, puis se détourna.

— Peut-être qu'Aline Poirier voulait dire que M. Sirois était jeune de cœur, comme on dit jeune d'esprit, suggéra Bouthillier.

— Non, le contredit Graham, M. Sirois lui avait dit que, sans sa mauvaise jambe, il aurait pu continuer à courir quotidiennement, que ça lui manquait encore après des années.

— Mais selon Mme Poirier, poursuivit Joubert, la visite imprévue de Léonard Cardinale à la résidence l'a mis dans tous ses états. Il a failli se battre avec lui et…

— L'ex-détenu ? le coupa Bouthillier. Qu'est-ce qu'il faisait là ? Qu'est-ce qu'il lui voulait ?

— Voir M. Lemay. Il l'a connu quand il était enfant et…

— Mais c'est Ludger Sirois qui l'a arrêté, non ? s'écria Bouthillier. Il peut bien avoir eu tout un choc en le revoyant. Qu'est-ce qui s'est passé ?

— M. Sirois s'est emporté, dit Graham. Il a voulu chasser Cardinale, mais M. Lemay s'y est opposé. Léonard Cardinale a fini par s'en aller. Mais ils étaient bouleversés, tous les deux. Cardinale avait menacé de mort le capitaine Sirois au moment de son arrestation. Peut-être que celui-ci a eu peur en croyant que Cardinale venait pour lui régler son compte. Je ne sais pas comment je réagirais si Robert Fortier surgissait devant moi sans crier gare.

Aurait-elle peur ? Ou aurait-elle encore envie de vomir sur le pédophile qui avait abusé de sa confiance ? Elle ne pouvait penser à lui sans un pincement au cœur ; son arrestation n'avait pas diminué le sentiment d'humiliation qu'elle avait ressenti en comprenant que cet homme s'était joué d'elle durant des mois.

— T'avait-il semblé fragile ? s'enquit McEwen.

— Non, au contraire, alerte et très curieux, malgré ses tremblements dus à la maladie de Parkinson. Il était même désireux de participer à l'enquête. De revivre le bon vieux temps.

— C'est étonnant qu'il ait été aussi choqué. On s'habitue à encaisser dans notre travail, fit Nguyen.

— D'après Aline Poirier, dit Joubert, il avait échafaudé des hypothèses et avait des révélations à nous faire.

— Vraiment ?

244 | VRAI OU FAUX

— On ne le saura jamais, se désola Graham. Peut-être a-t-il voulu se donner de l'importance, mais je ne peux pas m'empêcher de me demander de quoi il s'agissait, s'il avait vraiment découvert quelque chose concernant Lydia. Si c'est le cas et s'il est mort justement la veille de ses révélations, la coïncidence est encore plus grande...

Un silence se fit dans la salle de réunion, puis Graham rappela que Sirois était intime avec Lemay. Lemay qui avait perdu ce fameux bâton de pastel sur les lieux du meurtre.

— Aline Poirier voulait aussi nous parler d'un résident, Eric Schmidt. Il serait le fameux nazi de Karl Lemay. Il aurait un tatouage distinctif. Qui se charge de vérifier?

Nguyen notait déjà ce nom tout en interrogeant Joubert: que savait-il sur ce tatouage?

— Sous l'aisselle, le groupe sanguin.

— L'information est juste, confirma immédiatement Nguyen qui avait une connaissance encyclopédique des tatouages, ayant mis un temps infini à décider du motif qu'il s'était fait tatouer sur l'épaule gauche. Qu'est-ce qu'un vieux nazi fait à Québec?

— Il termine sa vie dans une résidence, répondit Graham. Mais il paraît qu'il ne s'en rend pas vraiment compte, qu'il oublie où il est.

Elle fit une pause avant de formuler un souhait: si la mémoire immédiate faisait défaut à Eric Schmidt, il était néanmoins possible que la mémoire rétrograde soit moins abîmée. Qu'il ait conservé ses souvenirs, que le passé refasse surface et, surtout, que la sénilité ait effacé son système de censure.

— Je me mets tout de suite à la recherche, promit Nguyen.

— Et nous, on retourne voir Léonard Cardinale, fit Graham.

10

Le 2 août

La première chose que Maud Graham vit en descendant de sa voiture fut la rangée de cléomes plantés devant la maison. La brise les faisait tournoyer avec élégance et elle repensa à Vivien Joly qui aimait tant les fleurs. Elle espéra qu'il avait loué un appartement avec balcon pour pouvoir au moins cultiver des fines herbes et quelques plantes. Elle n'eut pas à sonner à la porte. Cardinale sortit de la maison et la regarda s'avancer vers lui, suivie de près par Michel Joubert. La deuxième chose que Graham nota, c'est sa barbe.

— Ça doit être chaud en plein été, non ?

Cardinale considéra Graham avec étonnement, passa une main sur son visage avant de répondre.

— Pas plus chaud que des cheveux.

— Pourquoi êtes-vous allé à la résidence des Cèdres ? attaqua Joubert.

— Vous devez le savoir, répondit Cardinale en le regardant droit dans les yeux. Pour voir M. Lemay. Mon ancien voisin. J'ai hésité longtemps, mais je me suis dit qu'il était âgé, que je regretterais de ne pas lui avoir parlé s'il décédait. Je voulais le remercier de m'avoir toujours accueilli gentiment quand j'étais jeune. Et lui dire que je dessine, aussi. Je n'en ai pas eu le temps. On m'a fait comprendre que je n'étais pas le bienvenu. Je ne pouvais pas savoir que Sirois demeurait à la même résidence que M. Lemay. Ni qu'il se prenait pour son chien de garde. Mais j'ai payé ma dette, je respecte les conditions de ma…

— Le capitaine Sirois est décédé cette nuit, le coupa Joubert.

— Quoi?

L'ahurissement de Léonard Cardinale fut suivi d'une soudaine raideur de tout son corps, comme s'il se sentait subitement menacé et se préparait à recevoir des coups.

— Je n'y suis pour rien, protesta-t-il.

— On ne vous a pas accusé, rétorqua Maud Graham.

— Qu'est-ce que vous faites ici alors?

— On veut en apprendre davantage sur vos relations avec M. Lemay. Vous ne l'aviez pas encore vu depuis votre libération?

— Je vous l'ai dit, j'ai hésité. Mais je vois son ancienne maison chaque jour et je me rappelle que j'aimais aller le regarder dessiner. J'aimais l'odeur de sa peinture, de son atelier.

— Vous y alliez souvent?

— Je ne m'en souviens pas trop… Il me semble que sa porte était toujours débarrée.

Cardinale fit une pause avant d'ajouter qu'il y allait quand il en avait envie.

— M. Lemay était donc patient avec les enfants? s'étonna Joubert. J'aurais plutôt pensé qu'il avait besoin de silence pour peindre.

— C'est sûr que je devais me tenir tranquille, expliqua Cardinale.

— Étiez-vous le seul enfant à débarquer dans son atelier?

— Je ne pense pas, mentit Cardinale.

Il savait qu'il n'aurait pas pris autant de libertés avec Karl Lemay s'il n'y avait pas eu ce secret entre eux. Jamais il n'avait parlé explicitement de sa mère avec le peintre, mais le silence qu'il observait était aussi éloquent que n'importe quelle parole.

Un pacte existait entre l'artiste et lui, un pacte qui lui conférait un statut particulier.

— Quel est le rapport avec votre présence ici ce matin? répéta-t-il.

— M. Lemay ne peint plus, précisa Graham comme si elle n'avait pas entendu la question. Il travaille avec de l'aquarelle et du pastel.

Un sourire traversa le visage de Léonard Cardinale: ainsi, son vieux voisin continuait à dessiner?

. — Il n'est pas confus, il m'a reconnu tout de suite. Mais j'avais peur qu'il soit trop fatigué pour peindre. À son âge…

— Il paraît qu'il ne se déplace pas sans son cahier. Et qu'il marche beaucoup. Qu'il dessine parfois dans le parc du Bois-de-Coulonge.

— Tant mieux! C'est une belle place pour lui! Ça le désennuie sûrement. Il n'y a rien de pire que l'ennui. Ça vous ronge comme la lèpre.

— C'est pour cette raison que vous avez suivi des cours au pénitencier? Pour vous distraire?

— Distraire?

Cardinale esquissa une moue: le mot ne s'appliquait pas vraiment à la vie carcérale.

— Qu'est-ce que vous voulez au juste?

— Savoir ce que vous attendiez de M. Lemay.

— Je viens de vous répondre. Je sais que j'aurais dû téléphoner avant de me présenter à la résidence, mais bon, M. Lemay était content de me voir. Je suppose que c'est la résidence des Cèdres qui vous a envoyés ici pour m'interdire d'y retourner?

— Non. Ce n'est pas dans notre mandat.

— Qu'est-ce que c'est votre mandat? Achaler le monde?

— On voulait seulement vous apprendre que M. Sirois a fait une crise cardiaque. Cela doit vous faire plaisir.

Cardinale se tourna vers la gauche pour désigner les cléomes.

— Non, ce qui me fait plaisir, c'est que les fleurs que j'ai plantées ne meurent pas. Il y a longtemps que je n'en veux plus à Sirois.

— Vous l'aviez menacé de mort. Il me l'a dit la semaine dernière.

— Personne ne vous a menacée au cours d'une de vos arrestations ? Sirois est mort d'une crise cardiaque. Comment voulez-vous que je sois mêlé à ça ?

— Le choc de vous avoir revu.

— Il était plus fâché qu'étonné. Je ne comprends pas ce que vous faites ici.

— Quelles sont vos relations avec M. Lemay ?

Léonard Cardinale tira sur les poils de sa barbe en haussant les épaules ; que pouvait-il ajouter de plus à ce qu'il venait de leur raconter ?

— M. Lemay a fait un portrait de moi quand j'étais enfant. Ensuite, j'ai pris l'habitude de le regarder travailler.

Il ne confierait sûrement pas à cette policière que le souvenir des gestes du peintre, sa manière de mélanger les couleurs sur la palette, de peindre les fonds, d'esquisser les formes lui revenaient en mémoire pour appréhender toutes ces techniques qui lui permettraient bientôt de peindre. Il n'était pas encore arrivé à trouver son style, mais il espérait que, avec l'aide de Karl Lemay, il pourrait progresser. Et que le peintre lui ferait rencontrer des gens dans le milieu, dans les galeries.

— Qu'est devenu ce portrait ? s'informa Graham.

— Je l'ignore. Peut-être qu'il est accroché dans un musée. Les œuvres de M. Lemay ont voyagé jusqu'au Japon. Pensez-vous qu'on s'occupe bien de lui dans cette résidence ?

— D'après la mère d'une de mes amies, c'est un endroit plutôt bien tenu, avec un personnel attentionné. La nourriture est bonne. M. Lemay descend souvent dans la cour pour dessiner.

— C'est bien.

— Ce qui est moins bien, continua Maud Graham, c'est qu'il s'est aventuré un peu trop loin, la semaine dernière. Il s'est égaré.

Léonard Cardinale réussit aussitôt à afficher une mine désolée.

— Il n'avait pourtant pas l'air si perdu quand je l'ai vu. Il m'a reconnu tout de suite.

— Je suppose qu'il a de bons et de mauvais jours.

— Peut-être qu'il avait juste envie de s'éloigner des autres vieux. C'est pénible de voir toujours le même monde, matin, midi et soir.

— Vous avez la paix, maintenant, observa Michel Joubert.

— Oui. Non. Ce n'est pas si simple.

— On voulait aussi savoir si vous connaissez Mylène Leblanc et Caroline Moutier.

Léonard Cardinale mit quelques secondes avant de répondre qu'il n'avait jamais entendu ces deux noms. Peut-être qu'un citoyen normal aurait voulu savoir qui étaient ces femmes, mais il n'était pas un citoyen lambda. Il n'aimait pas cette discussion dont il ne comprenait pas le sens. Ces enquêteurs lui posaient sur un ton presque amical toutes ces questions sur Karl Lemay. Qu'est-ce que cela cachait? Il avait beau se répéter que son alibi pour le soir du meurtre au Bois-de-Coulonge avait été vérifié, il avait peur qu'on lui fasse porter le chapeau. Qu'on l'accuse d'un crime qu'il n'avait pas commis. Peut-être que Serge Larocque leur avait parlé de lui? Mais pour leur dire quoi?

Maud Graham fixa un moment le parterre de fleurs avant de se tourner vers Cardinale.

— Une dernière question: avez-vous des nouvelles de Vivien Joly?

— Vivien Joly? Pourquoi me parlez-vous de Vivien Joly?

Léonard Cardinale se mordit les lèvres; cette femme posait des questions trop étranges pour cacher ses véritables intentions. Que lui voulait-elle donc?

— Il a quitté la maison de transition quelques jours avant vous. Il a toujours aimé les fleurs. Je me demandais si vous l'aviez revu.

— Non.

— Vous n'êtes pas curieux, M. Cardinale, constata Maud Graham qui notait sa nervosité croissante.

— C'est un défaut qui peut se révéler dangereux. C'est votre jeu de poser les questions, pas le mien.

— On se reverra peut-être à la résidence des Cèdres, fit Graham. Est-ce que vous connaissez d'autres personnes dans cet établissement ?

Cardinale mit deux secondes à répondre, s'efforçant de ne pas broncher : c'était ça la raison pour laquelle les enquêteurs avaient débarqué chez lui ? Larocque avait eu vent de sa visite. Que leur avait-il raconté ?

— Je ne sais pas, mentit-il. Peut-être que d'anciens voisins s'y sont installés aussi. Le monde est petit…

Graham hocha la tête tout en notant que Léonard Cardinale avait détourné les yeux.

— Tellement petit, précisa-t-elle, que Ludger Sirois vous avait vu à l'épicerie Roset.

— Il n'a donc pas été choqué comme vous le disiez en me voyant hier à la résidence.

— En effet, reconnut Graham. Mais vous, vous avez dû être surpris de le voir.

— Oui. Je ne savais pas qu'il vivait à la résidence des Cèdres.

Il se tut un moment avant d'ajouter qu'il n'aurait pas dû se présenter sans crier gare à la résidence.

Il était sincère : il aurait certainement agi autrement s'il avait su que Serge Larocque était directeur de l'établissement. Cette information pêchée sur Internet l'avait déstabilisé. Serge n'était pas infirmier, mais directeur des Cèdres. Pouvait-il amener M. Lemay à refuser de le revoir ?

— J'aurais dû obtenir l'aval d'un responsable avant de me présenter à la résidence, admit-il. Ce n'était pas une bonne idée. Même si M. Lemay avait l'air content de me voir. Mais vous devez savoir ça aussi.

Graham acquiesça avant de s'éloigner vers la voiture où Joubert l'attendait déjà. Elle prit place après avoir jeté un dernier coup d'œil à Cardinale qui n'avait pas bougé, qui la suivait du regard, en lissant machinalement sa barbe.

— J'essaie de l'imaginer enfant, confia-t-elle à Michel Joubert. Je n'y arrive pas. J'aurais voulu voir son portrait. J'espère que M. Morelos se souvenait assez bien de l'acheteur des bijoux pour qu'Émile fasse le portrait-robot. Tu peux faire le tour du quartier? J'aimerais voir où habitait Ludger Sirois.

Il n'y avait pas une place libre aux terrasses de la rue Maguire et Maud Graham envia durant un instant tous ces gens qui pouvaient traîner ainsi en plein jour, ces vacanciers, ces touristes qui offraient leur visage au soleil en sirotant une bière. Elle n'arrivait jamais à se détendre complètement lorsqu'elle s'installait à une terrasse. Elle ne pouvait s'empêcher d'observer les clients, de les jauger et d'imaginer qu'ils la jugeaient aussi, qu'ils détaillaient la manière dont elle était habillée. Ils devaient trouver qu'elle était mal coiffée, pas assez maquillée, fade, trop ronde.

— J'ai hâte qu'on parte à la plage, fit Michel Joubert.

— Vous allez encore à Provincetown?

— Probablement. Il devrait faire encore assez chaud pour se bai...

— Marie-Louise Tanguay t'a bien dit que le corps de Sirois était parti pour l'hôpital? le coupa Graham.

— Oui. En attendant l'arrivée de sa fille Claudine.

— J'aime mieux ça.

Joubert allait la questionner, mais tandis qu'il garait la voiture dans le stationnement du poste de police, tous deux virent Tiffany McEwen qui sortait de la sienne. Elle leva le pouce en signe de victoire: Émile avait pu réaliser un portrait-robot. En marchant vers eux, elle sortit un grand cahier de son fourre-tout.

— Et voilà, dit-elle en ouvrant le cahier. Émile a travaillé comme un pro. Attendez-vous à une surprise.

Graham fixa l'image quelques secondes avant de s'écrier :

— Il ressemble vraiment à Serge Larocque !

Joubert scruta à son tour le portrait-robot. Graham avait raison, l'homme représenté sur le dessin aurait pu être le frère du directeur de la résidence des Cèdres.

— Il a dit qu'il avait eu une courte liaison avec Lydia, rappela Tiffany McEwen. Il doit lui avoir acheté les bijoux à ce moment-là.

— Il devait tenir à elle plus qu'il ne l'a laissé croire pour lui acheter cette parure, dit Joubert.

— Demande à M. Morales combien valent le collier et le bracelet, pendant qu'on retourne à la résidence jaser avec Larocque, déclara Graham en rendant le cahier à Tiffany.

Elle ouvrit la portière de la voiture tout en fouillant dans son sac pour en extirper son carnet de notes. Elle relut ce qu'elle avait écrit lors de sa première rencontre avec le directeur de la résidence, puis se tourna vers Joubert qui bouclait sa ceinture et lui dit que Larocque n'avait pas acheté les bijoux quand il fréquentait Lydia.

— Il nous a raconté qu'ils avaient eu une relation quand il a repris le poste de son père à la résidence, il y a trois ans. Mais les bijoux ont été achetés cette année.

— S'il a continué à la fréquenter, pourquoi nous l'avoir caché ? s'étonna Joubert. Il n'est pas marié. Et même s'il l'était, ça ne nous regarde pas.

— Peut-être qu'il fait de beaux cadeaux aux membres du personnel, suggéra Graham même si elle n'y croyait guère, se souvenant que Laura avait dit qu'il chipotait sur le prix des plantes qu'elle voulait acheter pour embellir la résidence. J'aimerais bien qu'on mette un peu le nez dans ses comptes. Est-ce que c'est un homme qui dépense facilement ? Est-il généreux ? Avec qui ? Quel est l'état de ses finances ?

— Il avait peut-être une bonne raison pour lui faire ce présent, avança Joubert. Remercier Lydia Francœur pour un service qu'elle lui aurait rendu ?

— Quel genre de service ?

Graham ressortit son calepin, relut cette fois les notes qu'elle avait prises au sujet du rapport d'autopsie, puis elle communiqua avec McEwen.

— C'est encore moi. Est-ce qu'une des amies de Lydia Francœur aurait parlé de son désir d'avoir un enfant ? Tu me vérifies ça ?

Elle se tourna ensuite vers Joubert : Serge Larocque avait affirmé que Lydia et lui avaient rompu d'un commun accord, car elle voulait des enfants, alors qu'il se sentait trop vieux pour la paternité.

— J'ai trouvé cela bizarre quand il m'a dit ça, car il n'est pas vieux. Mais il a pu donner cette raison à Lydia pour clore la question. Le hic, c'est que je viens de me souvenir du rapport d'autopsie : elle a subi une intervention gynécologique. Elle n'avait pas d'utérus. Je dois savoir si l'intervention a eu lieu avant ou après sa rupture avec Larocque.

— Dans ce cas, émit Joubert, elle a dû prendre un congé plus ou moins long. Marie-Louise Tanguay s'en souviendra peut-être.

— Ou Serge Larocque lui-même, si on l'aide à rafraîchir sa mémoire.

En arrivant à la résidence des Cèdres, Joubert reconnut les sœurs Lalancette, assises sur un banc tout près de l'entrée principale. Elles se levèrent dès qu'elles le reconnurent et il leur présenta Maud Graham.

— Ludger Sirois est mort, déclara Murielle, l'aînée des Lalancette.

— Oui, nous le savons. C'est une bien triste nouvelle.

— Ça doit être un des bandits qu'il a arrêtés qui s'est vengé, chuchota la cadette.

— Vengé ?

— Il l'a tué, dit Suzanne Lalancette. C'est sûr et certain.

— Qui aurait tué M. Sirois ?

— Celui qui est venu ici, hier, avant le souper.

Joubert affirma que la police se chargeait de l'enquête, emboîtant le pas à Maud Graham qui allait ouvrir la porte de l'entrée.

— Ou quelqu'un d'autre, reprit Murielle. Il avait des secrets.

Maud Graham se retourna. Devait-elle s'attarder à écouter les deux vieilles échafauder des théories sur la mort de Ludger? Le mot «secrets» piquait immanquablement sa curiosité. Et si ces femmes avaient vraiment remarqué quelque chose?

— Quels secrets?

— Pour commencer, il couchait avec M. Lemay, affirma Suzanne. Je l'ai vu aller dans sa chambre la semaine dernière. C'est là qu'il est mort.

— Et dans celle d'Aline Poirier, dit Murielle. Je pense que son mari est jaloux.

— Son mari est décédé, lui rappela sa sœur.

— En tout cas, c'est quelqu'un qui ne l'aimait pas, conclut Murielle. Je ne sais pas si on va l'enterrer en même temps que Lydia Francœur. Venez-vous aux funérailles demain?

Graham hocha la tête en songeant que ces deux vieilles femmes s'ennuyaient tellement qu'elles envisageaient l'enterrement de Lydia comme une distraction. Elle pénétra dans le hall où était assis un vieil homme dans un fauteuil roulant qui la dévisagea un moment comme s'il tentait de la reconnaître. Elle fut tentée de lui dire qu'il n'avait pas à faire cet effort, qu'ils ne s'étaient jamais rencontrés, mais elle se contenta de lui sourire avant de suivre Joubert qui se dirigeait vers les bureaux de la direction. Les stores étaient baissés dans celui de Serge Larocque, mais Marie-Louise Tanguay se leva dès qu'elle les aperçut derrière la vitre.

— Que puis-je faire pour vous? questionna-t-elle en s'efforçant de sourire.

— Est-ce que Lydia Francœur a dû s'absenter pour un long congé de maladie pendant qu'elle travaillait ici?

Marie-Louise Tanguay écarquilla les yeux. Un congé de maladie?

— Quel est le rapport avec le meurtre?

— S'il vous plaît, dit Michel Joubert en lui souriant. Vous semblez être celle qui l'a le mieux connue.

Il observa une pause avant de s'excuser de revenir ainsi l'importuner.

— Lydia n'a jamais manqué plus d'une semaine de travail. Je pense que c'était pour une grosse grippe. Ensuite, elle s'est fait vacciner.

— Merci beaucoup, fit Maud Graham. Est-ce que M. Lemay s'est remis de ses émotions?

— Si vous êtes revenus pour lui parler, je vous dis tout de suite que...

— Non, non, on le verra demain, après l'enterrement.

— Ça m'étonnerait qu'il y aille.

— On doit aussi discuter avec M. Schmidt, la prévint Michel Joubert.

— Il chantera demain aux funérailles, mais pour ce qui est de jaser... Il est presque catatonique.

— Et les funérailles de M. Sirois? s'informa Maud Graham. Quelles sont les dispositions qui...

— C'est trop tôt pour savoir quoi que ce soit, l'interrompit Marie-Louise Tanguay. J'ignore ce que souhaite sa fille. Elle est en vacances à l'extérieur du pays. Elle ne sera pas ici avant demain soir.

— Elle a dû être surprise d'apprendre la mort de son père, s'enquit Graham.

Marie-Louise Tanguay haussa les épaules: les gens avaient des réactions diverses lorsqu'on leur annonçait le décès d'un proche. Si plusieurs étaient soulagés lorsque l'agonie avait été longue, certains semblaient étonnés même si le défunt était très âgé.

— La fille de M. Sirois ne s'attendait pas à cette nouvelle. Elle m'a fait répéter deux fois tout ce que je lui ai dit. Peut-être que je n'ai pas autant le tour que Lydia pour annoncer un décès, cela n'arrive pas si souvent. Quand nos résidents ont besoin de soins médicaux plus lourds, ils s'en vont à l'hôpital ou dans une maison de soins palliatifs. Mais quand ils ont la chance de partir doucement dans leur sommeil, c'est toujours Lydia qui se charge de prévenir les familles. Elle sait calmer les gens. C'est dommage qu'elle ne soit pas là aujourd'hui… Qu'est-ce que je raconte ? J'oublie encore qu'elle est morte. Et M. Sirois, maintenant. Quelle terrible semaine ! Mais, au moins, les journalistes ont cessé de s'intéresser à nous.

— Votre directeur ne doit pas apprécier ce genre de publicité, avança Graham.

— Ah non ! C'est un endroit respectable. Si ce criminel, ce Cardinale n'était pas venu jusqu'ici pour voir M. Lemay, peut-être que M. Sirois serait toujours vivant. Il a été si choqué qu'il a…

— On souhaiterait s'entretenir avec M. Larocque, rappela Graham.

— Oui, oui, je le préviens, ce ne sera pas très long…

— On vous suit, fit Joubert en se plaçant aussitôt à sa droite.

Il entendit distinctement le soupir de Marie-Louise Tanguay et s'excusa de nouveau de la déranger si souvent. Elle avait bien du mérite de n'être pas partie en vacances.

— Comment savez-vous que je ne devrais pas être ici aujourd'hui ? s'étonna-t-elle.

— C'est notre métier de tout savoir, fit Graham. On sait que votre directeur aime vous récompenser. Qu'il sait faire de beaux cadeaux.

— Non, non, c'était son père qui nous donnait des…

Marie-Louise Tanguay s'interrompit, toussota avant de frapper à la porte du bureau de Serge Larocque qui ne leva même pas la tête en l'entendant.

— Qu'est-ce qu'il y a ?

— On a encore quelques petites questions à vous poser, dit Maud Graham en passant devant Marie-Louise Tanguay. Vous permettez ?

Elle s'assit devant lui, accrocha la bandoulière de son sac à main au dossier du fauteuil après y avoir repêché son calepin.

— C'est à propos de qui, cette fois ? s'informa Serge Larocque. M. Schmidt ?

— Non, on le verra plus tard. On a appris que vous avez offert un collier et un beau bracelet en argent à Lydia Francœur.

— Un bracelet ?

— Elle le portait quand elle a été assassinée.

Michel Joubert posa une photographie du bracelet sur le bureau de Serge Larocque qui se pencha pour la regarder de plus près.

Il secoua la tête ; il n'était pas certain de se rappeler ce bijou.

— Ce n'est pas grave, dit Graham, le propriétaire de la boutique s'en souvient bien. Il vous a parfaitement décrit. On a même pu établir un portrait-robot.

Serge Larocque fronça les sourcils, cherchant à se rappeler s'il avait payé ce bijou comptant ou avec une carte de crédit. Il était persuadé d'avoir réglé en liquide. Mais il se trompait forcément, sinon comment ces enquêteurs auraient-ils pu savoir qu'il avait acheté ces maudits bijoux ? Il tenta de réfléchir à la meilleure réponse, flairant le piège et espérant réussir à dissimuler l'angoisse qui montait en lui. Un portrait-robot ? Qu'est-ce qu'ils avaient appris ? Allaient-ils l'accuser ? Que devait-il répondre ?

— Oui, je m'en souviens maintenant, finit-il par marmonner. Ça devait être pour son anniversaire, quand on était ensemble.

— Ça remonte donc à trois ans et des poussières…

Serge Larocque acquiesça, cela faisait un bout de temps, c'était vague. Quelle importance ?

— C'est que le propriétaire de la boutique dit qu'il vous les a vendus en début d'année.

— Ah oui ?

Il se pencha de nouveau pour examiner la photo, se redressa.

— Peut-être qu'il a raison. Je ne me souviens pas de tout ce que j'achète.

— Mais vous vous rappelez avoir donné ce collier et ce bracelet à Lydia Francœur ? insista Joubert.

Larocque fit un signe affirmatif, jeta un coup d'œil à la photographie, ne sachant où diriger son regard, craignant de trahir la surprise et le malaise que ces questions suscitaient en lui. Est-ce que les enquêteurs avaient découvert ses empreintes sur le bracelet? Il était pourtant certain de ne pas y avoir touché. De toute façon, c'est lui qui l'avait offert, il était normal que ses empreintes s'y retrouvent.

— Vous êtes donc vraiment restés en bons termes pour lui offrir ce cadeau bien après votre rupture?

— En effet, fit Larocque en s'efforçant de regarder Maud Graham droit dans les yeux. Sinon elle n'aurait pas continué à travailler ici. Tout aurait été trop compliqué pour l'un comme pour l'autre.

— Je crois me souvenir que vous vous êtes séparés parce qu'elle souhaitait avoir des enfants, mais pas vous, c'est ça?

— En effet, répéta-t-il. Je n'en ai jamais eu envie. Elle a compris que je ne changerais pas d'idée.

— Ce qui est étrange, reprit Graham, c'est que Lydia Francœur avait subi une opération bien avant de vous rencontrer. Elle ne pouvait pas avoir d'enfant. Comment se fait-il qu'elle ait tout de même pensé à vous comme père potentiel?

Serge Larocque cligna des paupières plusieurs fois avant de murmurer que Lydia lui avait caché cette intervention.

— Je ne comprends pas…

Larocque fixa le sol, remarqua une tache sombre, alors qu'il se maudissait d'avoir inventé cette histoire de paternité rejetée. Pourquoi les policiers s'intéressaient-ils à ce détail? Ils devaient s'en servir comme prétexte pour avoir une raison de revenir le questionner. Mais s'ils avaient vraiment de nouvelles informations sur lui, sur le meurtre, ils lui auraient lu ses droits…

— Vous ne vous doutiez de rien? fit Joubert d'un ton compatissant. Vous n'avez jamais deviné qu'elle n'était pas franche avec vous?

— Non, non, répondit Larocque en reprenant confiance en lui: si l'enquêteur pensait que Lydia était une menteuse, c'était parfait!

— Ce qu'on se demande, dit Graham, c'est dans quel but elle vous aurait menti ? Si elle ne pouvait avoir d'enfant et que vous n'en vouliez pas, c'était parfait comme situation, non ?

— Peut-être qu'elle voulait en adopter. Qu'elle cherchait un mari, un père. Ou elle a inventé ce désir d'enfant et elle a utilisé ce motif pour me quitter.

Maud Graham jeta un coup d'œil à son calepin, lut à haute voix : « On s'est séparés d'un commun accord. »

— C'est ce que vous nous avez déclaré, mais c'est vous qui l'avez laissée ou l'inverse ?

— Quelle importance, aujourd'hui ? Ça fait des années…

— Tout a de l'importance, déclara Graham.

Elle se leva et tendit la main à Serge Larocque. Elle lui sourit en lui promettant qu'elle et Joubert lui ficheraient la paix dès qu'ils auraient un relevé de ses empreintes. Elle vit le visage de Larocque se durcir, son sourire se figer.

— Mes empreintes ?

— On a retrouvé des empreintes sur le bracelet, mais si ce sont les vôtres, on reviendra à la case départ.

— Alors que si ce sont d'autres empreintes, elles peuvent appartenir au meurtrier, compléta Joubert.

— C'est… c'est logique, dit Serge Larocque en voyant Maud Graham fourrager dans son sac pour en tirer un petit coffret qu'elle déposa sur son bureau.

Elle lui souriait toujours quand elle ouvrit le coffret qui contenait un kit pour prendre des empreintes digitales. Elle tendit la main vers lui, prit ses doigts un à un pour bien imprimer les tracés des sillons, referma le nécessaire, le glissa dans son sac avant de répéter à Serge Larocque qu'ils ne l'incommoderaient plus à son travail.

— On se verra demain aux funérailles.

— Vous… vous venez ?

— Ça fait partie du boulot, expliqua Michel Joubert.

Serge Larocque les raccompagna jusqu'au hall d'entrée. Marie-Louise Tanguay s'y entretenait avec Catherine des dispositions qui seraient prises pour emmener les résidents à l'église Saint-Charles-Garnier où aurait lieu la cérémonie funèbre.

— C'est bien à 14 h? vérifia Graham.

Marie-Louise Tanguay pencha légèrement la tête en signe d'affirmation, mais sa désapprobation était évidente.

— Nous resterons à l'arrière de l'église, promit Joubert. Nous ne vous dérangerons pas.

— Dans ce cas…

Maud Graham et Michel Joubert regagnèrent la voiture, une véritable fournaise quand ils ouvrirent les portières. Ils attendirent un moment avant de s'asseoir. La chaleur était intenable même si le soleil disparaissait maintenant derrière des nuages d'un gris sale.

— Larocque n'était pas ravi de nous voir, dit Graham, sans cacher sa satisfaction. Il continue à nous mentir. C'est toujours intéressant, les gens qui nous mentent. Ou qui se taisent. Pourquoi ne nous a-t-il pas reparlé de Léonard Cardinale?

— Oui, il devrait être plus curieux. Ils ont le même âge, ils habitaient à quelques rues l'un de l'autre, il se souvient certainement de son arrestation.

— Et sa libération devrait l'intéresser un peu plus. Mais il ne nous a pas dit un mot à son sujet, alors que Mme Tanguay nous en a spontanément parlé. Moi, si mon voisin avait fait des années de prison, je voudrais en savoir plus. On creuse de ce côté-là : est-ce que Larocque et Cardinale se connaissaient, allaient à la même école, faisaient partie d'un même club sportif? Parce que, si c'est le cas, c'est encore plus étrange qu'il s'abstienne de nous parler de Cardinale. Et aussi que ce dernier ne m'ait pas dit un mot au sujet de Larocque quand je lui ai demandé s'il connaissait d'autres personnes à la résidence des Cèdres…

::

— J'ai rejoint le fils d'Eric Schmidt, annonça Nguyen à Graham et Joubert quand ils poussèrent la porte de la salle de réunion. Il a paru surpris par notre découverte, mais n'a pas nié que son père avait été enrôlé dans l'armée allemande. Malgré lui, a-t-il affirmé. Comme tant de jeunes, il n'a pas eu le choix.

— C'est sûr qu'il n'allait pas nous révéler que son père était un nazi membre de la Gestapo qui s'est caché toute sa vie, allégua McEwen.

— Pourtant, je le crois, dit Nguyen. J'ai fait des recherches avant de parler à Paul Schmidt. Je n'ai trouvé aucune trace d'un Eric Schmidt dans les dossiers de recherches sur les criminels nazis évaporés dans la nature. Il n'apparaît sur aucune liste.

— Il a pu changer de nom.

— D'après ce que m'a raconté son fils, reprit Nguyen, Schmidt a été blessé au combat et il était toujours à l'hôpital quand la guerre s'est terminée. Il a ensuite quitté l'Allemagne quand il a rencontré son épouse qui était Française. Ils se sont installés ici dans les années 1960. Il a réussi en affaires, semble avoir mené une vie respectable. C'est un grand donateur pour plusieurs orchestres. Un passionné de musique, d'opéra. Il semble que la seule chose qu'il reconnaissait à son pays d'origine, c'était d'avoir engendré Bach, Beethoven, Wagner et compagnie. Il n'a jamais caché à sa famille ou à ses amis qu'il avait fait partie de la Wehrmacht.

— Un simple soldat, conclut Graham.

— En tout cas, je ne vois rien qui le relierait au meurtre de Lydia Francœur.

— Ce n'est pas une surprise, reprit Joubert, mais Karl Lemay a cependant établi un lien entre ce nazi, un barbu et le meurtre de Lydia Francœur. C'est ce que Ludger Sirois avait confié à Aline Poirier.

— Pourquoi ne nous a-t-il pas confié ce qu'il savait? dit Graham en tapant du poing sur la grande table de la salle de réunion. C'est trop bête!

— Que vous a dit Serge Larocque à propos des bijoux ? questionna Bouthillier.

— Il a reconnu les avoir offerts à Lydia, mais prétend ignorer qu'elle ne pouvait pas avoir d'enfant.

— C'est peut-être vrai, mais il nous cache quelque chose, assura Joubert. Il n'est pas assez curieux. Trop lisse.

Graham qui feuilletait son calepin releva subitement la tête, dévisagea Joubert, puis Nguyen. Le revit alors que son menton était barbouillé de jus de framboise.

— Qu'est-ce que tu as à nous regarder ? demanda ce dernier.

— Lisse. Le visage de Serge Larocque est lisse. Contrairement à celui du portrait-robot. J'aurais dû lui demander quand il l'a coupée. Est-ce qu'un d'entre vous a déjà porté la barbe ?

— Moi, fit Bouthillier.

— Qu'est-ce que ça t'a fait quand tu l'as rasée ?

— Rien de spécial.

— Tu ne lissais pas tes joues, ton menton comme s'il te manquait quelque chose ?

— Oui, au début.

— Moi, quand j'ai coupé mes cheveux, poursuivit Graham, je passais mon temps à tenter d'attraper des mèches qui n'étaient plus là. Larocque se touche le menton régulièrement.

— Comme s'il s'était récemment rasé, commença Joubert. Tu crois qu'il a voulu changer son allure ? Aline Poirier pourrait nous le dire…

— Non, personne ne doit savoir qu'on s'intéresse de près à Larocque. Les poils de barbe prélevés sur la robe de Lydia sont d'un brun plus foncé que ses cheveux.

— Ça arrive souvent que la chevelure et la barbe ne soient pas identiques. Je suis certaine que c'est lui, l'amant secret, s'écria McEwen.

— Et moi, je trouve qu'il y a bien des zones d'ombre autour de ce monsieur Larocque. S'il s'est rasé le jour du meurtre…

— Je suppose que nous n'avons pas assez d'éléments pour saisir son ordinateur et l'examiner ? déplora Nguyen.

Graham opina de la tête : leur patron voudrait des faits concrets. Jean-Jacques Gagné lui dirait qu'on ne pouvait pas enquêter en profondeur sur un homme qui n'avait aucun casier judiciaire et qu'aucun indice n'accusait de quoi que ce soit. Il répéterait qu'il croyait à son intuition, oui, mais qu'il avait besoin de preuves.

— Je vais tout de même attirer son attention sur l'accumulation de coïncidences.

— Il y a une caméra à l'entrée de la résidence, rappela Joubert. On pourra vérifier quand Larocque s'est rasé.

— Il faut que M. Lemay se reprenne et nous parle, murmura Graham. Il faut qu'il se souvienne de ce qu'il a vu au parc ! C'est notre seul témoin.

— Fiable ou non ? laissa tomber Bouthillier. Capable de dire en cour ce qu'il faisait dans le parc à cette heure-là ?

Graham haussa les épaules. Non, évidemment pas. Karl Lemay pouvait avoir déjà tout oublié. Ou tout oublier d'ici le procès. Ou être mort.

— J'aime vraiment mieux interroger des criminels, soupira-t-elle. On n'a pas besoin de les ménager.

Elle se tut avant de dire à Bouthillier qu'elle voulait discuter avec l'agent de probation de Léonard Cardinale.

— Et tu scrutes à la loupe son enfance, son adolescence. Je veux savoir s'il a pu croiser Serge Larocque.

McEwen et Nguyen demandèrent quel lien Graham avait établi entre ces deux hommes.

— Aucun pour le moment. À part qu'ils ont le même âge et qu'ils vivaient dans le même quartier. Et que Serge Larocque est aussi discret sur sa relation avec Lydia Francœur qu'avec la visite de Cardinale à la résidence. Visite si impromptue que Marie-Louise Tanguay croit qu'elle est à l'origine de la crise cardiaque de Ludger Sirois.

— Larocque est beaucoup trop secret, conclut Joubert.

— Et Cardinale nous cache aussi quelque chose, paria Graham. Il était mal à l'aise quand je lui ai demandé s'il connaissait d'autres personnes à la résidence.

— Nous, on s'intéresse aux cachottiers, fit Nguyen.

— Je vais commencer par vérifier les listes d'étudiants dans les écoles du coin, dit Bouthillier. C'est possible que Larocque et Cardinale aient étudié au même endroit.

— On n'a toujours pas retrouvé l'ordinateur de Lydia, rappela Tiffany. Si elle l'a fait réparer, il faut que ce soit par quelqu'un qu'elle connaissait. Normalement, en apprenant la mort de Lydia, cette personne aurait dû entrer en contact avec nous. Elle aurait dû se demander ce qu'il fallait faire avec l'ordinateur.

— Mais si Lydia l'a donné à quelqu'un? avança Joubert.

— Non, le coupa Nguyen, les branchements, les fils sont restés chez elle.

— Une anomalie de plus, dit Graham. Ce n'est pas normal que son ordinateur ait disparu en même temps qu'elle. Il contenait des informations incriminantes. Mais sur qui? Sur quoi?

L'instant d'après, un coup de tonnerre sembla appuyer ce commentaire.

— Les terrasses vont se vider, dit-elle en s'approchant des fenêtres.

Des éclairs se multipliaient dans le ciel, les grondements se succédaient avec violence. Elle espéra qu'Églantine ne serait pas trop effrayée par ce tintamarre et qu'elle n'aurait pas à chercher la petite siamoise dans toute la maison à son retour. Elle se tourna subitement vers McEwen et Bouthillier.

— Il me semble qu'il y a une photo de Larocque avec une barbe dans le dépliant de la résidence des Cèdres. Aline Poirier m'a dit que Lydia aimait aller au restaurant. Faites le tour des endroits à la mode avec des photos d'elle et de Larocque. Peut-être que quelqu'un se souviendra de les avoir vus ensemble récemment.

— Larocque n'a jamais caché qu'il mangeait parfois avec elle, rappela Joubert. C'est la fréquence qui t'intéresse?

— J'aimerais pouvoir dire à Larocque qu'on sait qu'il est sorti régulièrement avec Lydia au cours des derniers mois. Et où. Juste pour mettre un peu plus de pression.

::

La pluie fouettait les vitres panoramiques de l'appartement et le vent avait renversé les chaises sur le grand balcon avec une vigueur qui ne semblait pas près de s'épuiser. Serge Larocque retourna vers le salon, se laissa tomber sur le canapé après s'être servi un double scotch, même s'il savait que l'alcool n'aiderait pas à chasser son mal de tête. Mais il avait besoin de se détendre pour réfléchir aux événements des dernières heures. Tout se liguait contre lui! Il n'arrivait pas à admettre que Karl Lemay était toujours en vie. Comment aurait-il pu deviner qu'il allait squatter la chambre de Sirois? Comment pourrait-il le faire disparaître maintenant? Il ne pouvait employer la même méthode, deux crises cardiaques en si peu de temps attireraient l'attention du Dr Hébert. Et de cette damnée Graham qui revenait constamment en inventant toutes sortes de prétextes. Quant à Cardinale, il ne savait même pas quoi en penser. Aline Poirier avait dit à Marie-Louise Tanguay qu'il était passé pour voir M. Lemay, mais si c'était plutôt lui qu'il voulait voir? Pour lui faire savoir qu'il était de retour et qu'il n'avait rien oublié.

Peut-être qu'il traînait depuis des jours aux alentours de la résidence, qu'il l'avait suivi lorsqu'il en sortait? Que ferait-il s'il le repérait? Devrait-il lui parler? Pour lui dire quoi? Lui demander ce qu'il devenait? Cardinale lui rirait en pleine face. Qu'est-ce qu'un ex-détenu pouvait faire en sortant du pénitencier? De quoi allait-il vivre? Il avait hérité de la maison familiale, soit, mais il fallait entretenir cette demeure, payer des taxes, se nourrir, se vêtir.

Larocque but une nouvelle gorgée. Il était probablement stupide de s'inquiéter autant des intentions de Cardinale. Celui-ci n'avait aucun intérêt à s'en prendre à lui. Il devait au contraire faire profil bas, éviter d'avoir de nouveaux ennuis avec la justice. Ce n'était pas pour lui qu'il s'était pointé à la résidence, mais bien pour Karl Lemay.

Si seulement la surprise de revoir Léonard Cardinale avait pu entraîner une crise cardiaque ! Il n'aurait même pas eu à échanger les gélules. Les maudites gélules qui n'avaient servi à rien ! D'un autre côté, Catherine et Marie-Louise étaient persuadées que la visite de Cardinale avait tellement choqué Sirois qu'il en était mort. C'est ce qu'elles lui avaient rapporté, c'est ce qu'elles avaient dit au Dr Hébert et aux enquêteurs. Ceux-ci voulaient tout de même parler au médecin, qui leur certifierait que Sirois était bien décédé d'un arrêt du cœur. Ce qui était vrai, en un sens, puisque la digoxine avait créé cet arrêt. Mais pourquoi Sirois était-il dans la chambre de Lemay ? Comment aurait-il pu prévoir une telle malchance ?

::

Maud Graham se tenait sous l'orme et tentait de persuader Églantine de descendre vers elle, mais la siamoise semblait tétanisée et n'avait pas bougé d'un centimètre depuis l'arrivée de Maud, alertée par ses cris perçants. Tout le voisinage devait s'imaginer qu'elle maltraitait la chatte !

— Qu'est-ce qui se passe ? demanda Maxime qui rentrait à la maison.

— Il se passe qu'Églantine est coincée dans l'arbre. J'ai beau lui parler, elle est scotchée à la branche. Je vais aller chercher la grande échelle.

— Mauvaise idée, elle en aura peur et montera encore plus haut.

— On ne peut tout de même pas déranger les pompiers !

Maxime jeta un coup d'œil à la siamoise cramponnée à la branche, s'il atteignait la fourche de l'orme avec l'escabeau de la cuisine, il pourrait grimper jusqu'à Églantine.

— Continue à tenter de la calmer, dit-il à Maud. Je reviens.

Dix minutes plus tard, il tendait la chatte tremblante à Maud qui l'avait regardé grimper avec autant d'appréhension que de fierté. Maxime s'entraînait vraiment sérieusement au club sportif et les résultats étaient là. Il était souple, agile, ses mouvements étaient sûrs et il avait manifestement davantage confiance en lui. Sa relation harmonieuse avec Coralie n'était pas étrangère à cela et Graham, même si elle était consciente que Maxime et Coralie étaient très jeunes, espérait que cette relation résiste au départ imminent de Maxime pour l'école de police de Nicolet.

— Qu'est-ce qu'on mange pour souper? l'entendit-elle dire de la fenêtre de la cuisine.

La sempiternelle phrase! Maud soupira en caressant les oreilles d'Églantine, n'ayant pas d'idée pour la préparation du souper, tout en sachant que cela lui manquerait terriblement de ne plus hésiter entre faire une sauce aux champignons pour des pâtes, émincer un jalapeno pour une pizza ou cuire ce poulet chasseur qu'aimait tant son fils adoptif.

— Steaks sur le barbecue? proposa-t-elle. Avec une salade de tomates et de concombres. Tu te charges du barbecue?

— Pauvre Biscuit, qu'est-ce que tu feras quand je serai à Nicolet? la taquina Maxime.

Il savait qu'elle n'était jamais rassurée quand elle devait allumer le barbecue. Elle pouvait traquer les criminels sans montrer la moindre panique, mais frémissait pour des choses insignifiantes qui amusaient Maxime.

— Tu devras attendre qu'Alain soit là pour ouvrir la bombonne de gaz, reprit-il.

— J'en mangerai seulement les fins de semaine. Il paraît que c'est cancérigène.

— Dans ce cas-là, c'est une bonne chose que je parte et que tu modères ton goût pour les grillades.

Elle haussa les épaules. Oui, c'était une bonne chose que Maxime vole de ses propres ailes. Son amie Léa lui avait dit qu'elle avait bien joué son rôle de mère, puisqu'elle avait donné à son fils cet esprit d'indépendance qui lui permettait de la quitter pour embrasser sa nouvelle vie. Mais elle n'imaginait pas la sienne sans lui.

— Il reste de la salade de patates, fit Maxime.

— Je l'ai faite il y a trois ou quatre jours. Es-tu certain qu'on peut la servir?

Maud Graham s'emparait du bol qu'avait sorti Maxime du réfrigérateur, soulevait le papier protecteur et reniflait la salade. Elle afficha une expression hésitante.

— C'est sûr qu'elle n'est pas avariée, Biscuit. J'en ai mangé hier. Tu as toujours peur que je m'empoisonne. Je ne pense pas qu'à l'école on s'inquiétera autant pour moi.

— Moi, c'est normal, je suis ta mère.

Combien d'années avait-il fallu à Maud pour dire clairement, à haute voix, qu'elle était la mère de Maxime? Elle s'y était hasardée timidement en privé, seule avec lui, puis devant les amis, les collègues. Elle avait toujours peur qu'on lui conteste ce rôle qui l'avait tant changée quand elle avait décidé d'adopter Maxime.

— Penses-tu qu'elle est aussi anxieuse que toi avec Camilla? demanda Maxime, faisant référence à sa mère biologique qu'il ne nommait jamais.

— Je ne la connais pas, dit Graham qui ajouta en son for intérieur qu'elle n'en avait pas du tout envie. Elle t'a appelé pour que tu donnes ta moelle à Camilla. C'est signe qu'elle tient à ta sœur.

— Je l'espère, confia Maxime. Camilla est trop seule. Avec ses problèmes de santé, elle a manqué l'école. Elle n'a pas pu partager les jeux ni les sorties avec les élèves, alors qu'ils venaient de déménager dans leur quartier. C'est pour ça qu'elle m'envoie autant de messages.

— Et parce que tu es le meilleur grand frère dont elle pouvait rêver.

— Je ne suis pas persuadé qu'elle me trouvera encore si cool quand mes cours vont commencer. J'ai peur de manquer de temps pour lui écrire. Je vais être pris par un paquet d'affaires. Je vais aller à Toronto à la fin d'août, mais ensuite cela va prendre un bon bout de temps.

— Elle viendra ici à la mi-session. Tu peux déjà l'inviter. Dis-lui qu'Églantine s'ennuie d'elle.

Maxime sourit, révélant sa canine droite légèrement ébréchée, souvenir d'un match de soccer un peu brutal sur les Plaines d'Abraham. Maud se souvint de son retour à la maison, le tee-shirt ensanglanté et déchiré, mais un sourire fendu jusqu'aux oreilles : il avait compté le but gagnant. Il lui avait juré qu'il avait à peine senti le coup reçu au visage.

— Je vais payer le billet d'avion de Camilla, déclara Graham. Je sais que sa mère a de l'argent, mais…

— Tu ne veux rien lui devoir.

— Arrête de tout deviner.

— Je serai un bon enquêteur, rétorqua Maxime.

— Meilleur que moi, prédit Graham. On n'avance pas vite dans l'affaire Francœur.

— Vous n'avez rien de neuf ?

— Peut-être que oui. La mort de Ludger Sirois fera peut-être bouger les choses. Mais en attendant d'avoir un mandat ou de convaincre sa fille d'exiger une autopsie, il faut que je parle à M. Lemay. Je ne veux pas le brusquer. D'un autre côté, je ne vais pas attendre encore des jours pour recueillir son témoignage, il risque de tout oublier. Heureusement que la mère de Nicole a toute sa tête, elle m'oriente un peu…

Graham jeta un coup d'œil à l'horloge murale de la cuisine. Elle devait justement rejoindre Aline Poirier avant qu'elle se rende à la salle à manger pour souper. Celle-ci lui avait confié qu'elle y allait moins pour manger que pour continuer à avoir un semblant de vie sociale. « À nos âges, on a vite fait de s'isoler. C'est malsain. » Elle avait ajouté qu'elle craignait que Karl Lemay se referme totalement sur lui.

Elle répondit à la première sonnerie et Graham, comme toujours, fut frappée par la vivacité de sa voix. Au téléphone, personne ne pouvait deviner qu'elle avait presque quatre-vingts ans. Elle entra tout de suite dans le vif du sujet.

— Tu veux savoir si Karl Lemay est en mesure de parler ? C'est non. Il n'est pas sorti de son studio. Il doit être toujours sous l'effet d'un calmant.

— Bon…

— C'est décevant pour toi.

— Je m'y attendais un peu, fit Graham. Sinon vous m'auriez appelée. Mais je voulais savoir si vous pensez que M. Sirois et M. Lemay avaient une relation amoureuse.

— Pardon ?

— Une résidente nous a dit que M. Lemay dormait dans la chambre de M. Sirois.

— C'est vrai. Mais parce que Karl Lemay est plus calme quand il est du côté du boisé. Ils avaient prévu d'échanger leurs chambres quand Claudine et son mari viendraient à Québec à son retour de vacances. Ils auraient pu déménager avant, ils n'ont pas tant d'affaires que ça, mais M. Lemay ne voulait rien demander au personnel. Et Ludger n'avait pas insisté. De peur d'attirer l'attention sur Karl, j'imagine. Ces derniers temps, Ludger dormait toujours chez Karl, et inversement. Ils avaient leur brosse à dents et leur pilulier chez l'un et l'autre.

— Mais ils n'étaient pas amoureux, conclut Graham.

— Non. Même si leur amitié était aussi forte que n'importe quelle passion.

— Pensez-vous que M. Lemay ira à l'enterrement ?

— J'en serais surprise. Mais je te préviendrai s'il est en état de nous accompagner. Tu seras là ?

— Oui.

11

Le 2 août

Marie-Louise Tanguay hochait la tête en écoutant Serge Larocque, approuvant les réserves qu'il avait émises au sujet des visites fréquentes des enquêteurs.

— Je sais bien qu'ils font leur travail, répéta-t-il, mais je sais aussi qu'ils vous gênent dans le vôtre. Et moi, ma priorité, c'est votre bien-être. Déjà que vous avez repoussé vos vacances... Des perles comme vous, on n'en trouve plus, alors s'il faut être plus ferme avec les policiers, n'hésitez pas à vous plaindre.

— C'est certain que c'est perturbant, admit Marie-Louise Tanguay.

— Surtout pour des personnes âgées déjà troublées.

— M. Lemay n'a pas voulu sortir aujourd'hui, alors qu'il va toujours dessiner dans la cour. Quant à M. Schmidt, il n'a pas compris que M. Sirois est décédé. C'est étonnant qu'il puisse chanter encore aussi bien.

— J'espère que nous n'aurons pas de mauvaises surprises demain avec les funérailles, laissa tomber Serge Larocque.

— À quoi pensez-vous? demanda la directrice des soins.

— M. Schmidt pourrait-il être trop confus pour chanter si les lieux l'impressionnent? Chanter ici et chanter dans une grande église, c'est différent. Et si M. Lemay fait une crise comme ce

273

matin avec Catherine, s'il se met à hurler… Je m'inquiète pour lui à cause de ce criminel qui est venu jusqu'ici pour le voir. Ça doit vous apporter une dose additionnelle de stress.

À la satisfaction de Serge Larocque, Marie-Louise Tanguay affirma que la visite de Cardinale et celles des policiers étaient de grandes sources d'anxiété pour elle, pour tout le personnel et pour les résidents.

— Il faut qu'on revienne à la normale, sinon il y en a qui perdront les pédales.

— Si seulement, je pouvais mieux vous aider, déplora Serge Larocque. Ces policiers qui veulent venir aux funérailles, est-ce vraiment indispensable? Ils rappelleront à tout le monde que notre Lydia est morte assassinée. C'est une cérémonie privée, me semble-t-il. En tout cas, vous avez ma bénédiction pour téléphoner à l'enquêteur Joubert et lui demander s'ils peuvent s'abstenir de troubler la cérémonie. Je l'appellerais bien, mais j'ai remarqué que vous avez un bon contact avec lui. Il me paraît plus empathique que l'autre…

— Maud Graham? Je suis d'accord avec vous. Elle est sèche. Je m'occupe de joindre Michel Joubert.

— Que ferais-je sans vous?

Marie-Louise Tanguay lui sourit, heureuse de voir ses efforts appréciés plus que jamais. Serge Larocque la complimentait souvent, mais elle sentait qu'elle lui était vraiment indispensable depuis le départ de Lydia. Il fallait vraiment que tout se déroule sans problèmes à l'église.

::

Depuis combien de temps Léonard Cardinale était-il là, à ressasser sa conversation avec son agent de probation? La visite éclair de Mario Therrien l'avait surpris. Non pas parce que Therrien ne s'était pas annoncé, cela faisait partie du jeu, mais parce qu'il n'était pas resté plus de dix minutes. Pourquoi était-il venu le voir? Il lui avait remis une fiche où étaient écrits trois noms d'éventuels employeurs, alors qu'il savait qu'il rencontrait Arnaud Ferland pour confirmer son embauche — à l'essai pour trois mois — lundi prochain. Cardinale avait d'abord cru que Ferland avait changé d'idée, mais ce n'était pas le cas. Therrien avait prétendu qu'il lui donnait trois noms supplémentaires au cas où il ne s'entendrait pas avec Ferland. Il lui avait ensuite demandé comment les choses se passaient avec le voisinage.

— Les gens ne sont pas toujours accueillants dans ce genre de situation.

— Je vous l'ai dit la dernière fois, je n'ai pas de problèmes avec mes voisins. Je ne leur parle pas, ils ne me parlent pas.

— J'ai entendu dire que tu étais allé voir ton ancien voisin, M. Lemay?

— Oui. Mais je ne suis pas resté longtemps.

Qui avait appelé au centre des libérations conditionnelles pour signaler à son agent son passage à la résidence des Cèdres? Cette Maud Graham qui cherchait toujours à en savoir plus sur lui ou Serge Larocque?

— Pourquoi voulais-tu voir M. Lemay? demanda Mario Therrien.

— J'ai de bons souvenirs de lui.

— Vraiment?

— Je le regardais peindre.

— Ah oui? Ça m'étonne de toi, tu es un vrai paquet de nerfs.

— J'aimais ça le voir dessiner des animaux.

— C'est pour ça que tu t'y es mis, au pénitencier? Et que tu continues?

Therrien avait désigné les deux toiles où Léonard avait esquissé quelques traits.

— Ça m'occupe.

— C'est bien, approuva Therrien. Concentre-toi donc sur ça plutôt que sur le passé. Laisse-le où il est.

Était-ce un conseil ou un ordre? Léonard avait hoché la tête dans un vague signe d'assentiment tandis que Mario Therrien s'arrêtait devant le chevalet où une toile séchait.

— Qu'est-ce que tu vas peindre?

— Un champ, avait répondu Léonard. Mais sans grillage autour.

— J'ai hâte de voir ça, avait dit Therrien en gagnant la sortie.

Cardinale l'avait suivi des yeux jusqu'à ce qu'il remonte dans sa voiture, puis s'était préparé un café, l'avait déposé sur la vieille table en bois au fond de la cour en réfléchissant à cette visite.

Il était toujours assis à la même place une heure plus tard sans être parvenu à calmer sa colère contre Serge Larocque: allait-il lui pourrir la vie? Cela ne lui suffisait pas de l'avoir trahi?

Léonard serra les poings si fortement que les cicatrices qui marquaient ses jointures se dessinèrent plus nettement. Il se souvint de cette bagarre qui avait dégénéré, de la mort de Boudreault et de Lapointe, de sa peur d'y passer aussi, du trou où il avait été enfermé si longtemps qu'il avait pensé devenir fou, de sa peine qui avait été allongée alors qu'il avait juste voulu sauver sa peau.

Il ne voulait pas retourner au pénitencier. Mais il ne pouvait pas oublier ce que Serge Larocque lui avait fait. Larocque était maintenant directeur d'une résidence chic, tandis que lui avait l'étiquette «repris de justice» collée sur le front.

Au moins, il savait où il habitait. C'était un premier pas…

::

Le 3 août

Serge Larocque écoutait le sermon du prêtre en se demandant s'il se terminerait un jour. La cérémonie lui semblait déjà trop longue et les hommages que souhaitaient prononcer le frère, la meilleure amie et deux résidents n'avaient pas encore été dits… Il y aurait ensuite la communion, interminable évidemment avec tous ces vieux qui se déplaçaient difficilement, qui auraient pu rester à leur place, mais qui tenaient mordicus à remonter l'allée principale pour tirer la langue devant l'officiant. Lui-même devrait aller communier s'il ne voulait pas être montré du doigt. La dernière fois que Serge Larocque s'était prêté à cette mascarade, c'était à l'enterrement d'Hector Larocque. Dans cette même église. Il était assis ce jour-là dans la première rangée, à côté d'Antoine, et il n'avait pas davantage prêté attention aux paroles du curé. Il pensait alors à l'héritage, espérait qu'il n'y aurait pas de mauvaises surprises à la lecture du testament. Aujourd'hui, il pensait à Léonard Cardinale qui lui était apparu hier comme un spectre, à deux rues de chez lui. Il revenait du dépanneur quand il l'avait aperçu, de l'autre côté de la rue Dalhousie, en face du Laurie Raphaël. De saisissement, il avait failli en échapper son sac d'épicerie, une bouteille de Perrier avait roulé sur le trottoir tandis qu'il retenait la boîte de céréales et le litre de lait. Il n'avait pas fait un geste pour ramasser la bouteille, choqué par cette apparition, ayant l'impression que son corps était coulé dans une chape de béton tandis que mille pensées s'agitaient comme de vraies folles dans son cerveau. Comment pouvait-il reconnaître si facilement Léonard qu'il n'avait pas vu depuis des années ? Était-ce vraiment lui ? Ou était-il victime d'une hallucination à force d'y penser ? L'avait-il suivi ? Depuis quand ? Que faisait-il là ? Il avait songé à appeler la police, puis s'était rappelé qu'il ne devait surtout pas parler à des policiers. Un couple qui quittait la terrasse du Laurie Raphaël avait hésité à s'approcher de lui, mais l'homme avait fini par lui adresser la parole. Est-ce que tout allait bien ? Quand Serge Larocque avait tourné la tête pour revoir Léonard Cardinale, celui-ci le regardait fixement. Que lui voulait-il ? Il demeurait immobile comme s'il s'était changé en statue. Il avait grossi un peu et s'habillait toujours aussi mal, ses pantalons étaient trop courts. Et ses cheveux… Ils ne couvriraient jamais ses oreilles. Il n'aurait jamais d'allure, de classe. Devait-il lui parler ?

Les feux de circulation avaient changé au carrefour, les voitures s'étaient avancées entre eux et, pendant que Larocque récupérait la bouteille de Perrier sur le trottoir, Cardinale s'était évaporé. Et maintenant, dans l'église baignée de soleil, Serge Larocque pensait à lui, pensait à ce fantôme, il n'était plus aussi certain d'avoir bien vu Cardinale. Pourquoi serait-il resté planté de l'autre côté de la rue sans rien dire, s'il l'avait suivi ? Et il avait disparu comme par enchantement. En tout cas, si c'était lui, il faisait plus pitié qu'envie. Il avait l'air presque aussi perdu que les vieux de la résidence. L'avait-il rêvé ou non ? La chaleur, la fatigue lui jouaient des tours. Quand pourrait-il enfin dormir en paix ? Sûrement après avoir trouvé une solution pour régler le cas de Karl Lemay. Que cette damnée enquêtrice voulait de nouveau interroger. Il l'avait vue se glisser au dernier banc. Heureusement, Lemay n'assistait pas aux funérailles. Marie-Louise lui avait dit qu'il était trop las pour les suivre à l'église. Mais Larocque redoutait l'entêtement de la policière, elle finirait par rencontrer Karl Lemay, qui lui raconterait peut-être qu'il l'avait vu au parc. Pourquoi ne l'avait-il pas encore accusé ? Il n'y comprenait rien... Et pourquoi avait-il parlé d'un nazi ? Cette histoire à dormir debout avait fait douter les enquêteurs de la lucidité du peintre et Larocque avait cru durant un moment qu'il serait débarrassé d'eux. Mais voilà qu'ils étaient revenus poser des tas de questions sur sa relation avec Lydia. Les bijoux qu'il lui avait donnés. Leur rupture. Graham lui avait montré le portrait-robot établi d'après le témoignage du commerçant. Il n'avait pas aimé son expression satisfaite lorsqu'elle lui avait tendu le dessin. D'un autre côté, si elle avait eu la moindre preuve contre lui, elle l'aurait interrogé bien plus longuement. Elle l'aurait convoqué au poste. Elle cherchait encore des indices. Et continuerait à fouiner, parlerait à Karl Lemay. L'avait-il reconnu ou non ?

Il devait s'en débarrasser. Mais comment ? Cette idée l'obsédait, l'avait réveillé à l'aube. Comment faire disparaître le peintre sans éveiller le moindre soupçon ? Il ne pouvait pas périr d'une crise cardiaque comme Sirois. Si seulement sa fille pouvait arriver plus vite. Il avait hâte qu'elle enterre son père. Qu'il n'entende plus parler de lui. Il n'aimait pas savoir le corps à l'hôpital, hors d'atteinte.

Alors que le prêtre élevait l'encensoir et que des volutes vaporeuses s'en échappaient, Larocque fixa ces fumées odorantes et se retint de sourire : un incendie. Il fallait qu'un incendie se déclare à la résidence des Cèdres. Tout pouvait arriver dans la panique que causerait un incendie. Où devait-il naître ? Comment s'assurer que Karl Lemay n'en réchapperait pas, tout en évitant le maximum de dégâts ? Il fallait envisager toutes les éventualités. En établissant un bon plan, c'était jouable. C'était même la seule manière de provoquer cet accident qui emporterait le vieux peintre. Si seulement il avait pu lui tirer dessus avec sa carabine comme il le faisait avec les orignaux. Sauf que rien n'est jamais aussi simple. Il se tourna légèrement vers le côté gauche, observa Suzanne Laprade qui ne quittait pas le prêtre des yeux. N'était-elle pas un peu plus pâle que d'habitude ? Ou désirait-il tellement qu'elle meure qu'il se l'imaginait ? Le Dr Hébert avait pourtant répété à plusieurs reprises qu'il était étonnant, avec un cœur aussi usé, qu'elle soit toujours parmi eux. Mais le médecin était presque aussi vieux que ses patients, son jugement n'était peut-être plus ce qu'il avait été. Il était présent, lui aussi, à cette pénible cérémonie. Assis sur le banc derrière lui, entre les sœurs Lalancette. D'un côté de la travée, les têtes blanches des résidents, de l'autre, les têtes brunes ou blondes des amis de Lydia, des membres de sa famille. Avant leur arrivée à l'église, Larocque avait suggéré à Marie-Louise de se présenter ensemble au frère et aux parents de Lydia pour leur dire à quel point elle avait été appréciée à la résidence des Cèdres.

— Nous n'allons pas parler à tous ses amis, ce serait trop long. Nos résidents auront besoin qu'on s'occupe d'eux, qu'on les aide à gagner leur banc.

— Avez-vous vu notre couronne ? s'était réjouie Marie-Louise Tanguay. Je pense qu'on a envoyé les plus belles fleurs.

Serge Larocque avait acquiescé, alors qu'il n'aurait pu dire si les fleurs envoyées au nom de tout le personnel de la résidence étaient des roses ou des œillets. Il n'était resté qu'une vingtaine de minutes au salon funéraire, le temps de présenter ses condo-léances à la famille de Lydia Francœur. Il avait été soulagé de constater que le cercueil était fermé, mais il ne s'en était pas appro-ché pour autant, craignant de trahir son anxiété s'il regardait de plus près la photographie de Lydia installée à côté du cercueil, parmi les dizaines de bouquets de fleurs. Il s'était concentré sur sa respiration pour éviter de songer à ce qui arriverait si une amie de Lydia s'avançait subitement vers lui et lui disait qu'elle savait tout de leur liaison. Il avait beau s'être répété cent fois que c'était impossible, sinon cette amie aurait tout révélé aux enquêteurs, il avait les mains moites quand il s'était présenté aux parents de Lydia Francœur et son cœur s'était emballé chaque fois qu'une inconnue lui adressait la parole pour lui demander s'il était un ami de Lydia ou un parent. Il retournait immédiatement la ques-tion, s'obligeant à se concentrer sur ce qu'on lui racontait. Il avait ainsi rencontré le premier amoureux de Lydia, un type tellement quelconque qu'il ne pourrait le reconnaître et qui l'avait bassiné avec ses souvenirs durant dix minutes. Heureusement, il avait davantage besoin d'un public que d'un interlocuteur et il ne lui avait posé aucune question. Quand Larocque avait enfin quitté le complexe funéraire, il était resté un long moment dans sa voiture, écoutant les battements de son cœur qui refusait de se calmer. Il avait pourtant réussi ce premier test : aucune de ces femmes qu'il avait vues sur les photos de voyage que Lydia lui avait montrées l'hiver dernier ne semblait connaître son rôle d'amant. De retour chez lui, il s'en était étonné : Lydia n'avait vraiment jamais parlé de lui à quiconque ? Était-il si peu important pour elle ? Un amant parmi tant d'autres ? Le comparait-elle à ces taons sans envergure qu'il avait vus au salon funéraire? Non. Non. Il n'aimait pas du tout imaginer qu'elle pouvait le tromper et il avait rapidement chassé cette pensée déplaisante. Toute cette histoire était maintenant derrière lui et il tirerait un enseignement de cette épreuve: ne pas sous-estimer les femmes sans grâce. Il n'avait jamais cru que Lydia pourrait un jour le remettre en question; elle avait été tellement heureuse quand il avait fait un premier mouvement vers elle, elle le trouvait si beau. Il avait alors eu la gentillesse de lui parler de son sourire irrésistible. Que dire d'autre? C'était ce qu'il y avait de mieux dans ce visage aux traits lourds. Mais son corps... Il avait été idiot de céder à l'attrait de ce corps, à sa générosité. Et d'acheter ces maudits bijoux un jour où il avait un peu bu. Lydia se serait contentée de beaucoup moins et il n'aurait pas eu tous ces ennuis. Heureusement, elle semblait lui avoir obéi et n'avait révélé son nom à personne. Il lui avait prétendu qu'il ne voulait pas rendre leur liaison publique parce qu'il redoutait que tout le monde se mêle de leurs affaires, que sa précédente histoire avait été ainsi gâchée et que, de toute manière, le secret était tellement romantique. Et même érotique. Il lui avait dit adorer penser à elle au lit, l'imaginer nue à l'insu de tous quand il la croisait dans le hall d'entrée de la résidence; elle avait ri, flattée par son désir. Elle n'aurait jamais pu deviner qu'il avait un peu honte de ce désir, qu'il ne souhaitait pas qu'on sache qu'il couchait avec une secrétaire si ordinaire, alors qu'il aurait pu séduire n'importe quelle femme. Il manquait simplement de temps avec tout le travail que lui imposait son poste de directeur.

Un mouvement général le ramena à la cérémonie, les gens se levaient pour suivre le cercueil jusqu'à la sortie. Serge Larocque s'empressa de donner le bras à Constance Cloutier afin d'avoir une raison pour écourter un échange de propos, si jamais Maud Graham et Michel Joubert l'attendaient sur le parvis pour discuter avec lui. Il fut surpris de ne pas les voir se diriger vers lui, poussa un long soupir de soulagement. Maintenant que les

funérailles avaient eu lieu, tout rentrerait dans l'ordre. Les enquêteurs avaient beau lui chercher des poux, ils n'avaient aucune
preuve pour l'inculper. Sinon, ils seraient revenus à la charge avec
toutes sortes de questions débiles.

Tout à coup, il n'était plus certain que Lemay représentait un
réel danger. Même si le peintre rapportait aux enquêteurs qu'il
l'avait vu au parc du Bois-de-Coulonge, quelle crédibilité lui
accorderait-on? N'importe quel avocat de la défense s'empres-
serait de prouver qu'il était sénile. Et poserait cette question:
pourquoi n'avait-il pas raconté avant ce dont il avait été témoin?
Et en y repensant bien, la mort de Ludger Sirois n'était peut-être
pas une erreur, c'était lui qui avait dû influencer Karl Lemay.
Selon Marie-Louise Tanguay, celui-ci était si bouleversé par
la mort de Sirois qu'il refusait de parler à quiconque et restait
enfermé dans son studio.

Et puis ce Sirois aurait continué à fouiner, il aurait pu devenir
gênant. Après tout, il avait été enquêteur. S'il avait flairé quelque
chose... Bon débarras!

Larocque se demanda encore une fois pourquoi Maud Graham,
qui n'avait pas caché ses doutes sur cette histoire de nazi, s'entê-
tait à revenir à la résidence, à vouloir parler au peintre. Et que
signifiait son intérêt soudain pour M. Schmidt? Il avait lui-même
fait des recherches sur ce résident; en quoi ce vieux bonhomme
complètement gaga pouvait-il avoir attiré l'attention des enquêteurs? Qu'est-ce qui lui avait échappé?

Voilà qu'il doutait à nouveau de tout. Il était épuisé de som-
brer subitement dans l'angoisse pour se raisonner ensuite, faire
et refaire la liste des éléments qui jouaient en sa faveur. Ça le
rendait fou! Il avait l'impression que son cerveau était au cœur
d'étourdissantes montagnes russes, qu'il n'arrivait plus à réfléchir
correctement. Il fallait que les choses reviennent à la normale! Il
était habitué à contrôler les événements. Il aurait donné cher pour
s'offrir une bonne partie de chasse, pour canaliser son adrénaline

en folie, pour ressentir ce soulagement unique en abattant une bête, en plongeant son couteau dans son corps encore chaud. Avec Lydia, tout avait été différent. Il ne savait pas encore ce qu'il avait vécu au moment où il avait voulu l'empêcher de se moquer de lui. Plus de colère que de plaisir.

Quant à Karl Lemay, il l'avait carrément frustré en lui échappant. Que devait-il faire de lui ?

Il émit un rire étrange qui le surprit ; durant une seconde, il s'était dit que c'était à un professionnel tel que Léonard Cardinale qu'il devrait demander conseil. Voilà où il en était rendu... Tout l'insupportait, même le soleil de cette maudite journée qui l'éblouissait méchamment.

Il avait besoin d'un verre. Oublier cette satanée Lydia qui avait foutu un bordel monstre dans sa vie. Il devait aussi changer de chemise, prendre une douche. Il n'avait jamais transpiré autant que durant la dernière semaine. Il s'octroierait une larme de scotch. Juste assez pour avoir le courage de retourner à la résidence jusqu'à 18 h. Il ferait le point sur la cérémonie avec Marie-Louise Tanguay, s'informerait pour le retour des résidents, de l'état de Karl Lemay, de ce qui était prévu pour la soirée. Pour le lendemain. Pour la semaine. Il jouerait parfaitement son rôle de directeur, féliciterait Marie-Louise pour le déroulement de la journée, lui proposerait de prendre enfin ses vacances. Il s'obligea à esquisser un geste de salutation à Maud Graham et Michel Joubert qui firent un signe de tête à leur tour, mais qui continuèrent à parler avec le frère et les parents de Lydia. Il se demanda ce qu'ils pouvaient bien se raconter, se fustigea ; il n'avait rien à craindre de la famille, Lydia les voyait peu. Il devait vraiment prendre un scotch et se calmer. Il n'allait tout de même pas devenir aussi fucké que les résidents de l'aile sud ! Il soutint le bras de Constance Cloutier qui descendit précautionneusement les marches du parvis, l'aida à monter dans l'autobus et s'approcha de Marie-Louise Tanguay qui consultait la liste des résidents, cochait les noms de ceux qui avaient déjà pris place dans les autobus.

— Je suis un peu gênée de procéder ainsi, mais…

— Non, vous avez raison, Marie-Louise, ce n'est vraiment pas le temps d'en perdre un. Il n'y a plus personne à l'intérieur de l'église, j'étais le dernier à sortir.

— J'avoue que je suis soulagée que ce soit terminé. C'était une belle cérémonie.

— Oui. Voulez-vous que je monte dans le premier autobus pour voir si tout le monde est prêt à partir ? Il fait tellement chaud, nos pauvres résidents doivent être fatigués. Je vous retrouverai ensuite à la résidence vers 15 h, ça ira jusque-là ? J'ai un rendez-vous que je n'ai pas voulu déplacer. C'est le dernier qu'avait pris Lydia pour moi…

Marie-Louise Tanguay posa la main sur son avant-bras en signe d'acquiescement.

— On a tous hâte que la journée soit finie.

::

Karl Lemay s'éloigna lentement de la fenêtre d'où il avait suivi le vol des mésanges qui s'agitaient près de l'orme centenaire qui se dressait devant la résidence. Elles semblaient anxieuses, allant dans tous les sens avant de revenir vers les branches de l'arbre. Il devait y avoir un nid et les parents défendaient leur progéniture. Le va-et-vient étourdissant des mésanges devait servir à distraire un éventuel prédateur, à l'éloigner de l'orme, des petits. Ce vol erratique et pourtant ciblé émut le peintre qui décida d'aller aider les mésanges. Il chasserait le chat qui devait être tapi sous les branches de l'orme. Les parents pourraient nourrir leurs oisillons en paix. Il attrapa sa veste, tâta le calepin qu'il laissait en permanence dans une des poches, hésita puis saisit son grand cahier jaune et sortit de son studio. Il s'étonna de ne voir personne dans la grande salle, frappa à la porte du studio de Ludger, tenta de l'ouvrir, fut surpris qu'elle soit verrouillée, la fixa durant un moment avant de se souvenir que Catherine lui avait dit que M. Sirois était parti. Où? Manger, probablement. Tout le monde était allé dîner. Mais lui n'avait pas faim et il avait une barre de chocolat dans une des poches de sa veste. Il emprunta l'escalier de secours et descendit au rez-de-chaussée, se rendit à la salle à manger. Il n'y avait personne, sauf une jeune fille aux cheveux d'un joli mauve qui le salua de loin. Où était Ludger? Karl gagna l'entrée de la résidence, constata que les mésanges s'étaient calmées, contourna l'édifice pour gagner la cour arrière et les balançoires. Il n'y avait personne. Où était donc Ludger?

Il devait être retourné chez lui. Ou au parc du Bois-de-Coulonge. Il lui en avait souvent parlé, ces derniers temps. Il irait le retrouver.

::

Il y avait moins de journalistes et de photographes sur le parvis de l'église Saint-Charles-Garnier que Maud Graham ne l'aurait cru, et le frère de Lydia Francœur les avait fermement éconduits. Elle était heureuse de ne pas avoir eu à intervenir. Joubert et elle étaient restés à l'arrière de l'église afin d'en sortir les premiers pour s'installer en retrait et observer tous ceux qui avaient assisté à la cérémonie. Deux autobus où devaient monter les résidents étaient garés en face de l'église et des préposés aidaient déjà les vieillards à regagner les véhicules. Elle reconnut Serge Larocque, un des derniers à quitter l'église, qui leur envoya la main. Elle répondit à son salut d'un geste volontairement décontracté, puis poursuivit son échange avec les proches de Lydia qui espéraient qu'elle leur donne des nouvelles positives de l'enquête. Tout en leur expliquant qu'il y avait des avancées, mais que ni elle ni Joubert ne pouvaient révéler quoi que ce soit dans l'immédiat, elle ne quittait pas des yeux Serge Larocque qui discutait avec

Marie-Louise Tanguay, s'éloignait maintenant vers un des auto-bus, y montait, en redescendait quelques minutes plus tard pour gagner sa voiture garée derrière l'église.

— On le suit, dit-elle à Joubert. Je veux savoir où il se rend.

Ils montèrent à bord de la voiture de Joubert qui repéra aisé-ment celle de Larocque dont les vitres étaient sombres.

— Veux-tu me dire à quoi ça rime d'avoir des vitres teintées? dit Graham.

— Il joue les caïds, plaisanta Joubert avant de tourner à gauche sur l'avenue Holland pour gagner le chemin Sainte-Foy. On dirait qu'il rentre chez lui.

— En plein jour? s'étonna Graham.

Michel Joubert avait pourtant raison. Ils suivirent Serge Larocque jusqu'à la rue Saint-Pierre où il se gara.

— Il habite tout près du Dominion, se rappela Graham.

— Que fait-on maintenant?

— J'appelle Bouthillier pour qu'il vienne le surveiller. Nous, on retourne à la résidence. Il faut vraiment qu'on s'entretienne avec M. Lemay.

— Mais s'il est toujours prostré?

— On a déjà trop attendu, je vais au moins essayer de lui par-ler. On verra ce qu'on pourra tirer de lui. Perdre son meilleur ami, il y a de quoi être confus. Si Léa disparaissait…

Graham se tut, repoussant cette idée de toutes ses forces, comme si le seul fait d'y penser pouvait attirer une quelconque malédiction sur Léa.

— Je vais lui remettre le bâton de pastel, dit-elle en sortant le sachet de son fourre-tout. Rose Kennedy. C'est une belle couleur, mais qui me cause toujours un certain malaise. Je me demande qui a osé le premier baptiser ce rose immortalisé par l'assassinat de John Kennedy. On revoit tous la limousine décapotée, le pré-sident affaissé contre le beau tailleur de Jackie.

— Un publicitaire ? Un designer ? suggéra Joubert. Je ne connais rien à l'univers de la mode, mais les photos de Jackie dans la Lincoln aux côtés du président sont passées à l'Histoire. Je n'étais pas né au moment du meurtre et je les ai pourtant vues plus d'une fois.

— Ce rose était joyeux, fier, vivant, dit Graham. En parfaite opposition avec la mort. Jackie avait le même âge que Lydia quand elle s'est retrouvée veuve. Trente-quatre ans. Je ne comprends toujours pas pourquoi Lydia n'a jamais révélé le nom de son amant à ses amies. Elle disait « mon chéri » en parlant de lui, ne s'est jamais trompée.

— Parce qu'elle ne croyait pas elle-même à son histoire d'amour ? Si elle ne le nommait pas, s'il ne s'incarnait pas réellement, il s'évanouirait plus vite de son esprit ? Elle n'avait pas confiance en lui.

— Mais elle s'en contentait, rétorqua Graham. Qu'est-ce qu'elle a bien pu trouver à Serge Larocque ?

— C'est un bel homme.

— Vraiment ?

— Oui, tu ne l'aimes pas, mais objectivement il est beau, affirma Joubert.

— Je le trouve trop fade, non, trop propret. Comme une photo retouchée. En même temps, j'ai l'impression que cette surface trop nette pourrait craquer, qu'il se retient toujours d'exploser. Qu'a fait Lydia pour l'emmener à ce point de non-retour ?

— Nous n'avons pas de preuves que c'est lui qui l'a tuée, protesta Joubert.

— Et si elle l'avait largué ? suggéra Graham. Il ne doit pas être le genre d'homme à accepter ça sans broncher. Si elle n'a jamais dit son nom à ses amies, c'est peut-être qu'elle savait au fond d'elle-même qu'il n'était pas pour elle. Peut-être qu'elle en avait un peu honte. Elle ne résistait pas à l'attirance qu'elle éprouvait pour lui, tout en étant gênée d'y succomber. Il faut que M. Lemay ait vu Serge Larocque au parc !

— Tu crois que son témoignage sera recevable ?

Graham haussa les épaules, maussade, et ne dit plus un mot jusqu'à ce que Joubert gare la voiture près de la résidence. Ils virent Marie-Louise Tanguay saluer les conducteurs des autobus, avant d'aider la dernière résidente qui en était descendue à monter les marches du perron. La vieille femme avançait si lentement que Maud Graham s'interrogea ; pourquoi n'avait-elle pas un fauteuil roulant ou une marchette ? Elle s'approcha de Marie-Louise avant que celle-ci referme la porte d'entrée. Elle semblait épuisée.

— La journée a été longue, commença Maud Graham.

— Et elle n'est pas finie, répondit sèchement Marie-Louise Tanguay. C'est toujours compliqué quand il y a une sortie. On a une résidente qui s'est évanouie en montant dans le bus.

— Trop d'émotions ?

— Ils sont vieux et fragiles, très fragiles.

Le ton sonnait comme une mise en garde.

— Peut-être que M. Lemay est assez reposé pour pouvoir nous parler, dit pourtant Graham. Il n'est pas venu aux funérailles...

— Qu'est-ce que ça changerait pour vous d'attendre à demain ? ne put s'empêcher de demander Marie-Louise Tanguay.

— On a déjà beaucoup attendu.

— Ce n'est tout de même pas lui qui va arrêter l'assassin de Lydia !

— On doit le voir, insista Maud Graham.

— Nous ne nous éterniserons pas, promit Joubert. On sera repartis bien avant votre souper.

— Dans ce cas...

Marie-Louise Tanguay passa devant les enquêteurs, appuya sur le bouton de l'ascenseur qui mit un temps infini à arriver.

— C'est toujours aussi long ? s'étonna Graham. Si le feu...

— On ne prend pas l'ascenseur s'il y a un incendie. C'est une règle élémentaire de sécurité.

— Vous avez raison.

— Nous avons régulièrement des exercices d'évacuation, si vous vous inquiétez pour nos résidents et...

L'ouverture des portes interrompit Marie-Louise Tanguay qui devança les enquêteurs pour emprunter le couloir qui menait au studio de Karl Lemay. Elle s'arrêta pour parler à Gina qui lui dit que personne n'avait vu le peintre, qu'elle allait justement voir s'il avait besoin de quelque chose. La préposée jeta un coup d'œil interrogatif à Graham et à Joubert.

— Ils veulent discuter avec M. Lemay, expliqua Marie-Louise Tanguay.

— Mais il est fatigué, protesta Gina. On a évité de le déranger aujourd'hui. Il prend des calmants depuis la mort de M. Sirois.

— Je leur ai déjà tout dit cela.

— Nous ne l'importunerons pas longtemps, promit Michel Joubert. Juste deux ou trois petites questions.

— Nous ferons ça en douceur, fit Graham.

Marie-Louise Tanguay frappa une première fois à la porte du studio de Karl Lemay sans obtenir de réponse.

— Il doit dormir.

— Réessayez, demanda Maud Graham. On doit vraiment lui parler.

— Je ne vois pas du tout ce que vous pourrez tirer de lui, maugréa Marie-Louise Tanguay en cognant de nouveau à la porte.

N'obtenant aucune réponse, elle appuya sur le bouton de la sonnerie. Elle attendit une trentaine de secondes, prévint les enquêteurs que M. Lemay mettrait un peu de temps à ouvrir la porte, si la sonnerie venait de le réveiller.

Maud Graham hocha la tête tout en gardant le silence. Elle tendait l'oreille, tentait de déceler des pas derrière la porte, mais le passage d'une préposée derrière eux, la conversation entre deux résidentes l'empêchaient de percevoir la présence de Karl Lemay.

— Il a peut-être eu un malaise, finit-elle par dire à Marie-Louise Tanguay qui n'attendit pas la fin de sa phrase pour faire signe à Gina d'aller chercher la clé du studio.

— Il doit dormir, assura-t-elle aux enquêteurs en attendant le retour de la préposée. Avec tous les calmants qu'il a pris. La mort de M. Sirois l'a tellement bouleversé.

— Vous aussi, j'imagine, avança Graham.

— On s'attend toujours à perdre des résidents, mais comme M. Sirois n'était pas malade, j'ai été un peu surprise, admit Marie-Louise Tanguay tandis que Gina enfonçait la clé dans la serrure.

Elle poussa lentement la porte tout en appelant Karl Lemay d'une voix douce, puis plus ferme.

À ce moment-là, Maud Graham avait déjà compris que le peintre n'était pas dans son studio, mais elle espéra qu'elle se trompait, qu'il était dans la salle de bain.

— Je ne comprends pas, dit Marie-Louise Tanguay en s'adressant à Gina. Tu m'as dit qu'il n'avait pas bougé de chez lui.

— C'est ce que m'a dit la nouvelle qui est restée ici cet après-midi. J'attendais l'heure du souper pour l'appeler...

— C'est notre routine, expliqua Marie-Louise Tanguay en se tournant vers Graham. On vérifie toujours si nos résidents viennent souper dans la grande salle, si tout va bien.

— Il doit être sorti dans la cour pour dessiner, suggéra Gina.

Marie-Louise secoua la tête, l'air anxieux.

— Il n'y était pas tantôt. Mon Dieu ! S'il faut qu'il se soit encore perdu !

— Je vais voir dans la cour, dit Gina, mais on devrait passer chez M\ :sup:`me` Poirier. Je sais qu'elle l'aime bien. Ils sont peut-être tout simplement en train de bavarder ensemble. Ou dans la balançoire.

— Il y a beaucoup de va-et-vient aujourd'hui, fit remarquer Joubert. Vous ne pouvez pas tout surveiller.

— Ce serait même une bonne chose que M. Lemay soit sorti, avança Graham. Cela signifierait qu'il est moins apathique, non?

Le silence de Marie-Louise Tanguay dura un peu trop longtemps pour que les enquêteurs croient ses propos qui se voulaient rassurants.

— Oui, probablement. Sûrement. Il ne doit pas être loin.

— On peut vous aider, proposa Joubert, aller dans la cour pendant que vous le chercherez dans l'établissement.

— On commence par Mme Poirier, décréta Marie-Louise Tanguay en empruntant le premier couloir sur la droite.

Sa démarche saccadée trahissait sa nervosité, tout comme le ton plus haut de sa voix lorsqu'elle joignit Catherine au poste de garde. Quand l'infirmière avait-elle vu M. Lemay pour la dernière fois?

Graham dut se faire violence pour ne pas accélérer le pas, devancer Marie-Louise Tanguay qui disait à Catherine qu'on mettrait en application le code rouge si M. Lemay n'était pas retrouvé dans les prochaines minutes.

Graham avait l'intime conviction que Karl Lemay avait quitté la résidence et qu'il n'y avait pas une minute à perdre pour commencer les recherches. Elle se maudissait d'avoir tant attendu pour l'interroger à nouveau. S'il n'avait pas été aussi âgé, aussi fragile, elle se serait imposée, l'aurait bousculé au besoin. Elle avait respecté sa vulnérabilité, mais cette même vulnérabilité mettait maintenant le peintre en danger.

Aline Poirier fut surprise de voir Graham et Joubert aux côtés de Marie-Louise Tanguay et jaugea avec inquiétude leurs expressions tendues.

— Que se passe-t-il?

— Avez-vous parlé à M. Lemay depuis votre retour de l'église?

— Non, j'étais un peu lasse et je me suis allongée.

Elle interrogea Maud Graham du regard qui constata que cette sieste n'avait pas effacé ses yeux rougis et ce teint gris qu'elle avait remarqués quand elle lui avait parlé après la cérémonie religieuse.

— Nous sommes venus rencontrer M. Lemay, mais il n'est pas dans son studio.

— Dans le jardin, alors? suggéra Aline Poirier. La lumière est belle... Ludger dit... disait que dessiner apaise Karl.

Graham serra doucement les mains d'Aline Poirier en lui promettant de revenir la voir pour la tenir au courant des événements, puis suivit Catherine et Gina qui choisissaient l'escalier au lieu d'attendre l'ascenseur. Joubert et elles se rendirent dans la cour où les sœurs Lalancette venaient de s'installer dans la balançoire. Elles n'avaient pas vu Karl Lemay.

— Je vais appeler au poste, déclara Michel Joubert, et nous allons...

— On doit prévenir M. Larocque, le coupa Marie-Louise Tanguay qui les avait rejoints après avoir communiqué avec les chefs de toutes les unités de la résidence. Il a un rendez-vous important à l'extérieur cet après-midi, mais je vais lui téléphoner. Il voudrait être mis courant tout de suite de l'incident. Ce n'est peut-être pas une fugue. Avant de faire venir la police, on doit s'assurer que...

— C'est nous, la police, l'interrompit Graham en se félicitant d'avoir suivi Serge Larocque qui avait manifestement menti à son bras droit en évoquant ce rendez-vous bidon. Nous devons retrouver M. Lemay pour lui parler. On va patrouiller dans les rues voisines et...

— Allez voir à son ancienne adresse, fit Gina qui arrivait de la salle à manger. La nouvelle a salué M. Lemay, il y a quelques heures. Il était dans le hall. Il ne serait pas le premier résident à vouloir retourner chez lui.

Graham demanda à Joubert d'appeler au poste pour qu'on leur envoie des patrouilleurs, puis elle se tourna vers Marie-Louise Tanguay.

— Je veux voir la chambre de M. Lemay.

— En son absence, c'est compliqué.

— On ne parle plus d'absence, rétorqua Graham, mais de disparition. Donnez-moi la clé.

— Mais M. Larocque n'autoriserait pas…

— M. Larocque n'est jamais là quand vous avez besoin de lui, dit Graham en tendant la main.

Marie-Louise Tanguay lui remit la clé et Graham se dirigea vers les ascenseurs, hésita une fraction de seconde avant de bifurquer vers les escaliers. Elle croisa Catherine en arrivant au troisième étage, lui fit signe de la suivre.

— J'ai besoin d'un témoin. Et je veux que vous me disiez s'il manque quelque chose en particulier chez M. Lemay.

— Je ne suis pas certaine de pouvoir vous aider. Je connais ses vêtements, mais pour le reste… On ne fouille pas dans les affaires de nos résidents.

— Ce ne sera pas long, promit Graham.

— Bon, vous avez déjà vu son studio, de toute façon, convint Catherine.

— Ce n'est pas une bonne semaine pour vous.

— Ça tombe tellement mal, avec les remplacements des vacances. J'aurais dû rester au lieu d'aller aux funérailles. Je n'aurais pas laissé M. Lemay partir ainsi, mais la préposée ne savait pas que…

Catherine se tut, se reprit, elle était injuste. Personne ne pouvait deviner que M. Lemay fuguerait de nouveau. Il avait été si tranquille depuis son arrivée à la résidence.

— Il est si doux, dit-elle tandis que Graham introduisait la clé dans la serrure.

Maud Graham se surprit à avancer vers la fenêtre et à jeter un coup d'œil dehors, comme si M. Lemay allait apparaître par enchantement à l'entrée principale. Elle vit Joubert debout près de la voiture qui discutait par radio. De loin, il lui sembla plus vieux. Est-ce qu'elle donnait aussi cette impression, à une certaine distance ? Elle se détourna de la fenêtre, se dirigea vers une des tables de chevet où étaient posés un verre d'eau et un pilulier.

— Est-ce que M. Lemay aura des problèmes s'il ne prend pas ses médicaments à court terme ? Quel est son état de santé ?

— Plutôt bon. Il prend un antidépresseur. Des somnifères à l'occasion. Je lui ai aussi apporté un calmant hier. Et ce matin tôt, mais l'effet s'est dissipé depuis.

— Il sera plus ou moins confus ? demanda Maud Graham.

En ouvrant les tiroirs de l'autre table de chevet, elle s'étonna de trouver une mouche d'un bleu rutilant. Elle la sortit du tiroir, interrogea Catherine du regard.

— Il peut encore aller pêcher ? Où ?

— Je n'en ai jamais entendu parler. À la pêche ? C'est M. Sirois qui aimait la pêche. M. Lemay est un solitaire. C'est pour ça que la mort de M. Sirois est si tragique pour lui. Il n'a pas de famille, pas vraiment de visite, à part une dame qui travaille au musée. Et il n'a pas d'équipement de pêche.

Catherine désignait le garde-robe ouvert qui permettait de constater qu'il n'y avait aucune canne à pêche à l'intérieur.

— Il n'a pas beaucoup de vêtements, nota Graham.

— Non. Ce n'est pas un homme coquet. Mais il a pris sa veste. Il ne se déplace jamais sans sa veste noire. À cause des poches. Il y met des tas de choses. Il refuse de s'en séparer. J'ai vraiment dû insister pour qu'on la lave après sa fugue dans le parc. Mais elle était vraiment sale. Si vous aviez vu tout ce qu'il avait mis dans ses poches !

Catherine restait immobile, mal à l'aise de pénétrer chez Karl Lemay en son absence. Elle n'aurait peut-être pas été aussi gênée avec un autre résident, mais le peintre était si secret ; elle était certaine qu'elle rougirait quand elle le reverrait.

— Ah ! fit Graham en découvrant un portrait de Ludger Sirois parmi les toiles empilées contre le mur.

Elle se levait pour se rapprocher de la lumière du jour afin de mieux voir le portrait.

— C'est ce que je vous disais, il va être tellement perdu sans M. Sirois.

— J'ai entendu dire qu'il avait fait un portrait de Lydia.

— Il doit être dans son grand cahier jaune, déclara Catherine. Sophie, la préposée qui remplace Anne, a dit qu'il tenait un livre avec lui quand elle l'a vu près de la salle à manger. C'était sûrement son cahier. Il ne se déplace pas sans lui.

— Il y a d'autres cahiers ici, fit remarquer Graham qui venait de regarder sous le lit et en avait tiré une boîte remplie de calepins, de cartons, de blocs à dessin.

— Mais depuis quelque temps, il ne lâche pas le jaune. Je pense que c'est un genre de manie. Il a changé, ces dernières semaines. J'ai entendu Marie-Louise Tanguay discuter avec le Dr Hébert. M. Lemay froisse et défroisse ses vêtements et...

— Je ne comprends pas, fit Graham.

Catherine saisit le pan de sa chemise et le pressa entre ses doigts, le relâcha, le pressa de nouveau dans un geste anxieux.

— Ça peut être un symptôme de la maladie...

Elle n'avait même pas besoin de la nommer. La réalité de l'Alzheimer étant omniprésente dans une résidence pour personnes âgées. Et un spectre dans l'esprit de Graham.

— Et puis je le trouve plus anxieux, poursuivit Catherine. Mais avec tout ce qui est arrivé ces derniers jours, tout le monde est plus nerveux. Ça ne signifie pas automatiquement que M. Lemay est atteint...

— On dirait que vous vous contredisez vous-même, que vous ne voulez pas entendre ce diagnostic.

— C'est vrai, reconnut Catherine. M. Lemay est un de mes chouchous.

Elle expliqua qu'il émanait du peintre une douceur très particulière.

— On dirait qu'il voit nos âmes. Quand il me regarde, j'ai l'impression d'être enveloppée, d'être bercée. Je n'ai pas d'autre mot pour lui, c'est un doux.

— Vraiment? fit Graham qui venait de découvrir une pile de dessins étranges dans le dernier tiroir de la commode.

Elle écarquilla les yeux de surprise en fixant les pendus, les têtes coupées, les croix gammées, les armes de toutes sortes qu'avait illustrés Karl Lemay. Le si doux Karl Lemay? Qu'est-ce que cela signifiait? Elle referma le tiroir lentement, se releva, jeta un coup d'œil circulaire au studio et fit signe à Catherine qu'elle avait terminé son inspection. Elle avait hâte de rejoindre Michel Joubert.

Celui-ci lui confirma l'arrivée imminente des patrouilleurs. Tout se mettait en place pour retrouver Karl Lemay.

— Il ne peut pas être bien loin, dit-il d'une voix assurée.

— C'est ma faute, on aurait dû interroger Karl Lemay plus tôt.

— J'aurais pu insister aussi, protesta Joubert. Mais bon, l'important, c'est de le retrouver…

Joubert allait ajouter « sain et sauf », mais se tut, évitant de regarder Graham.

— Il est plus étrange que je ne l'imaginais, dit celle-ci. Il y a des dessins extrêmement morbides dans son studio. Très violents. Des symboles nazis, des corps démembrés, des bûchers, des poignards. Ça ne ressemble pas à ce qu'on connaît de lui. Je me suis laissé avoir par sa fragilité.

— Tu ne penses tout de même pas qu'il a tué Lydia Francœur?

— Je ne sais plus ce que je pense, marmonna Graham. On se rend à son ancienne adresse, puis on traverse chez Cardinale. Et j'appelle Rouaix.

— Rouaix? s'étonna Joubert.

— Pour qu'il aille chercher Aline Poirier à la résidence. Il se passe trop de choses en trop peu de temps. Elle tente de faire bonne figure, mais tu l'as vue, elle est ébranlée par la mort de

Ludger Sirois. Et elle est aussi inquiète que nous de l'absence de Karl Lemay. Je ne veux pas avoir à m'en faire pour elle.

— Et Schmidt ?

— Je vais demander à McEwen et à Bouthillier de le rencontrer. De cette façon, ils seront sur place.

Rouaix fut surpris de reconnaître la voix de Graham, mais comprit immédiatement la situation. Il lui promit qu'il ramènerait sa belle-mère à la maison au cours de la prochaine heure.

— Je suis au golf du lac Beauport. Le temps de revenir en ville et j'y serai. Je suppose que tu m'expliqueras tout en détail plus tard ?

— J'ai merdé, avoua Graham. J'aurais dû m'incruster à la résidence, insister pour voir Karl Lemay, mais il ne se sentait pas bien. Je n'ai pas osé lui imposer mes questions.

— Tu as voulu être respectueuse, plaida André Rouaix.

Personne n'ouvrit quand Michel Joubert sonna à l'ancienne adresse du peintre, mais Graham et lui traversèrent la rue en sachant qu'ils auraient plus de chance avec Léonard Cardinale qu'ils avaient aperçu à leur arrivée. Il n'avait pas bougé du perron de sa maison et les regardait s'avancer d'un air résigné : que lui voulaient-ils encore ?

— M. Lemay a quitté la résidence.

— Quitté ? Pourquoi ?

— Vous ne l'avez pas revu ?

— Non.

Léonard Cardinale scruta l'expression de Maud Graham, à la fois sévère et inquiète.

— Il n'est pas ici en tout cas. C'est ce que vous voulez vérifier ?

Graham secoua la tête, raconta qu'elle espérait que le vieil homme avait eu le désir de rentrer chez lui. Et que son ancien voisin l'avait vu.

— Vous voulez dire qu'il s'est perdu ? demanda-t-il.

— Ça ressemble à ça. Si vous apercevez M. Lemay, vous nous prévenez aussitôt. Ne soyez pas surpris de voir des agents patrouiller dans les rues. Ils vont arriver d'une minute à l'autre pour faire le tour du quartier. Ce sera sans rapport avec vous, ne vous affolez pas inutilement.

Cardinale ouvrit la bouche d'étonnement en écoutant Maud Graham qui semblait se soucier de lui.

— Je… si… Est-ce que ça fait longtemps que M. Lemay est parti?

— On l'ignore. Il fait clair, heureusement. Avec un peu de chance, on l'aura retrouvé pour le souper.

— Est-ce que je peux faire quelque chose?

— Nous appeler si vous remarquez quoi que ce soit autour d'ici.

— Quand j'étais petit, il dessinait souvent au parc des Braves. C'est là que j'irais voir à votre place. Comment a-t-il pu partir sans que personne s'en rende compte?

— Tout le monde était aux funérailles de Lydia Francœur, expliqua Joubert.

— Mais il peut lui arriver n'importe quoi!

— On va le retrouver, dit Graham d'un ton qui se voulait rassurant.

L'angoisse de Léonard Cardinale était bien réelle. Elle avait deviné que sa relation avec son vieux voisin était importante pour lui, mais elle était encore plus forte qu'elle ne l'avait imaginé. Elle le fixa un moment, tentée de le pousser à leur reparler de Karl Lemay, mais Cardinale la surprit par une question sur Serge Larocque.

— Qu'est-ce que le directeur des Cèdres pense de tout ça?

— Je l'ignore. Nous ne l'avons pas vu. Il était absent quand nous avons constaté la disparition de M. Lemay. Pourquoi me parlez-vous de M. Larocque?

— Je ne sais pas.

Cardinale lissa sa barbe, puis subitement décidé à jouer franc jeu avec Maud Graham, il avoua qu'il le détestait.

— Je suppose qu'il vous a parlé de moi ? Il vous a envoyés ici ? Vous savez qu'on était dans la même équipe de hockey quand on était jeunes ?

— Justement non, répondit Graham. Il s'est seulement plaint avant-hier de votre visite qui a perturbé ses chers résidents.

— Il ne vous a pas dit qu'on se connaissait ? s'étonna Cardinale.

— Je vous jure que non.

— Il ne s'est pas vanté de m'avoir dénoncé à la SQ ? D'avoir été un bon citoyen ?

Joubert émit un petit sifflement avant de demander comment il avait eu cette information.

— Ce n'est pas une information, c'est une certitude, assura Léonard Cardinale. Je l'ai croisé sur le boulevard René-Lévesque et j'ai été arrêté tout de suite après. Ça lui ressemble de vendre quelqu'un. Il a toujours été malsain. Il a toujours fait ses coups en douce. Avec ses airs d'enfant sage, on lui aurait donné le bon Dieu sans confession. Alors que, moi, j'étais le mouton noir. Chose certaine, je n'étais pas le plus rusé des deux.

Cardinale tapota le tatouage à demi dissimulé par la manche droite de son tee-shirt, découvrit un renard.

— Je n'étais pas aussi futé que je le pensais. J'ai quand même voulu avoir ce tatouage. Mais Larocque était plus pervers que moi, il surveillait toujours ses arrières. Il fouinait partout.

Cardinale fit une grimace comme s'il sentait une mauvaise odeur, puis reprit :

— Je ne vois pas quel rapport il pourrait y avoir entre Serge et la disparition de M. Lemay, mais c'est un visage à deux faces. Il a toujours été comme ça. Ne vous fiez pas à ce qu'il pourrait vous dire. Il méprisait tout le monde.

— Vous semblez bien le connaître. Vous avez étudié au même collège ?

— Non, on a un an de différence. Mais dans le quartier, il y avait une petite bande. On niaisait ensemble. Larocque se prenait pour un *tough* parce qu'il avait une veste de cuir. Il se trouvait beau. Probablement qu'il l'était. En tout cas, les filles le trouvaient beau.

— Et vous, vous étiez *though* ? demanda Maud Graham.

Elle pensa que Léonard, avec ses oreilles décollées et ses cheveux d'une couleur incertaine, n'avait probablement pas eu autant de succès qu'il l'aurait souhaité auprès des filles. Peut-être qu'il avait cambriolé toutes ces maisons pour acquérir un certain prestige. Elle regretta de nouveau de ne pas pouvoir voir le portrait réalisé par Karl Lemay.

Léonard Cardinale grimaça ; oui, il se pensait *though* à l'époque, mais il avait connu de vrais durs en prison.

— J'ai appris à faire la différence.

Il esquissa un sourire, se moquant manifestement de lui-même, avant de répéter aux enquêteurs d'aller faire un tour au parc des Braves.

— M. Lemay l'a peint à toutes les saisons. Mais c'est l'hiver qui m'impressionnait le plus.

— À cause de la neige ? Du blanc sur du blanc ? dit Graham. Ça me fascine aussi. Peindre l'invisible… Comment était M. Lemay ?

— M. Lemay ?

— Vous avez dit que vous débarquiez souvent chez lui.

Léonard Cardinale dévisagea Maud Graham ; qu'espérait-elle de lui ?

— Pas si souvent. C'était un adulte, j'étais un enfant. En fait, il ne parlait pas beaucoup. Je le trouvais un peu bizarre.

— Il ne parlait pas de sa propre enfance ? Ne vous racontait rien ?

— Non, je sais juste qu'il venait des États-Unis.

— Il participait aux barbecues ?

— Quels barbecues ?

— Vous n'aviez pas ça, entre voisins ? Des soupers chez l'un ou l'autre ? Vos parents ne fréquentaient pas les gens de la rue ?

— On n'était pas à la campagne, ni même en banlieue, protesta Cardinale. On connaissait nos voisins, mais on ne soupait pas avec eux. Si mon père était très sociable au travail, il n'était pas jasant quand il rentrait chez nous. L'été, entre enfants, on pique-niquait ensemble, on se rendait jusqu'au parc, mais pas nos parents.

— M. Lemay n'était donc pas ami avec les vôtres.

Léonard Cardinale haussa les épaules, répéta que M. Lemay était quelqu'un de discret.

— Il est toujours aussi réservé, fit Graham en notant une certaine gêne chez Cardinale. Vous nous appelez si vous le voyez.

— Et vous quand vous le retrouverez…

Graham hocha la tête en guise de promesse et suivit Joubert vers la voiture tandis que Cardinale les regardait s'éloigner, attendait que leur véhicule disparaisse pour se lancer à la recherche de Karl Lemay. C'est lui qui le retrouverait! Il n'avait pas menti aux enquêteurs en disant que le peintre se rendait souvent au parc des Braves, mais il allait bien plus souvent vers le chemin du Foulon, le boulevard Champlain.

12

Le 3 août

Le vent dépeignait les herbes hautes le long du chemin du Foulon et une fillette portant une robe jaune canari caressait son visage avec les têtes dorées, se tournait vers une femme qui lui faisait signe de la rejoindre. D'où il était, Karl Lemay ne pouvait entendre ce qu'elle lui disait, mais l'expression empreinte de tendresse de son visage était aussi éloquente que toutes les paroles qu'il aurait pu percevoir. Il pensa à sa mère lorsqu'elle lui chantait une berceuse en français, à voix basse afin que Walter n'en sache rien. Il se souvenait de l'impression de chaleur qu'il ressentait lorsqu'elle le serrait dans ses bras et lui caressait les cheveux. Elle passait et repassait inlassablement une mèche derrière son oreille tout en lui racontant ce qu'ils feraient quand elle l'emmènerait visiter sa Beauce natale. Elle lui parlait souvent des hirondelles et ce simple mot le faisait rêver. Elle lui expliquait qu'elles dessinaient des ballets dans le ciel, descendaient en vrille, volaient en rase-mottes sous les yeux ébahis des chats qui renonçaient vite à les capturer. Elle disait que les vallons de la Beauce ressemblaient à des vagues, que cet horizon tout en courbes lui manquait sur la ferme où tout était si plat.

La fillette tendit la main vers sa mère qui lui donna une pomme rouge vif et Karl Lemay songea que, avec le bleu intense du fleuve et la robe d'un jaune si éclatant, les trois couleurs primaires étaient réunies dans leur plus belle expression. Il les regarda s'éloigner vers la ville durant un moment, se demanda s'il devait les suivre. Où allaient-elles ? Et lui ? Il se sentit alors submergé par l'angoisse, des frissons le parcoururent. Il fixa le Saint-Laurent dans l'espoir d'y trouver une réponse, mais le fleuve glissait vers les ponts sans se soucier de lui. Il ignorait ce qu'il devait faire, s'asseoir sur un banc et continuer à regarder la crête des vagues ou remonter la côte. Mais il faisait si chaud. Il avait soif. Il crut entendre son nom, se retourna lentement, reconnut les oreilles décollées de Léonard Cardinale.

— Monsieur Lemay ! Je suis content de vous voir.

— Léonard ? s'écria Karl, tout fier de le reconnaître grâce à sa façon de plisser les yeux.

Cardinale lui souriait en lui tendant une bouteille d'eau.

— Buvez lentement, sinon vous aurez mal à la tête. Assoyez-vous. Vous devez être fatigué. Le temps est lourd aujourd'hui pour une marche aussi longue.

Lui-même prenait place à côté du peintre, l'observait tandis qu'il s'abreuvait.

— Je me suis rappelé que vous aimiez ce coin-là. C'est toujours aussi beau, le fleuve. Vous vouliez le dessiner ? fit-il en désignant le cahier que Karl Lemay avait déposé par terre.

Le vieil homme haussa les épaules, but de nouveau pour éviter d'avoir à donner une réponse. Il ne se rappelait plus s'il avait envie de dessiner le fleuve ou non.

— J'ai commencé à dessiner, au pénitencier, dit Cardinale. Je repensais à vous, à vos tableaux. Maman m'a apporté des livres pour que j'apprenne.

Il avait envie de savoir quels souvenirs Karl Lemay conservait de sa mère, mais celui-ci se contenta de hocher la tête sans parler et Léonard se tut en se demandant ce qu'il devait faire maintenant. Il regardait les voitures qui roulaient sur le boulevard Champlain, comptait les voiliers sur le fleuve, songeait qu'il n'avait jamais navigué, n'avait même jamais emprunté le traversier entre Québec et Lévis. Il n'avait rien vu du monde.

— Avez-vous déjà dessiné le pont de Québec?

— Oui. Sais-tu qu'il est déjà tombé? Quand je pense à tous les ouvriers qui sont morts dans le fleuve... Ma mère et mon frère se sont noyés aussi.

Les yeux du peintre s'emplirent de larmes et Léonard Cardinale posa une main sur les siennes.

— Je ne le savais pas.

— Je me souviens du visage de maman, mais pas de celui de mon frère. Je ne sais pas pourquoi. J'aimerais me rappeler.

— Ça fait longtemps.

Karl Lemay approuva d'un signe de la tête; oui, le temps avait passé. Il fixa ses mains. Les os des jointures saillaient sous les veines apparentes et les taches de vieillesse. La main de Léonard était si jeune comparée aux siennes. Si forte.

— Des fleurs de cimetière, dit-il. C'est comme ça qu'on appelle ces taches-là. C'est Aline Poirier qui me l'a appris.

— Aline Poirier?

— C'est... c'est une femme intelligente. Sage.

— Elle habite à la résidence des Cèdres?

Karl Lemay dévisagea Léonard sans répondre, puis toucha de l'index une tache parme sur sa paume.

— C'est de la peinture? Tu peins?

— Oui.

— L'odeur me manque.

— Vous pourriez venir peindre à la maison. Vous vous souvenez? Nous étions voisins.

— Je me suis trompé, j'ai broyé trop finement les pierres, avoua le peintre. Mon bleu était trop clair.

— C'est compliqué de tout maîtriser, dit Léonard en se demandant s'il devait l'interroger sur ce bleu. Que devait-il représenter? Le ciel? Le fleuve?

— Je ne touche plus à l'huile.

— Mais au moins vous continuez à dessiner, dit Cardinale, peiné par la résignation qu'il entendait dans ce chuchotement. Est-ce que vous travaillez au crayon ou au fusain?

— Les deux. Et au pastel. À l'aquarelle, parfois. Pour le fleuve. C'est logique.

— Je peux voir? s'enquit Léonard Cardinale en montrant le cahier.

— Si ça te tente.

Il but une gorgée d'eau, ferma les yeux comme s'il goûtait la chaleur du soleil. Cardinale souleva le cahier et le posa sur ses genoux, l'ouvrit et regarda le bosquet qu'avait reproduit Karl Lemay. Puis des roses qui semblaient sur le point de s'épanouir. Il tournait lentement les pages, à la fois admiratif et jaloux. Jamais il ne parviendrait à imiter le peintre, jamais il ne saurait rendre la vivacité de ce chien qui surgissait sur cette feuille, un fox au poil hirsute. Il en voulut au vieil homme de le mettre en face de l'évidence, puis se força à respirer lentement. S'il devait se mettre en colère, s'il devait frapper quelqu'un, ce serait Serge Larocque qui le méritait. Il expira, tapota le dessin pour attirer l'attention de Lemay.

— À qui est ce chien?

— C'est un bon chien, se contenta de répondre Lemay. Un bon chien. Tu en voulais un quand tu étais petit.

— Vous vous le rappelez? s'étonna Cardinale.

De quoi d'autre se souvenait le peintre? Pouvait-il l'interroger? Tout en se disant qu'il devait appeler les enquêteurs pour leur dire qu'il avait retrouvé M. Lemay, il continuait à tourner lentement les pages. Sa rage s'était estompée, il n'était pas pressé de rompre ce moment d'intimité avec son ancien voisin. Après trois pastels consacrés à des pivoines, il découvrit le portrait d'une femme à l'épaisse chevelure brillante. Comment le peintre avait-il réussi à rendre ce lustre? Et la brillance de son collier? Le dessin était en noir et blanc, mais on devinait pourtant que le collier était en argent. Pas en or. Comment arrivait-on à rendre cette différence? Il allait le demander au peintre quand il découvrit le portrait de Serge Larocque. Il déglutit. Serge Larocque. Il y avait des croix gammées sur ses épaules. Il jeta un coup d'œil au peintre qui avait toujours les yeux clos comme s'il s'était assoupi. Il tourna la page suivante qui était vierge, puis une autre, et encore une autre, toujours vierges. Il allait refermer le cahier quand il vit des ébauches sur la dernière feuille, il fronça les sourcils en voyant les mains d'un homme serrant le cou d'une femme. Son visage incliné vers l'arrière disparaissait, mais on distinguait les chaînes d'un collier sous les mains viriles et une chevalière à l'auriculaire gauche à demi dissimulée par les chairs qui débordaient dans l'effort.

Léonard Cardinale revint vers les premières pages, retrouva le portrait de la femme, scruta le collier. C'était la même chaîne. Il se tourna vers Karl Lemay, lui montra le dernier dessin. Le vieillard eut un mouvement de recul, échappa sa bouteille d'eau. Léonard referma aussitôt le cahier, ramassa la bouteille, fit un geste large vers le fleuve.

— Il n'est jamais de la même couleur.

— Mais le plus souvent, il est gris, affirma Karl Lemay. Toutes les nuances de gris. Pas aujourd'hui, il tire sur le cobalt. Autrefois, il y avait des traitements au cancer par le cobalt. Et avant, des moines se sont empoisonnés.

— Empoisonnés?

— Avec les enluminures des livres d'heures. Les livres sacrés. Des métaux se mêlaient aux couleurs, du plomb, de l'or. Sur leurs doigts, leurs lèvres.

En pensant à ces hommes qui avaient orné les ouvrages saints, Karl Lemay passa sa langue sur ses lèvres. Cardinale lui tendit la bouteille d'eau, le laissa boire quelques gorgées, puis lui demanda s'il avait faim.

— Je suis fatigué.

— On devrait rentrer. Vous savez ce qu'on va faire ? On va téléphoner à une amie d'Aline Poirier qui viendra nous chercher. On pourrait retourner ensemble rue Chanoine-Morel. En voisins, comme dans le temps.

— Oui.

— On se rend à cette maison où il y a un balcon, expliqua Cardinale en montrant un couple qui venait d'y apparaître, qui déposait des bières sur une table ronde.

Pour la première fois depuis sa libération, il regrettait de ne pas avoir un téléphone intelligent. Mario Therrien lui avait dit que tout le monde en possédait un, mais Cardinale avait songé que ce serait une mesure supplémentaire pour le contrôler à distance.

— On leur demande de téléphoner, puis on attend. Ce ne sera pas très long.

Léonard Cardinale donna son bras au peintre qui parut soulagé de s'y appuyer. Il avait l'impression de le trahir, car il manquerait à sa promesse de le ramener rue Chanoine-Morel, mais il devait le mettre en sécurité. Ils marchèrent lentement jusqu'à la maison blanche et Léonard héla le couple qui trinquait, joyeux, à son nouveau logement. Cardinale fut un peu envieux, doutant de connaître un jour ce genre de bonheur. Il expliqua en quelques mots la situation. Le jeune homme descendit aussitôt pour les rejoindre, prêta son téléphone à Léonard Cardinale qui fut beaucoup plus soulagé qu'il ne l'aurait imaginé en entendant Graham lui répondre.

— M. Lemay est avec moi. Il va bien, mais il est fatigué.

— On vient vous chercher.

— Il ne faut surtout pas le ramener à la résidence.

— Ce n'est pas mon intention. Où êtes-vous ?

— Vous, où êtes-vous ? Dites-moi où vous rejoindre.

Graham eut un moment d'hésitation, se tourna vers Joubert. Ils étaient revenus à la résidence des Cèdres sous prétexte de rencontrer Eric Schmidt, alors qu'ils tenaient à surveiller Serge Larocque, qui avait appris par Marie-Louise Tanguay la disparition du peintre. Depuis son retour à la résidence, Graham avait pu observer que l'anxiété de Larocque n'était pas feinte, mais elle aurait parié qu'il était moins inquiet de la fugue de Karl Lemay que de leur présence à la résidence. Ce n'était pas non plus l'entretien qu'elle et Joubert avaient eu avec M. Schmidt qui angoissait Larocque. Il savait trop bien qu'Eric Schmidt ne pouvait s'exprimer d'une façon cohérente. De l'aveu même de Marie-Louise Tanguay, on attendait qu'une place se libère dans l'aile réservée aux résidents souffrant de troubles cognitifs avérés.

— On devra aussi y songer pour M. Lemay, avait dit Serge Larocque. Il perd la tête, multiplie les fugues. Je me sens responsable de ce qui lui arrive aujourd'hui. Nous aurions dû réagir après sa première absence.

— Mais il y a eu le meurtre de Lydia, avait dit Maud Graham. Et vous avez été bouleversés dans vos priorités.

Serge Larocque avait pincé les lèvres et Graham l'avait vu battre des paupières, mais il avait poursuivi sur un ton doctoral que des mesures seraient prises pour protéger M. Lemay contre lui-même.

— S'il revient, si vous réussissez à nous le ramener sain et sauf...

Joubert avait répété que de nombreux patrouilleurs étaient à sa recherche, puis Graham l'avait interrompu : ne devait-il pas avoir reçu les résultats du laboratoire de sciences ? Peut-être avait-il oublié de lui en parler, avec tout cet émoi autour de la disparition du vieux peintre.

— Excuse-moi, oui, les résultats des tests sur les poils arriveront au plus tard demain matin, confirma Michel Joubert qui savait que Graham avait mentionné ces examens pour accentuer le stress de Serge Larocque.

— Garanti ?

— Garanti. Tu auras les résultats des analyses d'ADN du poil trouvé sur la scène de crime demain.

Graham avait senti vibrer son téléphone, l'avait ouvert, s'était légèrement éloignée, pour écouter Cardinale qui se demandait où il fallait emmener Karl Lemay. Elle ne pouvait dire à Cardinale de venir à son bureau, le poste de police intimiderait le vieil homme, le déstabiliserait. Elle fit signe à Joubert de la suivre à la voiture avant de s'adresser de nouveau à Léonard Cardinale. Est-ce que M. Lemay était très agité ? Non, il était fatigué.

— Je lui ai fait boire de l'eau. Je ne sais pas s'il prend des médicaments.

— Restez en ligne, je vous reviens tout de suite.

Elle s'assit dans la voiture, dit à Joubert qu'il fallait trouver un endroit où Karl Lemay se sentirait en sécurité.

— Sinon il plongera encore plus dans la confusion.

— Appelle Aline Poirier, suggéra Joubert. Nous savons qu'elle l'aime beaucoup. Elle est psy, elle devrait pouvoir le rassurer. Moi, j'avise les patrouilles que M. Lemay a été retrouvé.

— Non ! Pas tout de suite ! Personne ne doit savoir, pour l'instant. Je ne veux aucune fuite ! Dis à Larocque et à Marie-Louise Tanguay qu'on a reçu un appel, qu'on s'y rend, même si la description du vieil homme ne correspond pas à celle de M. Lemay. Et qu'on reviendra ensuite à la résidence pour les tenir au courant. Ou qu'on les appellera.

Joubert dévisagea Graham, mais lui obéit. Il alla prévenir Marie-Louise Tanguay, puis revint à la voiture.

— On vous rejoint où vous voulez, disait Graham à Léonard Cardinale en espérant qu'il accepte sa proposition malgré ses réticences.

Elle mesurait la difficulté qu'éprouvait Cardinale à lui faire confiance. Elle représentait trop fortement l'appareil judiciaire auquel il avait été confronté durant tant d'années. Malgré tout, il l'avait appelée.

— Ou si vous préférez, venez à cette adresse, dit Maud Graham en donnant celle de sa résidence après un court moment d'hésitation. Aline Poirier nous y retrouvera. C'est une amie de M. Lemay et…

— Il vient de me parler d'elle. C'est d'accord, on se rend là-bas.

— Vous serez là dans combien de temps ?

— Dix, quinze minutes. Le bazou de ma mère est vieux, mais il n'est pas usé. Je ne sais pas où vous êtes, mais ne prévenez pas Larocque que j'ai retrouvé M. Lemay.

— Larocque ?

— Je vous expliquerai. Promis ?

— Vous avez ma parole.

Cardinale coupa la communication et Graham se rappela les paroles de Vivien Joly à son propos : impulsif et rêveur, colérique mais pas foncièrement méchant. Elle espéra qu'il tiendrait parole et qu'il la rejoindrait comme prévu.

— Pourquoi changerait-il d'idée ? fit Joubert. Que veux-tu qu'il fasse avec ce vieux monsieur ?

— Il m'a fait promettre de ne rien dire à Larocque. Intéressant, non ?

— Oui. D'autant que Larocque a blêmi quand j'ai mentionné les tests d'ADN. Qu'ils soient positifs confirmera nos soupçons, mais Larocque pourra toujours prétendre que les techniciens ont pu récupérer un poil de sa barbe sur la robe de Lydia, parce qu'il avait pris un verre avec elle le soir de sa mort…

— On pourra lui dire que ce poil a été arraché, qu'il n'est pas tombé naturellement, sinon les techniciens n'auraient pu travailler sur la racine. Mais il nous faut plus que cela, soupira Graham. Tout converge vers lui sans qu'on ait quelque chose de vraiment solide. J'appelle Rouaix pour qu'il emmène Aline Poirier chez moi, même si ce n'est pas l'idéal, je le sais. Mais l'important, c'est que M. Lemay soit en sécurité. De toute manière, nous n'en parlerons pas à Gagné.

— Non, évidemment pas.

Ils savaient l'un comme l'autre que leur patron n'aurait pas approuvé l'initiative de Maud Graham. Inviter un ex-détenu à se rendre chez elle avec un témoin recherché par des dizaines de patrouilleurs était loin d'être conforme au règlement.

: :

— Finalement, c'était la meilleure idée, dit Graham à Rouaix en observant Aline Poirier, assise au fond de la cour avec Karl Lemay, mais je n'aurais pas imaginé qu'Églantine nous serait aussi utile.

Dès que Léonard Cardinale s'était présenté chez elle avec le peintre, Maud Graham leur avait fait traverser la cuisine pour les guider vers le jardin où Rouaix et sa belle-mère les attendaient. Elle avait senti une certaine réticence chez Lemay, mais il était trop las pour protester. Et s'il avait paru décontenancé en voyant Aline Poirier dans ces lieux qui lui étaient inconnus, celle-ci avait su rapidement l'apaiser en lui répétant qu'ils étaient tous deux en sécurité, qu'ils resteraient là ensemble durant un petit moment. Il hésitait toujours à s'asseoir, mais Églantine avait sauté sur la table, s'était approché de lui pour flairer ses mains. Il l'avait flattée, s'était laissé tomber sur la chaise pliante et la chatte avait sauté sur lui pour se lover sur ses genoux qu'elle avait boulangés avec ardeur.

— Vive la zoothérapie, dit Joubert.

— Et maintenant ? fit Graham en se tournant vers Léonard Cardinale qui était resté sans bouger sous l'olivier.

Il s'approcha d'elle et de Joubert, ouvrit le cahier de Karl Lemay, repéra le portrait de Lydia Francœur, puis celui de Serge Larocque et leur montra enfin les esquisses de l'étranglement. Graham saisit le cahier pour mieux voir les dessins.

— On dirait bien que c'est le même collier, dit Cardinale.

Graham mit ses lunettes de lecture comme si elle voulait vérifier ce qu'elle voyait, mais elle savait que Léonard Cardinale avait raison. C'était bien le collier de Lydia qui apparaissait sur les deux dessins. Elle sentit son pouls s'accélérer quand elle distingua une chevalière à l'auriculaire gauche des mains de l'inconnu.

Elle avait déjà vu cette bague.

Elle tendit le cahier à Joubert sans rien dire, évitant soigneusement de croiser le regard de Léonard Cardinale. Elle savait qu'il ne la quittait pas des yeux, qu'il attendait... quoi au juste ? Qu'elle lui dise que c'étaient bien les mains de Larocque sur ce dessin ?

Joubert examina à son tour les dessins et soupira, conscient que cette preuve de la culpabilité de Larocque était fragile. Et qu'elle leur avait été fournie par un ex-criminel.

— On a un problème.

— Si vous parlez de moi, commença Cardinale, je pense que j'ai fait preuve de bonne foi.

— Bien sûr, dit Graham. Et vous comprendrez que c'est dans l'intérêt de tous de ne pas parler de ce cahier. De ce que vous y avez vu.

— À qui j'en parlerais ?

— Je ne sais pas quoi faire avec vous, avoua-t-elle.

Elle marqua une pause avant de faire remarquer à Léonard Cardinale qu'il avait retrouvé étonnamment vite le peintre égaré.

— Je me suis souvenu qu'il aimait le chemin du Foulon. J'ai suivi mon intuition. J'ai été chanceux.

— Davantage que nous au parc des Braves, dit Graham pour lui faire comprendre qu'elle n'avait pas été dupe de sa manœuvre. Qu'est-ce que M. Lemay vous a dit quand vous l'avez retrouvé ?

— Rien de spécial. On a parlé du fleuve. Il n'a pas dit un mot sur Serge Larocque, si c'est ce que vous voulez savoir. Et je ne l'ai pas questionné sur ses dessins.

Graham soupira. Cardinale désigna la chaise longue à l'autre extrémité de la cour.

— Je vais m'asseoir au soleil en attendant que vous décidiez ce que vous voulez faire de moi. J'ai pris l'habitude de patienter.

Graham hocha la tête et, tandis que Cardinale s'éloignait vers le transat, elle faisait signe à Rouaix resté auprès de sa belle-mère et de Karl Lemay de les rejoindre.

— Il faut qu'on signale qu'on a retrouvé M. Lemay, fit Joubert.

— Oui, mais à l'interne. Et je veux que des patrouilleurs continuent à passer devant la résidence des Cèdres. Serge Larocque doit penser qu'on recherche toujours M. Lemay.

— Tu veux qu'il s'inquiète?

— Je veux le déstabiliser, le pousser à réagir. Et maintenant, on interroge M. Lemay.

Elle récupéra son sac à main qu'elle avait déposé sur les marches de la cuisine, en sortit un sachet de plastique contenant le bâton de pastel rose et vint s'asseoir face à Karl Lemay. Elle aurait préféré qu'Aline Poirier ne soit pas mêlée à leur entretien, mais elle craignait que le peintre ne s'affole si elle s'éloignait de lui. Elle tira le bâton du sachet et le posa devant M. Lemay dont le visage s'éclaira aussitôt.

— Vous l'avez retrouvé!

Il prit le bâton, le huma, le fit passer sur ses lèvres dans un geste tendre avant de le coucher entre le pouce et l'index de sa main droite comme s'il s'apprêtait à l'utiliser. Graham saisit l'occasion, ouvrit le cahier à une page vierge et le lui tendit. Elle avait l'impression qu'il parlerait plus aisément s'il dessinait pendant qu'elle lui posait ses questions.

— Je tiens mes promesses, dit Graham. Est-ce que vous vous souvenez depuis quand vous avez perdu ce bâton?

— Ça devait être dans le jardin. Je m'en suis servi pour les pétunias.

— Il n'était pas dans le jardin de la résidence. Il était dans le parc du Bois-de-Coulonge. Vous êtes allé dans ce parc.

— Souvent. Bien souvent.

Il se tut pour mieux se concentrer sur la silhouette d'Églantine.

— Elle a vraiment de grandes oreilles.

— C'est le propre des siamois, fit Graham, ébahie par la justesse du trait rose. On reconnaissait immédiatement la jeune chatte. Mon matou avait les oreilles plus rondes. Comme votre Turner. Vous êtes très doué pour les portraits. Qu'est-ce qui est le plus difficile à rendre ?

— Les yeux. Les mains. Certains maîtres s'appliquaient à faire des fonds très riches lorsque leur sujet n'était pas trop inspirant. Les femmes des mécènes n'étaient pas toutes des beautés radieuses.

— Mais j'ai lu qu'on vous a surnommé le «peintre des gens ordinaires».

— Personne n'est ordinaire, la contredit Karl Lemay. C'est ça qui m'intéresse, trouver le détail.

— Et quel était-il pour Lydia ? demanda Aline Poirier qui avait deviné que Graham ne lui avait pas remis le cahier sans avoir un but.

— Sa peau. Sa peau accrochait la lumière comme si Lydia elle-même était une pêche qui mûrissait au soleil. C'était étonnant !

— Quand l'avez-vous dessinée pour la dernière fois ? s'enquit Graham.

— Avant les pivoines. Le pommier était en fleurs.

Graham tira le cahier vers elle et le feuilleta.

— Il s'agit de ce portrait-là ?

— Oui, l'autre est au pastel.

— Et ce portrait ? continua Graham en tournant les grandes feuilles.

Elle s'arrêta aux esquisses représentant Serge Larocque. Karl Lemay se mit immédiatement à froisser les pans de sa chemise et se tourna vers Aline, désemparé.

— Vous en souvenez-vous ? lui demanda doucement Graham. Ce n'est pas grave si vous ne savez pas…

— C'est le directeur. Je l'ai vu cet été avec Lydia.

— Cet été ?

— Elle avait une robe vermillon. Ils étaient en face des anciennes écuries au parc.

Graham échangea un regard avec Joubert : Lydia Francœur portait une robe bleue lorsqu'elle avait été assassinée. Est-ce que le peintre confondait les jours ? Lydia et Serge étaient-ils allés plusieurs fois au Bois-de-Coulonge ? Elle reprit le cahier, tourna les pages jusqu'au dessin représentant les mains de Serge Larocque. Aline Poirier eut un mouvement de recul en comprenant ce qu'elle voyait, posa une main sur l'avant-bras de Karl Lemay qui triturait de plus belle sa chemise.

— Vous rappelez-vous ce qui vous a inspiré ce dessin ? reprit Maud Graham.

Karl Lemay ferma les yeux. Il y eut un moment de silence, puis Aline Poirier approcha son index de la chevalière tout en prenant garde de ne pas toucher le dessin, comme s'il était sale, ou maléfique.

— C'est celle de Serge Larocque, affirma-t-elle.

— Vous en êtes certaine ?

— Elle lui vient de son père, je l'ai déjà questionné à ce sujet. Elle ressemble à celle que portait mon mari.

Elle eut un regard oblique vers Karl Lemay, interrogeant silencieusement Graham, Joubert et Rouaix : qu'allait-il se passer maintenant pour Karl ?

— Et si je vous ramenais à la maison ? proposa André Rouaix. Le temps que les choses se tassent.

Aline Poirier hocha la tête avant de s'adresser au peintre, lui expliquant que son gendre les invitait chez lui pour souper. Rouaix s'approcha d'elle pour déplacer son fauteuil roulant, tandis que Joubert s'assurait que Karl Lemay quitte la cour sans encombre. Il s'arrêta pour saluer Léonard Cardinale, prit la main de Maud Graham dans la sienne en la remerciant d'avoir trouvé son pastel rose. Puis il suivit Aline Poirier et André Rouaix jusqu'à la voiture.

— Et maintenant ? dit Joubert.

— On retourne mentir à Serge Larocque. Il faut qu'il pense que Karl Lemay est toujours introuvable.

— Je suppose qu'on lui reparlera aussi des résultats de l'ADN. Et Cardinale, qu'est-ce qu'on en fait ?

Graham se tourna à demi vers Léonard. Celui-ci se penchait vers Églantine qui se frottait contre ses mollets. Il la souleva doucement, l'installa sur son épaule sans cesser de la caresser.

— Ça va, il ne dira rien, assura-t-elle.

Elle continua à regarder Cardinale. Il se grattait la joue, chatouillé par la queue de la siamoise.

— Ou plutôt, il dira exactement ce qu'on voudra.

— Tu veux te servir de lui ? commença Joubert. Tu ne…

— Est-ce qu'on a le choix ? On n'a aucune preuve directe pour inculper Larocque.

— Mais ces dessins ?

— Sortis tout droit de l'imagination d'un vieil homme délirant, répondit Graham. C'est ce que clamera n'importe quel défenseur. Même avec le résultat d'ADN, on ne peut rien prouver. Larocque répétera qu'il a pris un verre avec Lydia, qu'il l'a embrassée gentiment avant de la quitter et voilà.

— Mais si on obtenait un mandat pour fouiller plus loin ?

— Avec quoi ?

— Le dessin est éloquent. Sa bague, le collier de Lydia. Puis le témoignage des deux gérants des restos où ils allaient bien plus souvent que ne l'a laissé entendre Serge Larocque.

— On a déjà trop traîné, le temps qu'on obtienne les autorisations…

— Gagné te dira que…

— Gagné veut des résultats. Considérons Cardinale comme une sorte d'informateur. Nos informateurs sont rarement des anges, mais ça ne nous empêche pas de passer certains marchés avec eux.

Elle s'avança d'un pas résolu vers Cardinale.

— Que pensez-vous des dessins ?

— Qu'un homme a étranglé une femme. Celle du portrait. Je suppose que c'est Lydia Francœur.

Graham acquiesça, mais garda le silence.

— Je ne pensais pas que Larocque pouvait tuer, continua Léonard Cardinale.

— Vous croyez qu'il a assassiné Lydia Francœur ? Pour quelle raison ?

Cardinale haussa les épaules avant de répondre qu'il avait appris au pénitencier que n'importe qui pouvait tuer.

— Pour n'importe quoi, précisa-t-il. Vous savez aussi bien que moi que tout est possible. Larocque a un bon profil.

— Un bon profil ? reprit Joubert.

— Il se pense supérieur à tout le monde. Au-dessus des lois. Il a toujours le même air arrogant. Je ne sais pas comment j'ai réussi à ne pas lui sauter dessus, hier…

— Hier ?

— Je l'ai croisé près de chez lui.

— Vous savez donc où il habite ? dit Graham.

— Je l'ai suivi quand il a quitté la résidence.

— Pourquoi ?

— Je suppose que je voulais l'avoir en face de moi.

— Comment a-t-il réagi ?

— Il a été surpris, puis il m'a regardé comme si j'étais une merde.

— Vous vous attendiez à quoi ?

— À rien. Je ne m'attends plus à rien. Ce n'était pas une bonne idée. Je n'ai pas toujours de bonnes idées.

— Parfois oui, plaida Graham. Vous nous avez ramené M. Lemay.

— Qu'est-ce que vous allez faire pour Larocque ?

— Lui raconter une histoire pour gagner du temps, avoua Graham. On a besoin de temps pour…

— Pouvoir investiguer davantage, continua Michel Joubert.

— Et trouver d'autres preuves ? fit Cardinale. Vous ne devez pas avoir grand-chose, sinon vous l'auriez arrêté. C'est pourtant bien lui que M. Lemay a dessiné ! Il me semble que si vous lui montrez les dessins, il ne pourra plus…

Il s'interrompit, pensant à tous ces hommes qu'il avait côtoyés en prison, qui niaient toujours leur implication dans un crime. Pourquoi Larocque avouerait-il le meurtre si les enquêteurs n'avaient pas de preuves suffisantes contre lui ? Mais pourquoi n'avaient-ils pas de preuves ?

— Il faut qu'on pousse Serge Larocque à se découvrir, dit Graham. Vous pourriez nous aider.

La surprise fit place à l'intérêt dans le regard de Cardinale.

— Vous aider à piéger Larocque ? Vous vous moquez de moi.

— Je suis sérieuse.

— Moi aussi. Ça me retombera dessus.

— Faites-nous confiance.

— Pourquoi je vous croirais ?

— Et nous, est-ce qu'on peut croire que vous serez capable de vous contrôler ? demanda Joubert. Quand vous aurez Larocque en face de vous. On ne veut pas de dérapage.

— Je ne l'ai pas frappé, hier. Même si j'y pense depuis des années. J'ai appris à gérer ma colère. Vous devez savoir que j'ai suivi un atelier, c'est dans mon dossier.

— Alors on se rend au poste, dit Graham.

— Au poste ?

Cardinale soupira.

— Je retourne à la résidence, dit Joubert. Pour que tout le monde croie que M. Lemay se balade toujours dans la nature.

— Et nous, on rentre au bureau.

— Je vais vraiment servir d'appât ? fit Léonard Cardinale.

Il suivit Maud Graham à l'intérieur. Il allait déposer Églantine sur la table de la cuisine quand il interrompit son geste.

— Est-ce qu'elle a le droit de monter sur la table ?

320 VRAI OU FAUX

— Églantine fait tout ce qu'elle veut ici, avoua Graham. Je suis seulement la concierge.

— Je pensais adopter un chien, mais j'aimerais peut-être avoir un siamois.

— Vous ne vous ennuierez jamais, fit Graham en flattant Églantine, je vous le garantis.

— Vous me garantissez aussi que je ne vais pas rester long-temps au poste ?

::

Serge Larocque venait de se garer rue Saint-Paul et se demandait s'il avait bien fait de quitter la résidence. Même si c'était seule-ment pour une heure. Il avait promis à Marie-Louise Tanguay d'être rapidement de retour. Il passait chez lui en coup de vent pour mettre une chemise propre et revenait illico à la résidence. Pas question de la laisser seule avec toute cette agitation causée par la disparition de M. Lemay. Ils attendraient ensemble des nouvelles des patrouilleurs qui recherchaient le vieux peintre.

— Il faut bien que M. Lemay soit quelque part, avait-il dit à Marie-Louise Tanguay.

— Je suis contente que cela nous arrive en été. Il ne mourra pas de froid.

— Qui parle de mourir ? l'avait tancée Serge Larocque.

En fait, il espérait ardemment que Karl Lemay avait été vic-time d'un accident. Mais si c'était le cas, les policiers l'auraient su. Ils étaient en contact permanent avec les hôpitaux. Il rappela à la directrice des soins que l'enquêteur Joubert l'avait assuré qu'on maintenait le niveau d'alerte, que tous les patrouilleurs faisaient leur possible pour retrouver M. Lemay avant que la nuit tombe et complique les recherches.

— Il a promis de nous donner des nouvelles régulièrement, avait dit Marie-Louise Tanguay, qu'il ait ou non quelque chose à nous apprendre.

— M. Lemay ne peut pas être bien loin, avait répété Serge Larocque. Lorsqu'on nous le ramènera, il est fort possible que des journalistes soient intéressés par une histoire qui se termine bien. Je ne peux quand même pas les recevoir avec une chemise défraîchie.

— Vous avez raison.

Larocque éteignit le moteur de sa voiture en songeant qu'il décongèlerait une pizza en arrivant chez lui et qu'il boirait une vodka. Il aurait préféré un scotch, mais il avait peur qu'on s'en aperçoive quand il retournerait à la résidence. La vodka n'avait pas ce goût viril qu'il aimait tant, mais elle était inodore. Et tout ce dont il avait besoin, c'était un coup de fouet pour terminer cette maudite journée.

Et aussi beaucoup de chance. Pourvu que quelque chose de grave soit arrivé à Karl Lemay. Quand en aurait-il la certitude ? Il ne pouvait pas compter sur l'hypothermie en plein été. Sauf si Karl Lemay avait eu la bonne idée d'aller se balader près du fleuve. Mais pourquoi se serait-il aventuré sur les berges ? En plein jour, quelqu'un l'aurait vu. Peut-être pas, car les voitures qui défilaient sur le boulevard Champlain roulaient si vite. Il y avait bien tous ces cyclistes...

Il sortit de sa voiture en se disant que la fugue de Karl Lemay convaincrait au moins les enquêteurs qu'il n'avait pas toute sa tête. En repensant aux derniers jours, il avait presque envie de se moquer de ses craintes qui lui semblaient maintenant irrationnelles : comment avait-il pu croire que le seul témoignage du vieillard pouvait le faire condamner ? Les policiers n'avaient pas de preuves, sinon ils l'auraient arrêté. Et si l'analyse des poils confirmait que c'étaient les siens, quel était le problème ? Il n'avait jamais nié être sorti avec Lydia ce soir-là. Il avait succombé à la panique à cause de l'accumulation de problèmes, à cause de la fatigue ; il n'avait pas pris de vraies vacances depuis longtemps. Quand tout serait rentré dans l'ordre, il irait en Grèce. Ce pays en faillite devait sûrement bien accueillir les touristes. Ce serait mieux qu'un séjour dans les Adirondacks comme l'avait suggéré Lydia. Les Adirondacks ! Avait-il l'air d'un campeur, d'un randonneur ? Au fond, elle le connaissait bien mal. Ils n'avaient jamais été assortis, il s'était laissé mener par une attirance pour son corps, mais il méritait mieux que cette secrétaire. Il plongea sa main dans la poche de son pantalon à la recherche des clés de son loft et c'est alors qu'il aperçut Léonard Cardinale qui se tenait devant son immeuble.

— Tu me suis ?

— Il faut qu'on se parle.

— Je n'ai pas beaucoup de temps.

— Ce ne sera pas long, promit Cardinale en souriant.

Pourquoi souriait-il ? Que lui voulait-il ?

— Qu'est-ce que tu fais ici ? Hier, puis ce soir…

— J'ai quelque chose à te montrer, fit Cardinale en tapotant l'enveloppe qu'il avait coincée sous son bras. On monte chez toi ?

— C'est-à-dire que…

— Si tu as peur de moi, on va rester dans l'entrée. Il y a assez de lumière pour que tu puisses voir ce que je t'ai apporté.

Cardinale passa devant Larocque sans attendre sa réponse. Il s'immobilisa sous le lampadaire qui éclairait l'entrée de l'immeuble et ouvrit l'enveloppe, en tira trois photocopies qu'il tendit à Serge Larocque.

— Qu'est-ce que c'est ?

— Des dessins de Karl Lemay, répondit Cardinale en attrapant d'un geste preste la main de Serge Larocque, l'approchant de son visage.

— Oui, c'est bien ta bague qui est sur le dessin. Tes mains sur le cou de Lydia Francœur. J'ai vu sa photo dans le journal. C'est bien elle.

— Tais-toi, fit Larocque en se libérant de l'emprise de Cardinale. Tu n'as pas le droit de…

— De quoi ? D'apporter tout ça aux enquêteurs ? J'ai le numéro de Maud Graham. Elle est venue plus d'une fois m'emmerder. Je n'avais rien à lui dire, mais là je serai un peu plus jasant.

Les photocopies tremblaient dans les mains de Larocque qui s'efforçait de comprendre ce qui se passait. Il devait bien y avoir moyen de…

— Tu ne me demandes pas comment j'ai eu ces images ? continua Cardinale. Tu étais plus curieux quand on était jeunes, plus fouineur. C'est Karl Lemay qui m'a donné son cahier. J'ai trouvé ces dessins-là vraiment intéressants et j'ai…

— Karl Lemay a disparu, le coupa Larocque.

En voyant le visage de Cardinale s'éclairer, il comprit que celui-ci savait où était le peintre.

— Il n'a pas disparu pour tout le monde, confirma Cardinale.

— C'est toi qui es venu le chercher à la résidence ! Ça pourrait être considéré comme un enlèvement. La police…

— La police ? Elle le cherche, mais elle ne le trouvera pas. C'est aussi bien pour toi, car il a un paquet de choses à raconter. Il est vieux, mais il a une bonne mémoire. Tu sais qu'il m'a reconnu tout de suite ?

— Il… où est-il ?

— On va parler *business* avant. On ne serait pas mieux chez toi ? Tu dois avoir une belle vue sur Québec. La ville m'a manqué quand j'étais au pénitencier. J'étais content de revoir le Château Frontenac, le fleuve, les canons de la rue des Remparts. Mais le port a changé et Saint-Roch s'est vraiment amélioré.

Ils montèrent en silence dans l'ascenseur, Cardinale se répétant que tout se déroulait comme prévu, alors que Larocque se disait qu'il ferait semblant, du moins dans l'immédiat, d'accepter le marché que lui proposerait Cardinale. Il avait besoin de gagner du temps, de trouver une solution. Il était néanmoins assuré d'une chose, Cardinale lui quêterait de l'argent. Son pantalon était usé, tout comme ses chaussures, et le col de sa chemise était effiloché. C'est sûr qu'il n'avait pas dû gagner des fortunes en prison. Il déverrouilla la porte du loft en se disant qu'il était peut-être imprudent de ramener un ex-détenu chez lui et qu'il devait régler cette histoire au plus vite.

Il s'assit dans un des fauteuils, invita Cardinale à l'imiter.

— Tu ne m'offres même pas un verre?

— Qu'est-ce que tu veux?

— Karl Lemay t'a vu étrangler Lydia Francœur. Ensuite, il a fait ces dessins pour ne rien oublier. Et il n'a rien oublié finalement, sauf son chemin, cet après-midi, pour retourner à la résidence. Figure-toi donc qu'il est revenu chez lui. Enfin, dans son ancien chez lui. Et j'étais là, moi, comme avant, quand on était voisins. Je l'ai fait rentrer chez nous, on a jasé. Il m'a montré son cahier. Il m'a parlé de toi. Il dit que tu es un mauvais homme. Je suis plutôt d'accord avec lui. Mais je n'avais pas imaginé que tu irais jusqu'au meurtre.

— Il a tout imaginé. Il est sénile.

— Ta bague? Le collier de Lydia? Il aurait inventé ces détails? J'ai l'impression que les policiers vont le croire. Il vous a vus au Bois-de-Coulonge, il m'a parlé de la robe bleue de Lydia.

— C'était dans les journaux, bluffa Larocque.

— Peut-être. Peut-être pas. On verra qui les enquêteurs auront envie de croire.

— Lemay nous a aussi parlé d'un criminel nazi. Il perd la boule, tout le monde le sait.

Cardinale mima l'étonnement, puis la contrariété.

— Il n'a pas tout son jugement, répéta Larocque.

Léonard Cardinale s'était approché de la terrasse, s'obligeant à contempler la ville, craignant de trahir sa jubilation, de forcer le trait et que Larocque n'embarque pas dans son jeu.

— C'est beau, chez vous. Tapis, fauteuils de cuir, belle terrasse. Quand on a de l'argent, tout est plus facile.

— C'est ce que tu veux?

— C'est un bon début de discussion.

— Je n'ai pas confiance.

— Moi non plus, ricana Cardinale. Mais est-ce qu'on a le choix? J'ai quelque chose que tu veux et, moi, je veux quelque chose que tu as.

— Quoi?

— De beaux meubles, du beau linge, la grosse vie.

— Tu as la maison de ta mère, commença Larocque.

— J'ai neutralisé Lemay pour un petit bout de temps, l'interrompit Cardinale. Il faudrait que tu te décides. Cinq mille tout de suite. Quinze mille quand je t'aurai débarrassé définitivement du vieux.

— Tu as pu faire d'autres photocopies.

— Et après? Penses-tu que je vais me mettre dans le trouble en les envoyant aux bœufs? Pour qu'ils reviennent encore chez nous? Ils sont passés cet après-midi pour voir si Lemay était là. Ce que je veux, c'est du *cash*. Puis crisser mon camp.

— Je pensais que tu étais content d'être revenu à Québec?

— J'ai envie de voyager. Passer autant de temps entre quatre murs, ça crée des envies d'exotisme. Tu peux en faire l'expérience, si ça te tente. Ou on trouve un arrangement. Un vieux, c'est fragile. Je te donnerai ses dessins, tu en feras ce que tu veux.

Larocque essayait de jauger Cardinale. Il semblait sûr de ce qu'il racontait, tout en étant aussi nerveux que lui.

— Si tu as de si gros besoins d'argent, tu pourrais vendre la maison de ta mère.

— Je te l'ai dit, je ne veux pas attendre pour voyager.

— Ou te pousser d'ici?

Cardinale fit semblant d'être embarrassé, secoua la tête, mais il voyait bien que Larocque redressait les épaules, reprenait une certaine assurance.

— Peut-être que tu dois de l'argent à quelqu'un?

— Ce n'est pas ton problème, marmonna Cardinale en évitant sciemment le regard de Larocque. Ton problème, c'est le témoignage du vieux.

— Je pense que tu as des dettes. Que tu es dans le trouble.

— Qu'est-ce que tu décides? répondit Cardinale.

— Je ne suis pas certain que le vieux soit si gênant. Je te le répète, il est confus. Il souffre d'Alzheimer.

— Comme tu veux. Mais j'ai quand même l'impression que les enquêteurs aimeront ses dessins. Moins précis que le premier, mais tout aussi intéressants.

— Le premier? Quel premier?

Cardinale avait une fable toute prête à servir à Larocque.

— Les enquêteurs m'ont dit qu'ils avaient un portrait-robot d'un homme qui te ressemble…

Larocque sourit pour la première fois de la soirée: Cardinale faisait allusion au portrait-robot réalisé d'après les déclarations du bijoutier.

— Mais ça ne prouve qu'une chose: j'ai acheté des bijoux à Lydia.

— Maud Graham m'a dit que M. Lemay le lui avait donné. Elle me l'a montré sans savoir qu'on se connaît. Tu as bien fait de raser ta barbe, ça ne t'allait pas. Je ne leur ai pas dit qu'on était des amis d'enfance. On a le droit à nos petits secrets, pas vrai?

— M. Lemay présente des troubles cognitifs, s'entêta Larocque, ébranlé par les propos de Cardinale.

— Raison de plus pour prendre une décision. Je ne vais pas le garder durant des jours. Je n'ai pas juste ça à faire, m'occuper d'un vieux.

— Il est chez vous?

— Je n'ai pas dit ça. Bon! Qu'est-ce que tu décides?

— Je n'ai pas cinq mille dollars ici, allégua Larocque.

— Tu pourrais aller à la résidence, vous devez avoir un *cash flow*.

— Qu'est-ce qui me garantit que tu ne partiras pas avec les cinq mille dollars sans t'occuper de Lemay ? Tu peux m'avoir monté un bateau.

Léonard Cardinale poussa un long soupir, lui rappela les photocopies. Où les aurait-il dénichées ?

— M. Lemay a confiance en moi. Je fais ce que je veux avec lui.

— O.K. Je vais aller à la résidence. Je peux sortir deux mille, pas plus, sinon ça paraîtra. Tu auras le trois mille demain matin en me remettant le cahier. Et le reste quand j'aurai des nouvelles de Lemay.

— Tu sais où j'habite. Donne-moi ton numéro. S'il y a encore des agents dans le coin pour chercher Lemay, on se retrouvera ailleurs. Sinon, je t'attends chez moi dans deux heures. Je n'ai pas de temps à perdre.

— On dirait que tu es vraiment dans le trouble, mon Léo, fit Larocque sans cacher sa satisfaction. Qui te court après ?

— Pas de tes affaires. Arrange-toi pour avoir mon *cash*.

En entrant dans l'ascenseur, Léonard Cardinale éprouva une sorte de vertige. Avait-il réussi à piéger Larocque ? Même si Maud Graham avait insisté pour qu'il porte un micro, il avait refusé, redoutant la méfiance de Larocque. Joubert avait alors suggéré d'envoyer des techniciens installer un système d'écoute chez lui.

— Il devra se rendre chez vous pour récupérer le cahier, avait assuré Joubert.

— Je ferai ce que je pourrai.

— On récapitule, avait dit Maud Graham. Dans un premier temps, vous lui proposez le marché. Puis vous rentrez chez vous. Et vous attendez de voir si le poisson mord à l'hameçon. Entretemps, nous l'aurons intoxiqué avec de fausses infos. Il sera plus sûr de lui quand il se présentera chez vous, mais anxieux. Ne l'oubliez pas.

— J'ai pris l'habitude de surveiller mes arrières.

Cardinale respira à fond quand il sortit de l'immeuble, espérant avoir persuadé Larocque qu'il était aussi vénal qu'il l'imaginait. Il l'avait regardé avec un tel mépris qu'il avait peut-être réussi à le convaincre qu'il pouvait commettre un meurtre pour vingt mille dollars.

Vingt mille dollars! S'il y avait une chose dont Léonard Cardinale était sûr, c'est que Larocque n'avait certainement pas l'intention de lui donner cet argent. Sinon, il aurait marchandé... Il avait décelé une lueur satisfaite dans son regard lorsqu'il avait parlé de ses soucis d'argent: Larocque avait déjà décidé qu'il se débarrasserait de lui après la mort de Karl Lemay.

::

Maud Graham fixait les aiguilles de sa montre, posa sa bouteille d'eau contre son front moite. La tombée du jour ne lui avait pas apporté la fraîcheur qu'elle espérait. Elle était lasse de cette chaleur qui l'empêchait de dormir et la rendait irritable. Elle était jalouse de Tiffany McEwen qui, visiblement, n'en souffrait pas. Elle n'avait même pas remonté ses cheveux! Mais pourquoi la climatisation de la voiture était-elle tombée en panne aujourd'hui? Elle faillit frapper le tableau de bord, mais suspendit son geste en voyant trois voitures de patrouille sagement garées devant la résidence des Cèdres comme elle l'avait ordonné.

— Larocque devrait nous croire, dit McEwen. Ces voitures donnent un air officiel à notre visite.

— Il va penser qu'on vient l'arrêter, fit Graham.

— Ça te fait plaisir.

Maud Graham s'essuya le front, but une gorgée d'eau avant de sortir de sa voiture. Tiffany et elle s'avancèrent vers le hall d'entrée de la résidence. Marie-Louise Tanguay et Serge Larocque s'y tenaient immobiles, les regardant s'approcher d'eux.

Graham dévisagea Larocque durant quelques secondes avant de déclarer qu'elle était porteuse d'une mauvaise nouvelle.

— M. Lemay a fait une mauvaise chute.

— Oh non! s'écria Marie-Louise. Où est-il? Il doit s'être cassé la hanche. Ils se cassent tous la hanche, à cet âge-là.

— C'est plus grave, malheureusement.

Graham observa quelques secondes de silence avant d'annoncer que Karl Lemay était décédé.

— Comme nous devons enquêter sur cette mort, expliqua Tiffany McEwen, nous vous demandons expressément de n'en parler à personne, dans les prochaines heures. Même pas aux employés. Les proches n'ont pas été prévenus.

— Il n'a pas de famille, dit Marie-Louise Tanguay. Je pense que...

— Mais... quand est-ce arrivé, la coupa Serge Larocque. Où?

— Cela fait quelques heures, répondit McEwen. Il s'est aventuré dans le boisé, près de la côte Gilmour, il s'est frappé le crâne sur une pierre. D'après les premières constatations, il s'est foulé une cheville, a perdu l'équilibre et est tombé à la renverse sur une grosse roche.

— Nous sommes vraiment désolées, fit Maud Graham. On aurait besoin de son dossier, pour l'autopsie. Ce sera utile au légiste.

— Ce n'est pas possible, gémit Marie-Louise. On vient d'enterrer Lydia. Et M. Sirois vient de mourir... Mon Dieu! Non! Est-ce qu'il se serait suicidé?

Serge Larocque lui tapota l'épaule. On venait de leur dire qu'il était tombé, que c'était un accident.

— Pourquoi évoquez-vous un suicide? s'enquit Graham.

— À cause du décès de Ludger Sirois, c'était son meilleur ami. Il devait avoir trop de chagrin.

Tiffany McEwen prit ses mains entre les siennes et l'assura que c'était vraiment un regrettable accident. Graham répéta qu'elle comptait sur leur discrétion.

— On n'a vraiment pas le temps de répondre aux questions des journalistes. Et c'est mieux pour la réputation de la résidence, non ?

Serge Larocque acquiesça d'un air grave, encore étonné d'avoir autant de chance. Karl Lemay était mort. Avant que Léonard Cardinale tente de le faire chanter. Maud Graham était devant lui et n'avait pas reparlé de Lydia Francœur. C'était bien ce qu'il croyait : les enquêteurs n'avaient aucune preuve contre lui !

Il restait quand même les trois photocopies et le maudit cahier. Il allait régler tout ça. Ce n'était certainement pas un petit *loser* comme Cardinale qui l'emmerderait avec un chantage minable. Il se prenait pour un *king* ! C'était un imbécile. Il lui apporterait les deux mille dollars. Et les lui reprendrait. Puis il se débarrasserait de lui, sinon Cardinale tenterait de le faire chanter de nouveau.

— Je vais chercher le dossier de M. Lemay, fit Marie-Louise Tanguay en se dirigeant vers le bureau. Je ne peux pas croire qu'il nous a quittés…

— M. Lemay n'a vraiment aucune famille ? s'informa Graham. Personne ne l'a accompagné quand il est venu s'installer ici ?

— C'est Ludger Sirois qui l'avait emmené à la résidence.

— Celui qui est décédé d'une crise cardiaque ? fit McEwen. Il n'était pas si vieux.

— Il n'était pas très en forme, affirma Larocque après quelques secondes de silence. C'est une mauvaise semaine. Deux funérailles en si peu de jours.

Maud Graham, qui se rappelait les propos d'Aline Poirier au sujet de Ludger Sirois, nota la vitesse à laquelle Larocque avait répondu à McEwen. Elle secoua la tête d'un air ennuyé.

— Les funérailles de Ludger Sirois n'auront pas lieu avant une bonne semaine.

— Mais pourquoi ? s'étonna Larocque.

— Il paraît que sa fille Claudine a exigé une autopsie. Elle ne vous en a pas parlé au téléphone?

— Une… une autopsie?

— Cela arrive à l'occasion, dit McEwen.

— Ah! Voilà Mme Tanguay qui revient avec le dossier, dit Graham.

Elle remarqua la sueur qui faisait subitement luire le visage de Larocque sous la lumière crue de l'entrée. Jusqu'ici, il n'avait pas semblé incommodé par la chaleur.

— On ne vous dérange pas plus longtemps, dit McEwen en regardant Graham qui s'éloignait déjà d'un pas pressé vers la voiture. La journée a été longue. On espérait vraiment retrouver M. Lemay sain et sauf. On a pourtant envoyé des patrouilleurs rapidement, mais…

— C'est un accident, vous l'avez dit, fit Serge Larocque. On n'y peut rien.

— On vous appellera demain, précisa McEwen, après avoir fait les démarches nécessaires pour confirmer que M. Lemay n'avait aucune famille. C'est vraiment triste.

— Au moins, il avait un ami, fit Marie-Louise Tanguay. Je suis presque contente qu'il soit parti en même temps que lui. Ils sont ensemble, maintenant.

Tiffany McEwen lui sourit avant de tendre la main à Serge Larocque tout en répétant que cet accident était regrettable, mais qu'il avait raison, c'était un accident. Bête, comme tout accident. Elle eut l'impression que Larocque serrait sa main quelques secondes de trop et elle continua à lui sourire jusqu'à l'instant où elle lui tourna le dos pour rejoindre Maud Graham à la voiture.

— Même dans un moment pareil, il ne doute pas de sa séduction, persifla-t-elle. Mais il a réagi quand tu as parlé de l'autopsie.

— Le corps de Ludger Sirois est en route pour le laboratoire des sciences. On aura peut-être un élément de plus si…

— Ton plan va fonctionner, assura McEwen.

— Tu sais ce que je pense? C'est Karl Lemay qui était visé. Sirois est mort à sa place.

: :

Le 4 août

Maud Graham inspirait lentement en foulant la pelouse mouillée de la cour. Il lui semblait qu'elle n'avait pas ressenti une telle fraîcheur depuis des jours, des semaines. Elle sursauta lorsque Églantine, tapie sous un bosquet, bondit vers l'olivier pour y grimper. Graham l'arracha prestement à l'arbre, il n'était pas question qu'elle monte jusqu'en haut pour se mettre à hurler et à ameuter tout le voisinage à quatre heures du matin. La siamoise miaula pour protester, Graham lui caressa aussitôt les oreilles.

— Tais-toi, c'est encore la nuit. Tout le monde dort.

La chatte colla son museau sur le nez de sa maîtresse, puis baissa les oreilles comme si elle doutait de ses paroles. Graham admit qu'elle avait raison. Elle n'avait pas fermé l'œil de la nuit et elle était persuadée que Léonard Cardinale était assis dans sa cour à se remémorer les derniers événements. Peut-être qu'il regrettait de ne pas avoir tué Serge Larocque. Peut-être qu'il était soulagé de ne pas l'avoir fait. Peut-être qu'il n'en savait rien. Peut-être qu'il aurait réussi à se contrôler même si Joubert et Bouthillier n'étaient pas intervenus. Ils s'étaient installés dans la chambre de Léonard Cardinale pendant que, à la résidence, Graham et McEwen s'entretenaient avec Serge Larocque. Celui-ci n'avait pas attendu plus de cinq minutes après leur départ pour joindre Léonard Cardinale. L'appel, dûment enregistré, n'avait duré qu'une minute trente, mais c'était suffisant pour réjouir les enquêteurs. Si Cardinale parvenait à jouer son rôle correctement, le piège se refermerait sur Larocque.

Graham aurait aimé suivre Larocque, mais il ne pouvait évidemment pas en être question. Il y avait une chance sur mille qu'il remarque qu'une voiture le suivait, mais ni Graham ni McEwen ne pouvaient être au volant. Nguyen avait filé Larocque dès qu'il avait quitté la résidence, avertissant l'équipe en place de son arrivée imminente chez Cardinale. Celui-ci avait suggéré de faire semblant d'avoir bu pour jouer son personnage d'épave sans scrupules, prêt à tout pour un peu d'argent. Dès que Larocque était entré chez lui, il lui avait demandé s'il avait les cinq mille dollars.

— Tu es donc bien pressé, mon Léo, avait répondu Larocque en détaillant la pièce.

Ce regard circulaire n'avait pas échappé à Cardinale; Larocque repérait les lieux, il avait une idée derrière la tête. Il le vit détourner les yeux après avoir noté les haltères posés près du sofa.

— Bon, tu te décides? Je ne suis pas censé recevoir des visites tard le soir. Si mon agent…

— Chaque chose en son temps, avait dit Larocque. Je suis venu récupérer le cahier.

— Montre-moi l'argent.

Serge Larocque avait tendu une enveloppe à Léonard Cardinale en prenant soin d'éviter d'effleurer sa main comme s'il était un pestiféré. Cardinale avait inspiré profondément pour juguler la colère qui montait en lui face à tant de mépris, puis il s'était concentré pour compter les billets.

— Il en manque, avait-il crié, heureux d'avoir un motif pour se libérer de sa rage. Tu veux me fourrer!

— Non, mais je pense que le cahier ne vaut pas plus que deux mille.

— Qu'est-ce que tu fais de Lemay? On s'était entendus pour bien plus!

— Si tu t'occupais de Karl Lemay. Mais ce n'est plus nécessaire.

— Comment ça?

— Lemay est mort cet après-midi. Bien avant que tu m'offres de m'en débarrasser. Je suis déjà bon de t'offrir deux mille dollars.

Cardinale avait rugi : Larocque se moquait de lui.

— C'est toi qui as voulu rire de moi ! J'ai failli te payer pour rien ! Tu m'as menti, tu ne sais même pas où était passé Lemay.

— Oui, je le sais !

— Dans ce cas-là, ça veut dire que c'est toi qui l'as tué ? Je m'en sacre que tu lui aies cassé le cou. Mais je veux voir le cahier, les dessins originaux.

— Tu as les photocopies, tu as pu les examiner comme il faut. Je remarque que tu as enlevé ta bague depuis qu'on s'est vus. Elle devait te serrer un peu quand tu étranglais la fille. Qu'est-ce que ça t'a fait de la sentir partir ?

— Donne-moi le cahier. On a assez perdu de temps.

Léonard Cardinale avait recompté les billets, comme s'il hésitait à accepter la proposition de Larocque, puis qu'il finissait par s'y résigner. Il lui avait tourné le dos pour s'approcher du vieux canapé, avait soulevé un coussin et s'apprêtait à extirper le cahier jaune du canapé quand il avait perçu un mouvement derrière lui. Il avait esquivé Larocque qui se ruait sur lui avec un haltère tel qu'il l'avait prévu. Il lui avait donné un coup de coude au plexus. Larocque avait lâché l'haltère pour l'écraser de tout son poids. Cardinale avait mollement tenté de lui échapper. Il fallait qu'il tienne quelques secondes, qu'il lui laisse prendre le dessus, qu'il le laisse en faire sa victime comme les enquêteurs l'avaient décidé. Il leur avait juré qu'il saurait se défendre juste assez pour que Larocque doive se battre pour le dominer, qu'il doive lutter pour l'étrangler.

Joubert et Bouthillier avaient surgi dans le salon si brusquement que Larocque avait relâché sa prise durant quelques secondes. Cardinale lui avait donné un coup de poing au visage et Larocque avait été projeté sur le mur.

Peut-être que Cardinale avait nettoyé le sang qui avait giclé contre ce mur tout de suite après le départ des enquêteurs. Ou peut-être que non et qu'il regardait ce matin avec plaisir le sang de cet homme qu'il détestait tant. Graham, arrivée sur les lieux au moment où Joubert et Bouthillier traînaient Larocque vers leur véhicule, avait noté les taches sur sa chemise, la serviette de coton que Bouthillier appuyait sur la tête de Larocque. Elle avait ralenti à sa hauteur, l'avait dévisagé et lui avait dit que l'autopsie de Ludger Sirois aurait lieu, avant de pousser la porte entrouverte.

Cardinale n'avait pas bougé du salon, assis sur le canapé, tenant le cahier jaune contre lui. On aurait dit qu'il le berçait.

— J'aimerais bien vous dire que vous pouvez le rendre vous-même à M. Lemay, mais il servira de pièce à conviction.

— Qu'est-ce qui arrivera à M. Lemay ?

— Je l'ignore. Il y aura sûrement de gros changements à la résidence. Pour l'instant, il demeure avec Aline Poirier chez sa belle-fille.

— Il pourrait venir ici pour un petit moment, avait murmuré Léonard Cardinale. C'est grand. Je suis tout seul. Lui aussi.

— Ce n'est pas si simple.

— Je sais, avait répondu Cardinale. Rien n'est simple quand on sort de prison.

— On verra plus tard. Mais on a sauvé M. Lemay, non ?

Maud Graham était repartie après avoir juré à Cardinale qu'elle parlerait en sa faveur à son agent de probation. En refermant la porte derrière elle et McEwen, elle mesurait à quel point cette promesse était dérisoire, mais elle avait voulu lui dire un mot d'encouragement, chasser le spectre effrayant de sa solitude.

— Il faudrait qu'il ait un animal, avait-elle dit à Tiffany McEwen.

— Et qu'il continue à dessiner. J'ai vu un très beau nu dans la salle de bain.

— Tu peux rentrer. Je vais passer à la résidence pour tout expliquer à Marie-Louise Tanguay.

La directrice des soins avait écouté Maud Graham avec un effarement grandissant, ne pouvant croire que Serge Larocque avait été arrêté.

— Il a abusé de votre confiance, avait dit Graham. De celle de Lydia...

— Et de celle des résidents. Qu'est-ce qu'ils vont devenir ?

— Je pense que vous devriez appeler son frère demain matin. Nous l'aurons prévenu des événements.

— Je n'ai rien deviné, rien vu. Je suis une idiote...

Graham s'était empressée de contredire Marie-Louise Tanguay : Larocque était un grand manipulateur.

— Nous-mêmes avons mis du temps pour le coincer, avait-elle ajouté avant de prendre congé de la directrice. Mais, au moins, Karl Lemay est en sécurité. Vous avez eu une grosse soirée, essayez de dormir un peu.

La directrice des soins avait haussé les épaules. Elle doutait d'arriver à trouver le sommeil.

Elle n'était pas la seule. Une fois rentrée chez elle, Maud Graham était allée se coucher après s'être dévêtue, mais elle s'était relevée une heure plus tard, avait enfilé son vieux chandail et son legging, et elle était sortie dans la cour où le jour se levait. Elle était rentrée dans la cuisine pour se préparer un thé Matcha. L'aube accentuait la couleur jade si riche du thé moulu.

— Tu viens de rentrer ou tu te prépares à partir ? demanda Maxime en se frottant les yeux.

— Ni l'un ni l'autre. Je me contente d'être là.

— Ça s'est bien passé ?

— Je pense que oui.

— Et le vieux peintre ?

— Il est chez Rouaix pour le moment, mais il devrait retourner à la résidence demain. Je crois que Léonard Cardinale va continuer à le visiter là-bas. Pendant qu'il est encore conscient. Et après, j'espère…

Elle savait que nombre de ceux qui tombent dans l'oubli disparaissaient aussi pour leurs proches, bien avant d'être morts. Elle pensa à ses parents, se demanda quel genre d'aidante elle serait pour eux.

Maxime tendit les bras pour prendre Églantine à son tour.

— As-tu entendu ça, Églantine? Biscuit qui parle comme un sage.

Il observa Maud Graham, lui sourit tout en remarquant qu'elle frissonnait.

— Je vais te chercher une couverture?

— Non, j'aime avoir froid.

— Je vais quand même aller chercher de l'eau chaude.

— Je me disais bien que tu finirais par aimer le thé, dit-elle tandis que Maxime s'éloignait vers la cuisine.

Elle savait qu'il reviendrait avec la bouilloire pour elle, mais un café pour lui. Elle se rappela la première fois où il avait bu du café au Temporel avec Alain et elle. Un café viennois dégoulinant de crème. Maxime prenait maintenant son café avec juste un peu de sucre. Il avait vieilli.

— On a tous vieilli, dit-elle à Églantine qui précédait Maxime revenant de la cuisine avec un plateau. Mais nous sommes ensemble.

REMERCIEMENTS

Je tiens à remercier chaleureusement Anne-Marie Boucher qui a lu avec tellement de générosité la première version du manuscrit.
François Julien qui répond avec tant de patience à mes questions.
Josée Marcoux qui m'a aidée à préciser le personnage de Léonard Cardinale.
Alexi-Martin Courtemanche qui, en me prodiguant tant de judicieuses suggestions, en me permettant de mieux connaître l'intimité d'un peintre, a donné toutes ses couleurs à Karl Lemay.
Olivier Bernard qui m'a guidée gentiment dans le choix des médicaments.
Anne-Marie Villeneuve, avec qui travailler est un vrai bonheur.
Luc Roberge, André d'Orsonnens et toute l'équipe de Druide qui savent si bien choyer Maud Graham.
Lise Duquette, pour sa si attentive révision, ainsi qu'Isabelle Chartrand-Delorme.
Anne Tremblay, pour avoir su donner une image à ce roman.
Patrick Leimgruber, pour ses conseils et son amitié.
Et toute l'équipe de l'Agence Goodwin.

CHRYSTINE BROUILLET

J'ai longtemps hésité avant d'aborder le sujet du vieillissement, car il m'amenait inévitablement à explorer un monde où la maladie et la solitude sont souvent présentes. Mais cet univers peu exploité dans la littérature policière m'offrait des angles inédits qui pouvaient rejoindre les préoccupations de Maud Graham, inquiète de la fragilité grandissante de ses parents. Pour avoir vécu un certain désarroi lors de visites de résidences pour personnes âgées ou de discussions avec divers intervenants du domaine de la santé, je savais que Maud manquerait de repères pour ce parcours particulier et que cette instabilité pourrait créer des situations nouvelles au moment de son enquête. Quelle foi devrait-elle accorder aux témoignages de ces aînés qui se rappellent très bien leurs vingt ans, mais oublient le souper de la veille ? Comment trier le vrai du faux dans ces récits qui ne sont peut-être qu'une manière de garder près de soi un interlocuteur attentif afin de ne plus être seul ?

Je tenais cependant à apporter une vraie lumière à ce roman, par l'amitié, par l'art et la beauté qui peuvent faire oublier le cruel passage du temps.

ACHEVÉ D'IMPRIMER EN MAI 2016
SUR DU PAPIER 100 % RECYCLÉ
SUR LES PRESSES DE MARQUIS IMPRIMEUR,
QUÉBEC, CANADA.